付瑞珣 ◎ 著

文本与思想：

《老子》思想刍议

基金青年项目『清华简与商周伦理思想研究』（批准号：22CZX042）阶段性成果

U0594769

黑龙江人民出版社

图书在版编目（CIP）数据

文本与思想 ：《老子》思想刍议 / 付瑞珣著.
哈尔滨 ： 黑龙江人民出版社，2024. 11. -- ISBN 978-7-
207-13467-7

Ⅰ．B223. 15

中国国家版本馆CIP数据核字第2024GP2193号

责任编辑：孙国志
封面设计：欣鲲鹏

文本与思想：《老子》思想刍议
WENBEN YU SIXIANG：《LAOZI》SIXIANG CHUYI

付瑞珣　著

出版发行　黑龙江人民出版社
地　　址　哈尔滨市南岗区宣庆小区 1 号楼
印　　刷　黑龙江艺德印刷有限责任公司
开　　本　787×1092　1/16
印　　张　14. 75
字　　数　220 千字
版　　次　2024 年 11 月第 1 版
印　　次　2024 年 11 月第 1 次印刷
书　　号　ISBN 978 – 7 – 207 – 13467 – 7
定　　价　58. 00 元

前　　言

　　老子是一个奇人，《老子》是一本奇书。在中华文明浩浩荡荡的历史长河里，有诸多波澜壮阔的场景，有各领风骚的人物。但老子及其代表作《道德经》无疑是这长河里最绚烂的一朵思想浪花。《老子》一书不仅是先秦道家的开山之作，也深刻地影响中国思想史的演进，形塑了中华文明的特质。《老子》之后，庄子深耕《老子》道论，推进先秦道家的理论深度，而韩非子侧重德论，以《解老》《喻老》为基础，合百家思想于法。战国秦汉之际，黄老之学兴盛，终在汉朝成为官方学说。东汉晚期，儒学衰落，玄学而兴，《易》《老》《庄》为"三玄"，道教更视老子为神，视《老子》为经典。其后，儒释道并立融合，终成为中华思想的核心。德国哲学家雅斯贝斯在《历史的起源与目标》里提出了一个重要的哲学概念，即"轴心时代"，雅斯贝斯将以老子、孔子为代表的先哲与古希腊哲学家、古印度的佛陀并列，凸显了先秦诸子在人类文明历史中的重要性。实际上，雅氏的观点并非独见，正如西方有"整个哲学史是柏拉图的注脚"一样，在近代意义上的中国哲学兴起之际，胡适等思想家亦将老子作为中国哲学史研究的开端。在冯友兰的《中国哲学史》中，将中国古代哲学分为"子学时代"与"经学时代"，以老子为代表的子学俨然为中国哲学史或中国思想史研究的大宗。在漫长的学术史中，古今中外学者对《老子》研究的成果可谓汗牛充栋，硕果颇丰，"老学"已然成为一专门之学问。20 世纪 70 年代以来，随着出土文献迭出，《老子》研究有了新的契机。1973 年湖南长沙马王堆三号汉墓出土帛书《老子》甲、乙本，学界认定其为西汉文本与思想：
《老子》思想刍议

早期的版本，远早于魏晋时期形成并流传至今的王弼本。马王堆帛书《老子》中，《德经》在前、《道经》为后，这与绝大多数的传世本次序不同，引起学界极大的关注。20 年后的 1993 年，湖北省荆门市郭店一号楚墓又出土《老子》，由于该墓葬的年代为战国中晚期，这就证明了《老子》一书在战国早中期便已然流行，那么《老子》成书极有可能如《史记·老庄申韩列传》之记载，为春秋晚期老子所著。21 世纪初，北京大学收藏一批西汉初期的竹简，其中亦有《老子》。据韩巍先生介绍，这批竹简 221 枚，5300 余字，其残缺部分仅 60 余字，是迄今保存最为完整的简帛《老子》古本。全卷共分 77 章，保存了完整的篇章结构，与传世 81 章本《老子》不同，为探讨古本《老子》分章问题提供了宝贵资料。在竹书《老子》两枚竹简的背面写有"老子上经"和"老子下经"篇题，这是《老子》书名在出土简帛中的首次发现，也印证了有关《老子》称"经"的文献记载。出土《老子》的大量涌现，为《老子》文本与思想研究提供了丰富的材料，亦成为学界聚焦的热点。本书亦以各类出土《老子》为主要关切，结合各版本进行比对，在把握《老子》整体思想的前提下，对第一章、第四章、第六章、第十三章、第十四章等章句进行释读，并在此基础上分析《老子》本体思想、政治思想、伦理思想的相关内容。本书是笔者近年来学习《老子》的一些心得，亦是日后《老子》学习的起点，是谓"刍议"。相关论述或有不足，仍需不断更正完善，期许"复议""再议"乃至"终议"，求教于学林。

目　　录

上编　文本编

下编　思想编

附　论

文本编

第一章　《老子》首章章句校释

　　传世本《老子》首章作为其书开篇之语，有着开宗明义的意味，包含了《老子》丰富且独特的本体论、认识论等方面的思想，故在《老子》相关研究中，明析此章之意涵可谓重中之重，现有研究成果也是十分丰富。①然在这极为重要的全书第一章里，②因涉及"道""名""有""无"等若干重要概念的辨析问题，而各家解释又往往自行展开，所得观点长期不能统一，且诸般说法也各有所据、是非难断，故关于此章的释义久为学界聚焦之难题。实际上，传世本《老子》首章本身有着颇为清晰的文本逻辑，故本章将在厘清相关文本情况及重要概念的基础上，结合《老子》的总体思想，尝试回应此章释义之相关问题，得出关于本章意涵的一孔之见。

---

　　①　除却整体研究《老子》的各家"注疏类专著"，目前学界关于《老子》首章的专门研究大致有三类：一是综合型研究，可参见康中乾：《〈老子〉第一章新解》，《吉林大学社会科学学报》2010年第4期；林光华：《非对象化之道：再读〈老子〉第一章》，《哲学研究》2015年第6期等。二是就此章所作之文本考据类研究，可参见李庆：《"有欲"、"无欲"还是"有"、"无"——关于〈老子〉第一章的句读》，《古籍研究》1997年第1期；郑开：《〈老子〉第一章札记：两个语文学疏证及哲学阐释》，《清华大学学报（哲学社会科学版）》2008年第1期等。三是对于此章所涉重要概念、思想所作之研究，可参见黄克剑：《"有"、"无"之辨——〈老子〉第一章再读解》，《哲学研究》2012年第7期；萧无陂：《"道"不可道吗？——从"名""实"之辨重新考察〈老子〉第一章》，《中国文化研究》2014年冬之卷等。
　　②　今本《老子》又称《道德经》，《道经》在前，《德经》在后。而马王堆帛书《老子》甲、乙本和郭店楚简《老子》等文献都是《德经》在前，《道经》在后。无论怎样，此章为《道经》开篇之章，从本体论与认识论总结了"道"的基本特征，这是没有疑问的。

第一节　文本辨析

传世本《老子》首章极为著名，兹列王弼本①所载经文于下：

道可道，非常道。名可名，非常名。无名，天地之始，有名，万物之母。故常无欲，以观其妙；常有欲，以观其徼。此两者同出而异名，同谓之玄，玄之又玄，众妙之门。

此外，近年陆续出土的关于《老子》的相关文献，以"马王堆帛书"《老子》甲本、乙本（后文简称帛书本）②和北京大学藏西汉竹简《老子》（后文简称北大汉简本）为代表，亦载有此章内容，而结合传世与出土文献把握此章的文本情况，是明析此章若干重要概念及整体意涵的基本前提。

从各版本的文本来看，如王弼本、河上公本等传世本《老子》首章的文本差异不大，一致性强，而出土文献本方面，郭店简本缺失此章。关于一些重要概念。传世本《老子》之"常道"，简帛《老子》中均写作"恒道"；传世本《老子》之"天地之始"，简帛《老子》则均作"万物之始"；传世本《老子》之"妙"，简帛《老子》均写作"眇"；传世本《老

---

① 本书所用《道德经》之文本以传世本之"王弼本"（参见王弼注，楼宇烈校释：《老子道德经注校释》，北京：中华书局，2008年）为主，其他所用"马王堆帛书本"《老子》（参见高明：《帛书老子校注》，北京：中华书局，1996年）、"北大汉简本"《老子》（参见北京大学出土文献研究所编：《北京大学藏西汉竹简》（贰），上海：上海古籍出版社，2012年）等出土文献作为参考。

② 帛书本《老子》有甲、乙两个版本，整理组根据两个版本避讳的不同判断"甲本"抄写于刘邦称帝（前206年）以前，"乙本"抄写于刘邦在位期间（可参见：湖南省博物馆编：《马王堆汉墓帛书》（一），长沙：岳麓书社，2013年，第6页），其中甲、乙本用字一致，乙本所缺字均可依据甲本补足，两个版本乃出于同一系统。而北大本《老子》抄写于汉武帝后期，字体较帛书本成熟，个别用字与之有所差异，故两者当源自不同底本。

子》之"徼"，帛书本《老子》甲、乙本皆写作"噭"，北大本《老子》则作"佼"。故此，后文将对"常道""常名"与"无名"，"始"与"母"，"妙"与"徼"及"此两者"这诸多概念进行文本与思想上的分析，进而较好地释读《老子》首章之义。

一、"道可道，非常道。名可名，非常名"

首先，关于"常道"。传世本《老子》开篇直言曰："道可道，非常道；名可名，非常名"，然"常道"与"常名"在帛书本《老子》与北大本《老子》中均写作"恒道"与"恒名"，学界普遍认为如今《老子》所作"常"者皆应为避汉文帝刘恒之讳而改。① 而"恒"字为永恒之意，《老子》在"道"之前冠以"恒"或"常"字，则突出了道的本体论性质，同理"非常（恒）道"者亦然，其相对于"常（恒）道"而言的，是自然界与人世间的具体道理，"非常（恒）道"从"常（恒）道"中派生，是"常（恒）道"的"痕迹"，无处不在，因此其可以被人体悟、认知，但终究是会变化的。

其次，关于"常名"。"常""恒"之论如前，而依据传世本《老子》的文本逻辑，"常（恒）道"的名称就应为"常（恒）名"，如陈鼓应解释"常（恒）名"说："第三个'名'字为《老子》特用术语，是称'道'之名。"② 高明进一步阐释道："'恒名'指永存恒在之名，老子用以异于世人惯用百物之名也。老子把'道'与'名'作为同一事物之两个方面提出讨论，第一次指出名与实、个别与一般的区分；同时他以'恒道''恒名'与'可道''可名'、即'无名'与'有名'，阐明事物实体与现象的辩证关系。"③ 此两说均将"常（恒）名"与"常（恒）道"联系起

---

① 高明：《帛书老子校注》，北京：中华书局，1996 年，第 221 页。
② 陈鼓应：《老子注释及评价》，北京：中华书局，2009 年，第 54 页。
③ 高明：《帛书老子校注》，北京：中华书局，1996 年，第 222 页。

来，认为"常（恒）名"即"常（恒）道"之名。但是，"常（恒）道"是不可言且不能被理解，而因其不能被概念化，故亦无法以"常（恒）名"称呼之，如相关研究认为"常道"是主客二分之前的非对象化存在，而"言说"是建立在主客二分基础上的对象化行为，所以"常道"不可说。① 如是，则"常（恒）名"自然而然被另一关键词、即"无名"所替代。《老子·第二十五章》载："有物混成，先天地生。寂兮寥兮，独立而不改，周行而不殆，可以为天地母。吾不知其名，字之曰道，强为之名曰大。"可见《老子》认为"常（恒）道"是不当有"名"的，故此只能以"无名"相称。② 如此，关于"无名天地始，有名万物母"一语之句读就有了一定的启发。学界对此句之句读有两种看法：其一，在"无"与"有"后面断；其二，在"无名"与"有名"后面断。而据上可知，取"无名"与"有名"之后断句似乎更符合此章的文本逻辑与其要表达的含义。

二、"无名，天地之始，有名，万物之母"

传世本《老子》之"天地之始"，简帛《老子》则均作"万物之始"，"天地""万物"者皆指世间存在的一切，其所言大体无二。但"始"与"母"在《老子》的语境中或有不同。首先，"始"是"源始"之意，是在"常（恒道）·无名"的范畴下来讲的。而"有名，万物之母"的"母"字，则与此不同，需详细分析。除却此处的"母"字之外，《老子》中另还提及六次"母"字，兹列如下：

我独异于人，而贵食母（《老子·第二十章》）

---

① 林光华：《非对象化之道：再读〈老子〉第一章》，《哲学研究》2015 年第 6 期。

② 关于《老子》讨论"道、名"关系之原因，有研究认为是出于"修辞需要"与"道、名关系成为当时时代讨论的热点"之故（详见曹峰：《〈老子〉首章与"名"相关问题的重新审视》，《哲学研究》2011 年第 4 期）。

寂兮寥兮，独立不改，周行而不殆，可以为天下母（《老子·第二十五章》）

天下有始，以为天下母。既得其母，以知其子；既知其子，复守其母，没身不殆（《老子·第五十二章》）

有国之母，可以长久（《老子·第五十九章》）

陈鼓应将这六个"母"字解释为"道"。① 然此说实有扞格难通之处。"有名"指的是"可言之道"，即"非常（恒）道"，如将此说成是"万物之恒道"似乎是违背《老子》总体思想的。故而"母"字不当解释为"道"，而只能理解为类似"本"的概念，且这个"本"还是在"可言"即"非常（恒）道"的范畴下派生出来的概念。对此，高明的解释十分贴切："《老子》书凡言'本'者常用'母'字，以取叶韵……同是崇本之旨，'食母''守母'，乃所以为道，不可谓'母'即道也。"② 此论诚然，"母"者意味着"有"，而"始"者意味着"无"，是为《老子》所言"母"与"始"之本质区别。

三、"故常无欲，以观其妙；常有欲，以观其徼"

首先，关于本句的句读，学界对"常无欲以观其妙；常有欲以观其徼"句有两种句读：其一，主张在"无""有"处断，代表人物有王安石、苏辙、王樵、俞樾、易顺鼎、高亨、陈鼓应等；③ 其二，主张在"无欲""有欲"处断，代表人物有王弼、高明等。④ 而帛书本《老子》甲、

① 陈鼓应没有对《老子·第二十五章》的"可以为天下母"的"母"字注释，但是在译文中将"母"译为"根源"。又在解释《老子·第五十二章》的"以为天下母"的"母"字为"根源，指道"。可见，在陈鼓应的解释体系中，根源就是"道"（参见陈鼓应：《老子注释及评价》，北京：中华书局，2009 年，第 142、164、259、284 页）。

② 高明：《帛书老子校注》，北京：中华书局，1996 年，第 327 页。

③ 陈鼓应：《老子注释及评价》，北京：中华书局，2009 年，第 56—57 页。

④ 高明：《帛书老子校注》，北京：中华书局，1996 年，第 225—226 页。

文本与思想：

《老子》思想刍议

乙本均在"无欲""有欲"后有"也"字，①因此在"无欲""有欲"处句读当是可信的。而若在"无欲""有欲"处句读，就需解释"有欲"如何能"观其徼"的问题，此间症结则在于对"其"字的理解。对于此处"其"字的指代，学界尚不见详尽讨论，学者大多认为"其"指的便是"道"。然将"其"理解为"道"似并不符合《老子》的总体思想，盖因"有欲"者在《老子》思想中似不合于"道"之自然本性的，如是便不能体认不可言的"常（恒）道"。故显然这一"其"字只能指代上文中的"母"，意即"本"也。据上，"母"是在可言、即"非常（恒）道"范畴下的派生出来的概念，蕴含着"有"的意味，如是"有"之"妙"与"有"之"徼"便可以通过人之"无欲"与"有欲"的不同状态来各自体认。其次，关于"妙"字，在帛书《老子》甲本与北大本《老子》中都写为"眇"。许慎《说文解字》说："眇，小目也"，段玉裁注："引申为凡小之称，又引申为微妙之意。"②《说文》无"妙"字，"眇"即"妙"也，如《史记》载："'户说以眇论'即'妙论'也。"③可见传世本《老子》的"妙"字与简帛《老子》的"眇"字是同一个意思。王弼注："妙者，微之极也。"④说出了"妙"字的内涵，所谓"其妙"者也就是极微小的"有"，其虽为"万物之母（本）"，然却是可以认知的，即可言的。再者，关于"徼"字，在帛书《老子》甲、乙本中均写作"噭"，北大本《老子》又写作"佼"，另敦煌本《老子》写作"曒"，黄茂材本写作"窍"。⑤《说文解字》解释"徼"说："徼，循也"，段玉裁注："引申为

---

① 北大汉简整理组认为帛书此段首句之"殹"为秦系文字，且全文仅见一例，推测其祖本中有秦系抄本（参见北京大学出土文献研究所编：《北京大学藏西汉竹简》（贰），上海：上海古籍出版社，2012年，第144页），实际上"殹"字常见于楚系文献中，包山楚简与上博简中均有词例，"帛书本"《老子》乙本卷前古佚书中也有使用，可见"殹"字并非秦系专字。"殹"与"也"的使用存在时代差异，"殹"多见于先秦时，推测是书手抄写时依据较古的版本并无意保留了这一写法。

② 段玉裁：《说文解字注》，上海：上海古籍出版社，1981年，第135页。

③ 司马迁：《史记》，北京：中华书局，1959年，第3253页。

④ 王弼注，楼宇烈校释：《老子道德经注校释》，北京：中华书局，2008年，第1页。

⑤ 高明：《帛书老子校注》，北京：中华书局，1996年，第224—225页。

徼求，为边际"；解释"窍"说："窍，空也"，段氏注："'空''孔'古今字，《老子》：'常有欲以观其窍'"；解释"嗷"说："嗷。吼也"，段氏注："'嗷'与'窍'音义相同，俗本《说文》作'吼'者，盖或识'孔'字于'口'字之旁，因误并写一字"；解释"皦"说："皦，玉石之白也"，段氏注："引申为'分明'"。① 除此之外，"徼"字还见于出土文献，如《睡虎地秦简·法律问答》载：

害盗别徼而盗，驾（加）罪之。

人臣甲谋遣人妾乙盗主牛，买（卖），把钱偕邦亡，出徼，得，论各可（何）殿（也）？

告人曰邦亡，未出徼阑亡，告不审，论可（何）殿（也）？

第一例为"游徼"之省，为乡一级负责捕"盗"的小官，后两例释为"边塞"。② 如《汉书·邓通传》载："人有告通盗出徼外铸钱"，③ 可知秦汉时"徼"多用作"边塞"义，引申为"边际"是符合字义的。出土文献与传世文献用字不同，"嗷"，《说文》作"吼也"，而《汉书·韩延寿传》载："嗷咷楚歌"④，《汉书·货殖列传》载"马蹄嗷千"，师古曰："嗷，口也。"⑤ 可见"嗷"的字义都与口有关，如是放在《老子》中则文义不通，而观两字形似，故应将之视作"徼"的异体或通假。至于"侥"字，《汉书·五行志》引《诗》曰："觋觚其觖，旨酒思柔。匪徼匪傲，万福来求"，对此颜师古曰："徼，谓侥幸也。"⑥ 可知二字亦相通也。简帛

① 段玉裁：《说文解字注》，上海：上海古籍出版社，1981 年，第 76、344、54、264 页。
② 睡虎地秦简整理小组编：《睡虎地秦简》，北京：文物出版社，1978 年，第 93—94 页。
③ 班固：《汉书》，北京：中华书局，1962 年，第 3723—2724 页。
④ 班固：《汉书》，北京：中华书局，1962 年，第 3214 页。
⑤ 班固：《汉书》北京：中华书局，1962 年,，第 3687 页。
⑥ 班固：《汉书》，北京：中华书局，1962 年，第 1358 页。

本《老子》此句写作"恒有欲也，以观其所噭（徼）"，北大汉简整理小组认为传世本无"所"字，故"徼"字作名词解；而简帛本《老子》有"所"字，故"徼"应理解为动词。① 帛书本《老子》与北大本《老子》并非出于同一系统，却均作"所徼"，由此可知在较早的文本流传过程中，有"所"字的底本应占主流，后在形成定本时可能出于"词句对仗"等需求删去了此字。若按照简帛本将"徼"作为动词，《说文解字》对"徼"释为"循也"，又说"循，行也"，②"观其所徼"则可以理解为体认"有"之范畴下发展的过程，而"有"的发展是有限的，会到达终点，如此取名词义的"边际"也正暗合了这层意思，故以上两说并无本质矛盾。

各种版本虽有时代先后之分，但较晚的版本经过整理或许更贴近原意。对此，将"徼"解释为"边际"当为上选，因为"徼"与"妙"各所形容者应是相对存在的，既然"妙"是"微之极"，是"有"之"母（本）"的状态，那么将"徼"理解为"有"之"边际"，即"有"的终结状态似正相合适，正如王弼注"徼"也说："徼，归终也。"③

四、"此两者同出而异名，同谓之玄，玄之又玄，众妙之门"

据上，"其妙"与"其徼"指的是"有"之范畴下的初始和终结两种状态，也可以理解为《老子》用"有"的两端来指代整个"有"的存在过程。而这一过程对于不可言的"常（恒）道"来说，都处于可言的范畴中。如此，本章随后所言"此两者同出而异名"中的"此两者"语义所指也就明确了。针对这一问题，此前学界争议极大，大致形成了如下五说：其一，"有欲""无欲"说，以河上公《老子章句》为代表；其二，"常

---

① 北京大学出土文献研究所编：《北京大学藏西汉竹简》（贰），上海：上海古籍出版社，2012年，第144页。
② 段玉裁：《说文解字注》，上海：上海古籍出版社，1981年，第76页。
③ 王弼注，楼宇烈校释：《老子道德经注校释》，北京：中华书局，2008年，第1页。

无""常有"说，以范应元《老子道德经古本集注》为代表；其三，"有""无"说，以王安石《老子注》和陈鼓应《老子注释及评价》为代表；其四，"始""母"说，以王弼《道德真经注》与高明《帛书老子校注》为代表；其五，"混同说"，以张松如《老子校读》与童书业《先秦七子思想研究》为代表。① 而据上文分析，《老子》首章中"此两者"之所指当应于"其妙""其徼"处，所谓"此两者"，便是说"有"之范畴下的"妙"与"徼"。其后，《老子》言其是"同出而异名，同谓之玄，玄之又玄，众妙之门"，而所谓两者同出之"玄"，范应元认为："玄者，深远而不可分别之义"，吴澄说："玄者，幽昧不可测知之意"，张岱年认为："'玄'的观念，亦即'道'的观念之变相"。② 可见"玄"就是"道"，或说是"道"存在的状态，本质就是指不可言的"无"。而"此两者"从"无"中产生，故是天生处于"有"的范畴，即"妙"与"徼"之间。换言之，"有"的初始阶段，即微小形态与"有"的最终阶段，即具体形态都是同出于"无"，即"常（恒）道"，只因其所处阶段与形态不同"异名"而已。

综上，本文立足于对传世本《老子》首章的文本梳理，结合出土文献与传世文献对本章所涉三组重要概念，即"常道""常名"与"无名"，"始"与"母"，"妙"与"徼"进行辨析，最终明确了本章所言"此两者"所指当为"有"之范畴下的"妙"与"徼"，并在此基础上阐释了《老子》首章所展现的诸般思想意涵。

---

① "混同说"是指对"两者"有不止一种解释，张松如说："细审文义，当是承上两句'其妙''其徼'而言，也就是说的无名自在之道的微妙与有名自我之道的运行这两个方面。或曰：'两者'遥指'道'与'名'，即'恒道'与'可道'或'无名'与'有名'，此意可与'其妙''其徼'相通。"而童书业说："'无'和'有'或'妙'"和'徼'，这是'同出而异名'的。从'同'的方面看，混沌而不分，所以称之为'玄'。"如上"五说"者详皆参见高明《帛书老子校注》（北京：中华书局，1996年，第227—228页）与陈鼓应《老子注释及评价》（北京：中华书局，2009年，第57页）二书。

② 陈鼓应：《老子注释及评价》，北京：中华书局，2009年，第57—58页。

第二节 章句释义

如上，立足于对传世本《老子》首章的文本梳理，结合出土文献与传世文献对本章所涉三组重要概念、即"常道""常名"与"无名"，"始"与"母"，"妙"与"徼"进行辨析，最终明确了本章所言"此两者"所指当为"有"之范畴下的"妙"与"徼"，并在此基础上阐释了《老子》首章所展现的诸般思想意涵。下面据此梳理本章的文本逻辑，通读版本并进行释义。

一、文本逻辑

传世本《老子》第一章系《道经》之首，是《老子》哲学思想的核心所在。在此章里，《老子》提出了"常（恒）道""非常（恒）道"等其思想体系中的核心概念，又分别以"无名"代指"常（恒）道"、以"有名"表示"非常（恒）道"。而在此基础上，其进一步论及"无名"与"有名"，即"无"与"有"各自范畴下相对存在的"始"与"母"这组概念，进而重点对"有"之范畴下的"妙"与"徼"，即其后曰"此两者"之所指予以阐释，最终揭示了二者同出于"玄"（"道"）而"异名"的本质关系，借此表达了"有"出于"无"的哲学观点。不唯如此，此章还从整体上展现了两个层面、三重意涵的《老子》思想，一者"本体论"层面，即《老子》道家哲学中以"无中生有"为核心的"宇宙生成论"；二者"认识论"层面，其一是《老子》所表示"常（恒）道"之"不可知论"的基本立场，其二是《老子》提出的体认"非常（恒）道"以追求"常（恒）道"的实践途径。而正是基于如上两点理论创见，其后《老子》"道论"的整个哲学体系才得以构建起来。对此，下文将予以详细阐释。

此外，通过传世文献与出土文献的对读，可知无论是在以《道经》在前、《德经》在后的传世本《老子》中，还是以《德经》在前、《道经》在后的简帛本《老子》中，此章均系《道经》之首，故其以纲要之语统摄而后三十六章《道经》经文的地位是可以确定的。

二、通读释义

《老子》首章的分析以王弼本为主要版本，参考与对比马王堆帛书以及北大汉简等传世和出土文献，认为此章的文本可通读为如下内容：

> 道可道，非常道。名可名，非常名。无名，万物之始，有名，万物之母。故常无欲，以观其妙。常有欲，以观其徼。此两者同出而异名，同谓之玄，玄之又玄，众妙之门。

据此释其义为：可以用言词表述的道，就不是常道；可以用言词表述的名，就不是常名。无，是万物形成的根本所在；有，是创生万物的起源之处。所以保持无欲的状态，便能观照是"有"之"起源"的状态；保持有欲的状态，便能观照"有"的终结状态。"妙"与"徼"这两者均是从"无"中产生，因所处阶段与形态不同而名称不同，但都是很幽深的，是为可以窥探道之奥妙的门径。

第二章 《老子》第二章章句校释

　　传世本《老子》第二章紧承其书开篇之语，是其对于以道为核心的哲学思想进行的首次阐说，其中包含了《老子》独特的认识论思想与"圣人无为"的政治哲学，因此明析此章之意涵对于研究《老子》思想来说是十分必要的，学界对此章也早有关注。① 只是以往学者普遍认为在《老子》此章的论述中主要表现了"矛盾的对立统一"的观点，据此称《老子》思想是"朴素的辩证法"，② 但参考部分研究并细察其意后则见此说似有不妥，③ 故本章将在厘清相关文本及重要概念问题的基础上，结合《老子》的总体思想，尝试就其中所涉《老子》认识论方面的问题浅抒己见。

---

　　① 除却整体研究《老子》的各家"注疏类专著"，目前学界关于《老子》首章的专门研究可参见：斯洪桥：《自然无为：〈老子〉第二章的核心主旨》，《南昌大学学报（人文社会科学版）》2014 年第 3 期；徐山：《〈老子〉第二章"是以圣人处无为之事"文脉梳理》，《兰州学刊》2020 年第 12 期；劳悦强：《〈老子〉第二章隐埋的义理》，《诸子学刊》2023 年第 2 期等。

　　② 大陆学者多持《老子》学说"含有朴素的辩证法思想"的说法，如许抗生先生认为："老子确实是一位古代辩证法的大师，他具体考察了万有世界中的矛盾运动，天才地猜测到了矛盾双方的相互依存与相互转化，提出了许多富有辩证法思想的哲学命题。"详见许抗生：《帛书老子注释与研究》，杭州：浙江人民出版社，1985 年，第 151 页。又可参见张治中：《逻辑、思维、路径：论〈老子〉的"辩证统一"》，《文化学刊》2023 年第 6 期。

　　③ 关于《老子》学说是"朴素辩证法"的观点也有学者进行质疑，详见韩国良：《论老子具有辩证法思想是伪命题》，《商丘师范学院学报》2017 年第 4 期。港台学者多认为《老子》思想是"相对论"。如严灵峰《老子达解》、周绍贤《老子要义》等著作，详见熊铁基、刘韶军、刘筱红、吴琦、刘固盛：《二十世纪中国老学》，福州：福建人民出版社，2002 年，第 322、327 页。

第一节　文本辨析

传世本《老子》第二章极为著名，兹列王弼本所载经文于下：

> 天下皆知美之为美，斯恶已。皆知善之为善，斯不善已。故有无相生，难易相成，长短相较，高下相倾，音声相和，前后相随。是以圣人处无为之事，行不言之教；万物作焉而不辞，生而不有，为而不恃，功成而弗居。夫唯弗居，是以弗去。

据此察之其他版本《老子》，传世本另有河上公本、傅奕本等，出土文献则涉及郭店本、北大汉简本、马王堆帛书甲乙本。传世本方面，对于《老子》第二章的记载差距不大，一致性强，但结合出土本来看，除却个别字句选用上的差距，另有两点重要区别：一是王弼本、河上公本等传世本载"万物作焉而不辞"句，于"不辞"处傅奕本作"不为始"，又郭店本等出土本皆作"弗始"；二是以王弼本为代表的传世本皆于"为而不恃"句前载"生而不有"一语，郭店本等出土文献均无。下文对此展开辨析以求疏通本章脉络。

一、"天下皆知美之为美，斯恶已。皆知善之为善，斯不善已。故有无相生，难易相成，长短相较，高下相倾，音声相和，前后相随"

本句中，首先关于"美"，北大汉简本、帛书乙本、河上公本、王弼本等皆作"美"，而郭店本作"散"，"散"读作"美"。[1] 其次关于"恶"，北大汉简本、帛书甲本、河上公本、王弼本等载为"恶"，郭店本、帛书

---

[1] 丁四新：《郭店楚竹书〈老子〉校注》，武汉：武汉大学出版社，2010年，第105页。

本作"亚"，"亚""恶"字形相近，均读为"恶"，① 二字可通。再者关于"短"，唯郭店本另作"耑"，据《说文·耑部》载："耑，物初生之题也"，② 而"耑"与"短"音近，故简文中当以"耑"借作"短"。然后关于"较"，唯王弼本作"较"，河上公本、傅奕本作"形"，帛书本、汉简本作"刑"，郭店本作"型"，除"较"外诸字同音，而以"形"之"形状"之意描述"长短"义理可通，故取"形"为上。复又关于"倾"，王弼本等传世本皆作"倾"，汉简本作"顷"，帛书本作"盈"，郭店本作"涅"，诸字音皆近，帛书本作"盈"，以汉代人避汉惠帝刘盈之讳而王弼本改为"倾"，而"盈"假为"呈"或"逞"，意为"呈现"，③ 郭店本"涅"字亦然，故从王弼本取"倾"当可。最后关于"音"，帛书本作"意"，汉简本作"言"，字皆形近，取"音"字与"声"相对为上。

如上，本句中《老子》陈列了美与恶、善与不善、有与无、难与易、长与短、高与下、音与声、前与后这些对立的概念，然其中却有扞格之处。其一，美与恶、善与恶、难与易、长与短、高与下、前与后确为对立，但音与声并不构成对立。《礼记·乐记》载："声相应，故生变；变成方，谓之音。"④ 意思是声变而成音，即音是由声衍生出来的，两者不是对立关系，而是派生关系。类似地，有与无也是派生关系而非对立关系。《老子》的宇宙生成模式是"无·一·万物"，其第四十章言"天下万物生于有，有生于无"，四十二章又言"道生一，一生二，二生三，三生万物。"而《老子·第一章》认为"无"乃"名天地之始"，象征宇宙生成之前的状态；"有"乃"名万物之母"，表示万物生成演化的一种状态。而"道"又是产生天地万物的总根源，故在道的影响下，从"无"中生出

---

① 北京大学出土文献研究所编：《北京大学藏西汉竹简》（贰），上海：上海古籍出版社，2012 年，第 130 页
② 许慎：《说文解字》，北京：中华书局，2013 年，第 146 页。
③ 高明：《帛书老子校注》，北京：中华书局，1996 年，第 231 页。
④ 郑玄、孔颖达：《礼记正义》，阮元：《十三经注疏》，北京：中华书局，1980 年，第 2527 页。

"一""二""三"以至万物。故此，对于本句当分三个层次理解，其一"审美和伦理层次"，美恶、善与不善的对立是主观的道德价值判断；其二"物理层次"，长短、高下等是客观的事实判断，《老子》所列举的两个层次的对立，但其虽然有统一的倾向，但并未有相互转化的条件，这与辩证法的对立统一原则相左；其三"哲学层次"，声音两者则根本不是对立关系，而是派生关系。故《老子》于此所言只是粗略地表达万事万物是相对的，而非表达矛盾对立的辩证法思想，体现了一种"相对主义"的哲学思考。

二、"是以圣人处无为之事，行不言之教；万物作焉而不辞，生而不有，为而不恃，功成而弗居。夫唯弗居，是以弗去"

本句中，首先关于"圣"，唯帛书甲本作"声"，对此《说文·耳部》："圣，通也。从耳，呈声。"① 《甲骨文字释林》载："古听、声、圣乃一字。"② 又"声""圣"音近，可通。其次关于"教"，郭店本作"**孝**"、释为"教"，③ 与其他版本一致。再者，关于"不辞"，王弼本、河上公本等传世本载为"不辞"，傅奕本作"不为始"，又帛书本作"弗始"，汉简本作"弣"，高明曰所谓"弗始"即"不造作事端"，④ 是"不为之始"不以主观意志干涉万物生息繁衍，使其保持自然而然的状态，"不辞"则于义难通。蒋锡昌云："三十章王注：'为始者务欲立功生事。'三十七章王注：'辅万物之自然而不焉始。'"，⑤ 此二注皆自此经文而来，当是词句应为"不为始"之证，与傅奕本同，而"不为始"意即"弗始"也，故此取"弗始"为上。然后关于"生而不有"句，以王弼本为代表的传世本皆于"为而不恃"句前载此语，郭店本等出土文献均无，又《老

① 许慎：《说文解字》，北京：中华书局，2013年，第250页。
② 于省吾：《甲骨文字释林》，台北：大通书局，1981年，第83—84页。
③ 丁四新：《郭店楚竹书〈老子〉校注》，武汉：武汉大学出版社，2010年，第113页。
④ 高明：《帛书老子校注》，北京：中华书局，1996年，第233页。
⑤ 蒋锡昌：《老子校诂》，上海：商务印书馆，1937年，第16页。

子·第十章》有"生而不有，为而不恃，长而不宰，是为玄德"句，后第五十一章亦有相类记载，故本章此句学界普遍认为是后人仿此加入的，盖为衍文。①

据上，此句曰"圣人无为"乃是《老子》首次提出这一概念，关于"圣人"当是《老子》理想人格的象征。"理想人格是一种人生哲学中体现人的价值、完成人生目标的人物形象，是一种人生哲学理论宗旨的标志。先秦各家各派都有自己的理想人格，一般都称之为'圣人'。"② 先秦各家的"圣人"的内涵都不一样，《老子》所说的圣人特指"有道者"，具体待后文详叙，此处《老子》当以"圣人"指代"有道的统治者"，故进而提出了"无为"的概念，即"圣人的治国之道"，这是其政治思想及为政主张中最核心的东西。《老子》认为作为"圣人"，应坚持以"无为""为而不争"的原则实行统治，因为《老子·第二十九章》曰："天下神器，不可为也，不可执也。为者败之，执者失之"，正如相关研究道："因为无为有益，所以《老子》把它作为策略思想，运用于政权的建设"，③ 如是《老子》曰："圣人处无为之事，行不言之教。"对此蒋锡昌云："圣人一面养成自完；一面以自完模范感化人民。"④ 当然《老子》之"无为"绝非毫无作为，如《老子·第六十六章》："是以圣人欲上民，必以言下之；欲先民，必以身后之。是以圣人处上而民不重，处前而民不害。是以天下乐推而不厌。以其不争，故天下莫能与之争。"可见《老子》乃是以"不争之法"而为，如其曰"言下之"是为"上民"，"身后之"是为"先民"，《老子》是以此达到了其政治目的，进而获得"处上而民不重""处前而民不害""天下乐推而不厌"的结果，此皆为"无为而不争"之故，这也就是本章所说"为而不恃，功成而弗居。夫唯弗居，是以弗去"的意

---

① 高明：《帛书老子校注》，北京：中华书局，1996 年，第 234 页。
② 安继民等：《老庄思想合论》，开封：河南大学出版社，2004 年，第 41 页。
③ 黄钊：《〈老子〉的政治思想浅论》，《江西社会科学》1990 年第 1 期。
④ 蒋锡昌：《老子校诂》，上海：商务印书馆，1937 年，第 15 页。

思，其核心要义就是把实现天下大治的"主动权"留给民众，让其在"为政者无为"的情况下发挥能动性，由其自行推动社会发展，进而使"无不治"成为可能，正如有的研究所说的"统治者遵循民的自然性"① 那般，在治理中以民为主、以君为辅，"为政者"只是以"不争之法"引导之，而实际作为的是民众，故亦有研究认为《老子》之"为政"有着"屈君伸民"的趋向，② 如此观之不无道理。

第二节　章句释义

如上，立足于对传世本《老子》第二章的文本梳理，结合出土文献与传世文献对本章所涉《老子》独特的认识论及"圣人无为"等重要概念进行辨析，最终明确了本章所展现的是以"相对主义"为核心的哲学思考，以及以"无为"为核心的政治思想。下面据此梳理本章的文本逻辑，通读版本并进行释义。

一、文本逻辑

据上，本章首先通过描述美恶、善恶、有无、难易、长短、高下、音声、前后这几组不同层面概念的存在状态，以颠覆常规的"审美""伦理""物理"认知为基础表现了在"道"的视域下世界万物"相对"存在的哲学考量，展示了不同于传统认知的、《老子》思想是"朴素的辩证法"的、"相对主义"的思想面向，这当是《老子》本章所体现其认识论方面的主要思想内涵。而后，"是以"二字揭示了前面论说"相对主义"价值观的目的，即指出在"道"的视域下，"有为"的政治观是存在问题的，故而圣人施行的应是"无为之治"，于是《老子》借此提出其对于构建政治秩

---

① 付瑞珣、赵玲玲：《〈老子〉"民"论》，詹石窗，宋崇道，谢清果主编：《中华老学》第7辑，北京：九州出版社，2022年，第224—233页。
② 陈霞：《屈君伸民：老子政治思想新解》，《哲学研究》2014年第5期。

序及统治者为政的核心主张——"无为",并进一步指出了"为而不恃,功成弗居"的具体要求与"弗居,是以弗去"的预期效果,从此"圣人无为"成为《老子》哲学体系里重中之重的话题,并在之后的章节中被反复提及、多加论述。

二、通读释义

《老子》第二章的分析以王弼本为主要版本,参考与对比郭店本、马王堆帛书本及北大汉简本等传世和出土文献,认为此章的文本可通读为如下内容:

> 天下皆知美之为美,斯恶已。皆知善之为善,斯不善已。故有无相生,难易相成,长短相形,高下相倾,音声相和,前后相随。是以圣人处无为之事,行不言之教;万物作焉而弗始,为而不恃,功成而弗居。夫唯弗居,是以弗去。

据此释其义为:天下人都知道怎么样算是美,这样就有了丑;天下人都知道怎么样算是善,这样就有了不善。所以,有与无相互滋生,难与易相辅相成,长与短相比而显现,高与下相依而存在,音与声相应和而成曲调,前与后相接而成顺序。因此圣人用无为的方法处事,用不言的方式施行教化,听任万物自然生长而不私加干涉,养育万物但不自恃己力,成就万物而不自居有功。正由于不居功,所以这些功绩不会离他而去。

第三章　《老子》第四章章句校释

　　在老子以"道"为核心的哲学体系中，辩证思维普遍存在。例如，老子既认为"道"是"动"的，故曰"反者道之动"；也认为"道"是"静"的，故曰："独立不改"，如是"道"之动静二态的辩证关系正反映了老子思想的辩证属性，且蕴含了老子独特的"动静观"，故学界对此问题已有诸多关照。[①] 而传世本《老子》第四章作为老子释"道"的重要篇目，学界对此研究成果虽众[②]，然从"动"与"静"两个方面入手、系统分析本章内容及意涵之研究尚属罕见，故立足文本分析，尝试由此角度展开对传世本《老子》第四章的再解析。又鉴于陈鼓应曾言："老子的动静观亦可分道体与现象界两层面来谈这一范畴"，[③] 其大致将"道"之"动静"分于"道体"与"道用"两个层面论述，故在具体分析中也将仿照这一思路，把本章所言"道"之"体用"分别作为一种讨论对象进

---

　　① 学界关于老子思想中"道"之动静问题及其"动静观"的研究可参见：李中华：《"动"与"静"》，《中国哲学史主要范畴概念简释》，杭州：浙江人民出版社，1988 年，第 83 页；许江梅：《试论〈老子〉思想中"道"的动与静》，《思茅师范高等专科学校学报》2001 年第 2 期；陈鼓应：《老子的有无、动静及体用观》，《华中师范大学学报（人文社会科学版）》2005 年第 6 期。

　　② 因学界关于传世本《老子》第四章的研究成果颇丰，且相关成果在后注多有提及，故于此不再一一列举。

　　③ 陈鼓应：《老子的有无、动静及体用观》，《华中师范大学学报（人文社会科学版）》2005 年第 6 期。

行论述。①

第一节　文本辨析

传世本《老子》第四章是《老子》"论道"的重要章节，兹列王弼本所载经文于下：

> 道冲而用之或不盈，渊兮似万物之宗；挫其锐，解其纷，和其光，同其尘，湛兮似或存。吾不知谁之子，象帝之先。

据此察之其他版本《老子》，传世本另有河上公本、想尔注本、傅奕本等，出土文献则涉及北大汉简本、马王堆帛书甲乙本。综合各版本文本来看，对于《老子》第四章的记载差异不大，一致性强，只有傅奕本在"道冲而用之或不盈"句与其他诸本有所不同，下文将予以详述并对本章所涉如"冲""渊""湛"等重要概念进行阐释。

一、"道冲而用之或不盈"

关于"冲"。北大汉简本、帛书乙本、河上公本、王弼本等皆作"冲"

---

① 关于本章所言之"道体"，严复曰："此章专形容道体。当玩'或'字与两'似'字方得之。"（参见严复：《老子道德经评点》，新北：广文书局，2001 年，第 4 页）此处严氏虽曰"本章专讲道体"，然究之其后一语便知，其所言"形容道体者"实指本章"或"与两"似"字所形容者，即本章所讲"冲""渊""湛"三种"道体"的特质，而"或"与两"似"字后的内容则是对此三者的延伸性解释；关于本章所言之"道用"，陈荣捷认为："此章显示道家思想里面，'用'的重要性不下于'体'。"（参见陈荣捷：《中国哲学文献选编》（上册），台北：巨流图书公司，1993 年，第 228 页）由此可见本章所论亦重"道用"，而又有研究表示："道用就是道自身的体现"（参见崔颖敏：《浅析老子〈道德经〉第四章的道之"用"》，《延边党校学报》2010 年第 2期），如此本章所言道之"挫其锐，解其纷，和其光，同其尘"四者正符合"道用"的范畴，另高明曾就此四句注曰："用此文具体说明'道盅，而用之又弗盈'……"（参见高明：《帛书老子校注》，北京：中华书局，1996 年，第 241 页），如是可知此四句正是对道之"用"的抽象描述。如上对本章所言"道体""道用"所作的分类将在下文中应用，并展开详细论述。

（或"冲"），而傅等作"盅"。对此学界大致有四种观点：一者，以王弼为代表，楼宇烈释其言曰"以'冲'与'满'、'实'对言，是以'冲'为'虚'之意也"，[1] 而此论亦与《老子》第四十五章言："大盈若冲，用之不盈"一语中"盈""冲"相对之用意相合。二者，以俞樾、蒋锡昌、高明、陈鼓应等为代表，大致如俞说："'盅'，训虚，与盈正相对。作'冲'者，假字也。"[2] 而此论当源于《说文》第五上所载"盅，器虚也，从皿，中声，老子曰'道盅而用之'"一处。[3] 三者，以河上公、想尔注为代表，如河上公注曰："冲，中也。道匿名藏誉，其用在中"。[4] 四者，以邓谷泉为代表，取《说文·第十一》上载"冲，涌摇也，从水中，读若动"之说，[5] 释"冲"为"涌动""爆炸"之义。[6] 总的来看，前三种观点虽然在具体用字的问题上有所差异，然释义时大都取"虚无""空虚"或"中虚"之义，而第四种观点的立论又略显单薄，令人难以信服，故此处当以取"虚"意为上。

关于"盈"。北大汉简本、帛书乙本、河上公本、王弼本等皆作"盈"，傅奕本作"满"。对此，河上公注"盈"为"盈满"之义，[7] 此论几为学界共识，如是可知"盈""满"之义相同；另如高亨言："'盈'当读为'逞'，意为'尽也'"，[8] 高明亦言："'不盈'犹言'不穷'"，[9] 二人皆释"盈"为"穷尽"之义，思来虽与"盈满"之意稍有区别，但又都暗含着一种"趋向极端"的意味，故可算无本质冲突。

结合来看"道冲而用之或不盈"一语之意涵，大体即如陈鼓应所说

---

[1]　王弼注，楼宇烈校释：《老子道德经注校释》，北京：中华书局，2008年，第12页。
[2]　俞樾：《诸子平议》，北京：中华书局，1954年，第144页。
[3]　许慎：《说文解字》，北京：中华书局，2013年，第99页。
[4]　王卡点校：《老子道德经河上公章句》，北京：中华书局，1993年，第14页。
[5]　许慎：《说文解字》，北京：中华书局，2013年，第229页。
[6]　邓谷泉：《论"道冲"之"冲"》，《长沙大学学报》1999年第1期。
[7]　王卡点校：《老子道德经河上公章句》，北京：中华书局，1993年，第14页。
[8]　高亨：《老子正诂》，上海：开明书店，1943年，第11页。
[9]　高明：《帛书老子校注》，北京：中华书局，1996年，第240页。

"道体为虚而作用无穷"，① 是重在形容"道体"之"冲"这一特质的。不过，如方尔加言："这个'空'可不是日常生活说的虚空，而是隐含着勃发生机的'空'，所以'冲'或在一定意义上表达了'道'这种生命力的特征。"② 诚以为是，即此语虽主言"道体空虚"之本貌，然却同时强调了其因此而"用之不盈"这层因果关系，正如严遵《指归》曰："道以至虚，故动能至冲"，③ 而《老子·第十一章》亦曰："有之以为利，无之以为用"，可见"冲""无"本身便同"用"紧密关联，如有学者之言："（冲）代表着无限发展的可能，含藏丰富的创造力"④，故此可见，所谓"冲虚"本身便内含有一种"动态倾向"，而前引《说文》载"冲，涌摇也"的解释也似乎给出了这种暗示，"冲"所形容的正是"道体"一种蓄势待发的状态，而此即老子在本章中给予"道体之动"的第一个形容词。

二、"渊兮似万物之宗"

关于"渊"。北大汉简本、帛书乙本、河上公本、王弼本等皆作"渊"，而景龙碑本等作"深"，又帛书甲本作"潚。对此，学界已有共识，高明曰："'潚'训作'渊'"，⑤ 又朱谦之曰："'深'与'渊'义同……唐人避讳改'渊'为'深'"，⑥ 可见此处三字之义相通，皆为"渊深"之意也。又帛书乙本、河上公本、王弼本等皆作"似"，而景龙碑本无"似"仅作"万物宗"，又北大汉简本作"佁"，又帛书甲本作"始"。对此，学界亦已有共识，北大汉简整理者认为"'佁'，即'似'"，⑦ 又高明曰

---

① 陈鼓应：《老子今注今译》，北京：商务印书馆，2006 年，第 90 页。

② 方尔加：《如何理解老子的"道"》，《光明日报》2010 年 7 月 15 日。

③ 河上公章句，严遵指归，王弼注，刘思禾校点：《老子》，上海：上海古籍出版社，2013 年，第 10 页。

④ 袁承维：《商周时期信仰的政治意义——从帝—天—道的递嬗来看》，《湖南师范大学社会科学学报》2021 年第 5 期。

⑤ 高明：《帛书老子校注》，北京：中华书局，1996 年，第 240 页。

⑥ 朱谦之：《老子校释》，北京：中华书局，1984 年，第 19 页。

⑦ 北京大学出土文献研究所编：《北京大学藏西汉竹简》（贰），上海：上海古籍出版社，2012 年，第 146 页。

"'始'训作'似'",① 可见此处三字亦皆同义，是为"像"之义也。

如此，"渊兮似万物之宗"一语之意涵，大致如蒋锡昌言："道体之恍惚深渊，以为万物之宗，然又不可得而形名也",② 乃是在形容"道体"另一特质——"渊"。而如上文言，本句同样在形容道体"渊深莫测"的同时，强调了其因"渊"而具备"万物之宗"之"用"这层因果关系，如有学者言："这个实际存在又是开展万物的"万物之宗"，乃先天地而生，具有旺盛的创生力量。"③ 另《说文·第十一上》亦曰"渊，回水也",④ 也暗示了"渊"本身的一种"动态倾向"，而《老子》第二十五章言"周行而不殆，可以为天地母"，所谓"周行"似是对于"回水"运动形态的描述，且"道"亦因此为"天地母"，实与"渊"所形容者相类。此外，本章首句曰"用之不盈"，据上文言可知此乃因"道体冲虚"所致，然思"不盈"又致何者？窃以为正是"渊"也，即因其"用之不盈"，"道体"才具备了所谓"渊深莫测"的可能，并以此能够源源不断地造化万物以为"万物宗"。故而，"渊"所形容的正是"道体"一种绵延不绝的状态，这也就是老子在本章中给予"道体之动"的第二个形容词。

三、"挫其锐，解其纷，和其光，同其尘，湛兮似或存"

关于"挫其锐"一语。河上公本、王弼本等皆作"挫"，而北大汉简本作"桳"，又帛书甲、乙本皆作"銼"。对此北大汉简整理者认为"'桳'为'挫'之讹",⑤ 又高明曰："'銼'训作'挫'",⑥ 可见此三字

---

① 高明：《帛书老子校注》，北京：中华书局，1996 年，第 240 页。

② 蒋锡昌：《老子校诂》，上海：商务印书馆，1937 年，第 30 页。

③ 袁承维：《商周时期信仰的政治意义——从帝—天—道的递嬗来看》，《湖南师范大学社会科学学报》2021 年第 5 期。

④ 许慎：《说文解字》，北京：中华书局，2013 年，第 230 页。

⑤ 北京大学出土文献研究所编：《北京大学藏西汉竹简》（贰），上海：上海古籍出版社，2012 年，第 146 页。

⑥ 高明：《帛书老子校注》，北京：中华书局，1996 年，第 240 页。

同义也，即《说文·第十二上》言"挫"，"摧"之意也。① 又北大汉简本、河上公本、王弼本等皆作"锐"，而帛书乙本作"兑"。对此高明曰："'兑'训作'锐'"，② 可见此处二字为同义字。对此河上公注曰："锐，进也"，③ 又楼宇烈按王弼注释此字曰："引申为锋芒之意"，④ 综合来看二者在释"锐"字时皆强调了一种"显露过度"的意味，故本质上亦无冲突。故"挫其锐"一语之意涵，大致如河上公于此"以人喻道"之论："人欲锐精进取功名，当挫止之。"⑤ 而抛开其中"人"的部分，此即言"凡精锐进取过度者，皆当挫止、摧折之"，所强调的是"道"之于万物的一种作用与影响，故此正是对"道用"的一次"动态呈现"所作之形容。而关于所谓"挫锐"的观点，实际是表达了老子对于一些不符合"道"的情况的态度。《老子》第九章曰："持而盈之，不如其已。揣而锐之，不可长保"，这里将"盈""锐"对举，又如上文言"盈"为"盈满"乃至"穷尽"之意，实正与此处"锐"之意味相类。然亦如上文言"道体"因"冲虚"而"不盈"，故"盈""锐"者皆是违背"道"的情况，故老子曰"不可长保"，又于本章曰"挫之"，此为同论一事也。而据此分析亦可推断，此处以"挫其锐"形容"道用"，皆因本章首句"道冲而用之或不盈"而起，盖因有"盈""锐"者，故需"挫之"，而后方可复归于"冲虚道体"，此正应《老子想尔注》中所说"挫还之"之意也。⑥ 所以，"挫其锐"或正是因"道冲"之特质而衍生出来的一次"道用"的"动态呈现"，而这也是老子在本章中对于"道用之动"的第一次形容。

关于"解其纷"一语。北大汉简本、河上公本、王弼本等皆作"纷"，而景龙碑本作"忿"，又帛书乙本作"芬"。对此学界大体有三种观点：一

---

① 许慎：《说文解字》，北京：中华书局，2013年，第252页。
② 高明：《帛书老子校注》，北京：中华书局，1996年，第241页。
③ 王卡点校：《老子道德经河上公章句》，北京：中华书局，1993年，第14页。
④ 王弼注，楼宇烈校释：《老子道德经注校释》，北京：中华书局，2008年第12页。
⑤ 王卡点校：《老子道德经河上公章句》，北京：中华书局，1993年，第14页。
⑥ 饶宗颐：《老子想尔注校正》，上海：上海古籍出版社，1991年，第7页。

者，以王弼等为代表，楼宇烈按王弼注释此字曰"纷，争端"；① 二者，以马叙伦为代表，马曰："'彂'与'锐'义类，'忿'则不伦矣"，② 而其论乃从《说文·第十三上》"纷，马尾彂也"之语出，③ 又结合《庄子·知北游》"解其天彂"语，以"彂，弓衣也……喻形骸束缚"之解释为据，④ 释"纷"为"束缚"义；三者，以河上公、俞樾、朱谦之等为代表，大多从河上公注"纷，结恨也"之意，⑤ 又俞樾曰："'忿'，乃其本字，纷、芬并假字耳"。⑥ 由是观之，前两种观点皆从"纷"字，且其解释无论是"争端"还是"束缚"，皆强调了其中一种"纠缠不清"的意味，故并不冲突。而第三种解释虽取"忿"字，然其"结恨"的解释亦有同于前二者之意味，另又有研究认为"纷""忿""芬"皆同音借字，⑦ 故大体来说在这几种解释之间无本质矛盾。可见，"解其纷"一语之意涵，大致如王弼注曰："除争原也"，⑧ 同样是在强调的"道"之于万物的作用与影响，是对"道用"的又一次"动态呈现"所作之形容。而亦与前文同理，本句或是起于本章此前对于"道体"的形容，即"解其纷"之语或是因本章次句"渊兮似万物之宗"而来。如上文言，"纷"有"争端""束缚""结恨"等义，皆呈现出一种"纠缠不清"的意味，而试想事物若"纠缠"，必呈现一种"纷乱之像"，而世间万物之间的纠缠可谓"最大的纷乱之像"，故"道"作为"万物之宗"，为保持其"渊深"的"道体"特质，并延绵不断地造化万物，务须消解其中的"纷乱之像"，以遵守一定之序。所以，"解其纷"或就是因"道渊"之特质而衍生出来的一次"道用"的"动态

---

① 王弼注，楼宇烈校释：《老子道德经注校释》，北京：中华书局，2008 年，第 12 页。
② 马叙伦：《老子校诂》，北京：中华书局，1974 年，第 115 页。
③ 许慎：《说文解字》，北京：中华书局，2013 年，第 277 页。
④ 王先谦：《庄子集解》，北京：中华书局，1987 年，第 189 页。
⑤ 王卡点校：《老子道德经河上公章句》，北京：中华书局，1993 年，第 14 页。
⑥ 俞樾：《诸子平议》，北京：中华书局，1954 年，第 144 页。
⑦ 北京大学出土文献研究所编：《北京大学藏西汉竹简》（贰），上海：上海古籍出版社，2012 年，第 146 页。
⑧ 王弼注，楼宇烈校释：《老子道德经注校释》，北京：中华书局，2008 年，第 148 页。

呈现"，也就是老子在本章中对于"道用之动"的第二次形容。

关于"和其光，同其尘"二句，参看各版本《老子》的记载，可知其文本大都与王弼本相同，唯北大汉简本于"尘"字处作"袗"，然其整理者认为"袗"读为"尘"，① 故此处差异大可不计。而关于"解其纷，同其尘"之意涵，首先，如王弼注："和光而不污其体，同尘而不渝其真"，② 这是在"道"的层面谈论"道用"。其次，如河上公注："言虽有独见之明，当知暗昧，不当以擢乱人也。常与众庶同垢尘，不当自别殊"，③ 这则是从"人"的角度谈论"处世之法"。而结合来看，二者实际都是在谈论"用"的问题，且均是在强调如是"用"之后的某种状态或结果。再者，参看《说文·第二上》载："和，相应也"，④ 又《说文·第十上》载："光，明也"，⑤ 如是可知"和其光"之本意大致为"（道）应和光明"；另参看《说文·第七下》载："同，合会也"，⑥ 又《说文·第十上》载："尘，鹿行扬土也"，⑦ 如是可知"同其尘"之本意大致为"（道）混合尘土"。故此可见，从本意上来看此二句虽确是形容"道用"，但其所强调的也都是在这两种"道用"影响之下所产生的某种状态与结果。而事物之"状态"或"结果"则往往表现出一种"静态"，或许"和光同尘"的状态就像老子所言"光而不耀"（《老子》第五十八章）那般。故此，实际上"和其光，同其尘"二句主要是针对"道用"中的那种"静态倾向"所作之形容。另外，"和其光，同其尘"也表明了"道"之包容性，即"道"本身并不区分"光""尘"，均可在"道用"的层面予以会同、容纳。

---

① 北京大学出土文献研究所编：《北京大学藏西汉竹简》（贰），上海：上海古籍出版社，2012 年，第 146 页。
② 王弼注，楼宇烈校释：《老子道德经注校释》，北京：中华书局，2008 年，第 11 页。
③ 王卡点校：《老子道德经河上公章句》，北京：中华书局，1993 年，第 14—15 页。
④ 许慎：《说文解字》，北京：中华书局，2013 年，第 26 页。
⑤ 许慎：《说文解字》，北京：中华书局，2013 年，第 209 页。
⑥ 许慎：《说文解字》，北京：中华书局，2013 年，第 153 页。
⑦ 许慎：《说文解字》，北京：中华书局，2013 年，第 202 页。

四、"湛兮似或存。吾不知谁之子，象帝之先"

关于"湛兮似或存"一语，参看各版本《老子》的记载，可知其文本大体均同于王弼本，唯想尔注本作"湛似常存"、景龙碑本作"湛常存"，然据河上公注"或，常也"① 可知其文义大致相同，故此处文本差异不作深究。而关于本句之意涵，则如河上公注："湛然安静，故能长存不亡"，② 这里直接指出了"湛"之"静"的属性，以及"道"因"湛"而得"长存不亡"的因果关系。如是可见，此句乃重在形容"湛"这种"静态呈现"的"道体"特质。而另如高亨曰："道不可见故曰'湛兮'。"③ 这便揭示了"湛"作为"道体"特质的另一重要意涵——"不可见"，如此则似与上文所言"道体冲虚"之意相类。然对此朱谦之却道："似无而实有也"，④ 认为"道体湛兮"乃是"似无实有"。当然，对于"湛兮"这种"道体"特质，老子亦有类似形容，曰："是谓恍惚"，又曰："惚兮恍兮，其中有象；恍兮惚兮，其中有物"，究其所言"恍惚"之中有"象"与"物"者，如有研究所说："此为强调道存在，并非虚构"，⑤ 如是可推知老子所言"湛兮"之"道体"虽曰"不可见"，然实际当属"似无实有"之状态。具体来说就是，"道体"中有内含之"象"与"物"，此或如上文言所"和"之"光"、所"同"之"尘"，而这些最终又都以一种"恍惚"的样貌作静态之呈现，即为"道体湛兮"。这种状态有别于"冲虚"所形容"道体"本貌之纯粹，更倾向于一种"静寂的混沌"，如《老子·第二十五章》所言"有物混成，先天地生，寂兮寥兮"是也，此即为老子在本章中对于"道体之静"的一次具体形容。

---

① 王卡点校：《老子道德经河上公章句》，北京：中华书局，1993 年，第 15 页。
② 王卡点校：《老子道德经河上公章句》，北京：中华书局，1993 年，第 15 页。
③ 高亨：《老子正诂》，上海：开明书店，1943 年，第 12 页。
④ 朱谦之：《老子校释》，北京：中华书局，1984 年，第 21 页。
⑤ 袁承维：《商周时期信仰的政治意义——从帝—天—道的递嬗来看》，《湖南师范大学社会科学学报》2021 年第 5 期。

关于本章末句"吾不知谁之子，象帝之先"一语，此句之意涵，学界大致有三种看法：一者，以河上公、王弼、蒋锡昌、高明等为代表，大体如河上公注"道自在天帝之前，此言道乃先天地生也"；① 二者，以朱谦之等为代表，其引《广雅释言》"子，似也"，别释此句为"吾不知谁似也……"② 三者，以钱穆等为代表，其认为老子之"象"有"特殊神秘之涵义"，视"象"为道和物之间的一个过渡阶段，故别释此句为"'道'在'象''帝'之先"。③ 由是观之，三种观点皆有其道理，且对本句的核心观点，即"道"在"帝"之先一事均表认同，故并无根本冲突。而对于"道在帝先"的问题，亦有诸多研究已详细说明，如陆建华言："帝不仅是神，而且还是至上神；帝不仅主宰世俗世界，而且还主宰信仰世界。同时，帝还扮演万物始祖的角色。由于上下、先后象征尊卑主从，老子以道'象帝之先'，直接置'道'于'帝'之前、之上，从而将帝之于万物的至上性、主宰性以及帝的始祖特征赋予'道'，使'道'获得帝的所有权威。不仅如此，由道在'帝之先'，意味着道甚至还主管'帝'。这样，道不仅获得帝的所有权威，同时还剥夺了帝的至上权威；道凭借帝而越过帝而成为宇宙中最初始的存在、宇宙万物的最高主宰便是理所当然的了。"④ 诚以为然，不须赘述。而结合上文来看，本句更像是由"湛兮似或存"一语中对"道"之存在问题的讨论所自然引起的一个"不确定"的表达，本身也是在阐述关于"道"之源起问题的。

第二节　章句释义

如上，立足于对传世本《老子》第四章的文本梳理，结合出土文献与

---

① 王卡点校：《老子道德经河上公章句》，北京：中华书局，1993年，第15页。
② 朱谦之：《老子校释》，北京：中华书局，1984年，第21页。
③ 钱穆：《庄老通辩》，北京：生活·读书·新知三联书店，2005年，第55页。
④ 陆建华：《建立新道家之尝试——从老子出发》，合肥：安徽大学出版社，2011年，第6页。

传世文献对本章所涉"冲""渊""湛"等重要概念进行辨析，最终明确了本章所言"道体""道用"之诸般特性，并在此基础上阐释了《老子》第四章所展现的动静观。下面据此梳理本章的文本逻辑，通读版本并进行释义。

一、文本逻辑

关于本章的文本逻辑，有一学术公案至今未明，即有学者认为本章文本存在所谓"错简"问题，[①] 持此论者所据理由大致有二：一者，因《老子》第五十六章亦有此"挫其锐，解其纷，和其光，同其尘"之语，故疑本章中此四句为其"错简"；[②] 二者，以为于本章首二句后"衔以'挫其锐'四句，文义颇为牵强"，故曰"错简"。[③] 对于这第一个观点，学界已有许多学者表示反对，如蒋锡昌言："复文为老子特有文体，不能因其复出遂谓之错简"，[④] 高明等亦从此论。另外，通过参照各版本《老子》可知在本章中皆有此四句经文，故仅以"其文复出于《老子》第五十六章"即曰是"错简"实在令人难以信服。但对于第二个观点，即所谓"文义不通"一说，今学界尚不见有力之驳斥，下面将立足于前文，从整体上对本章的文本逻辑展开梳理，

首先，上文先后阐明了"冲""渊"这两种"道体"特质的"动态倾向"，以及"挫其锐""解其纷"这两种"道用"呈现的"动态性"，还有"和其光，同其尘"这两种"道用"中的"静态倾向"，以及"湛"这种

---

① 关于本章存在"错简"问题之观点，如谭献曰："五十六章亦有此……四句，疑羼误"，马叙伦从之曰："此四句乃五十六章错简"（参见马叙伦：《老子校诂》，北京：中华书局，1974年，第116页）；又陈柱曰："衔以'挫其锐'四句，文义颇为牵强"，陈鼓应从之曰："惟帛书甲、乙本均有此四句，其错简重出早在战国时已形成"（参见陈鼓应：《老子今注今译》，北京：商务印书馆，2003年，第91页）；另蒋锡昌、高明等学者大都反对"错简"之说（参见高明：《帛书老子校注》，北京：中华书局，1996年，第242页）。

② 马叙伦：《老子校诂》，北京：中华书局，1974年，第116页。

③ 陈鼓应：《老子今注今译》，北京：商务印书馆，2006年，第91页。

④ 蒋锡昌：《老子校诂》，上海：商务印书馆，1937年，第32页。

"道体"特质呈现时的"静态性"。故此，本章文本的第一个内在逻辑便显现出来了，是为从"道之动"到"道之静"，即"由动到静"的逻辑。换言之，本章或正是从"道"之"动静"的视角出发，按照"由动到静"的逻辑形成文本的。其次，基于前文所言，可知本章形容"道体"者，是为"冲""渊""湛"三者，而形容"道用"者则正是"挫其锐，解其纷，和其光，同其尘"四者，如此本章文本的第二个内在逻辑也就显现出来了，是为从"道体"到"道用"再到"道体"，即"由体及用、复归于体"的逻辑。换言之，本章抑或是从"道"之"体用"的视角出发，按照"由体及用、复归于体"的逻辑形成文本的。

二、通读释义

《老子》第四章的分析以王弼本为主要版本，参考对比傅奕本、马王堆帛书以及北大汉简等传世和出土文献，认为此章的文本可通读为如下内容：

> 道冲，而用之或不盈。渊兮，似万物之宗。挫其锐，解其纷，和其光，同其尘。湛兮似或存。吾不知谁之子，象帝之先。

据此释其义为：道体是虚空的，然其作用却不无穷无尽。道体是深渊的，它像是万物的根源所在。摧折一切过度的，解除一切束缚的，应和光明、混合尘土、融为一体；道体是恍惚的，似无而又实有。我不知道它是从哪里产生的，好像是在天帝之前便存在。

第四章　《老子》第六章章句校释

　　传世本《老子》第六章载有"谷神不死，是谓玄牝"一语。其中对"谷神"二字的解法众多，随着出土文献的发现，在出土文献的基础上进行各版本对照，学术界对《老子》第六章的研究已有所涉及并形成丰富的学术成果，① 如何对"谷神不死"与"玄牝"进行训诂和分析关系到对老子哲学核心概念之"道"的阐释，对于阐发老子的思想具有重要的意义。学术界研究多从"谷神""玄牝"等单个词句出发，尚对《老子》第六章文本之间的内在逻辑关系分析有所空缺，仍有一定的学术研究空间。

第一节　文本辨析

　　传世本《老子》第六章是《老子》"喻道"的著名章节，兹列王弼本所载经文于下：

---

　　① 与第六章相关之论文可见吴斌：《〈老子〉第六章"谷神不死"释义》，《古籍研究》2002年第4期；陈成吒：《"浴神不死"释义》，《枣庄学院学报》2010年第6期；罗红昌：《论中国文化的"生命—黑色"意象》，《中华文化论坛》2011年第1期；张念：《切诸/玄牝：哲学的母体意象》，《复旦政治哲学评论》2015年第1期；周洪宇、王文虎：《论老子"托之于神农"》，《湖北社会科学》2018年第10期；赵卫民：《无和有：跨亚洲之眼——老子的女性主义》，《诸子学刊》2019年第1期；尚永亮、朱春洁：《〈老子〉"玄"与"玄德"新释》，《复旦大学学报（社会科学版）》2020年第1期；谢清果：《媒介哲学视角下的老子之"门"新论》，《山西大学学报（哲学社会科学版）》2020年第2期；邱里森：《再论谷神文段》，《老子学刊》2021年第17辑；付瑞珣、汪明章：《浅析〈老子〉中的动物设喻》，詹石窗、宋崇道、谢清果主编：《中华老学》第6辑，北京：九州出版社，2021年，第30—37页；聂磊：《由"水"观"道"：老子"水"喻探赜——兼论与孔子之水的分殊及其内在理路》，《吉林大学社会科学学报》2022年第6期等。

谷神不死，是谓玄牝。玄牝之门，是谓天地根。绵绵若存，用之不勤。

据此察之其他版本《老子》，传世本还主要涉及河上公本、想尔注本、傅奕本。出土文献所涉版本有北大汉简本以及马王堆帛书甲、乙本。从各版本的文本来看，传世本《老子》第六章的文本差异不大，一致性强，只有想尔注本在"玄牝门，天地根"此句与其他传世本不同。出土文献本方面，郭店简本第六章缺失，横向比较来看差别最大的是"谷神"和"浴神"，"用之不勤"与"用之不堇（墐）"二者之取字，下文详述。

一、"谷神不死，是谓玄牝"

关于"谷神不死，是谓玄牝"句，传世本记载相类，唯帛书甲本与乙本写作"浴神不死。"[①] 关于"谷"的释义，河上公认为："谷，养也。人能养神则不死也。'神'谓五藏之神也。"[②] 其认为心藏神，五藏尽伤则五神散矣。蒋锡昌也从"神"和道术的方面出发来解释"谷"，其认为"胎息养生之术"。并认为"谷"是"乃用以象征吾人之腹，即道家所谓丹田，以腹亦空虚深藏如谷也。"[③] 王弼注曰："谷神，谷中央无者也。"[④] 王弼将"谷神"解释为山谷，认为其虚怀无物、无形无影、处卑守静、不可名状。王弼以"谷"字本意之山谷，取其中空，虚怀无物的意象来将其喻作道。[⑤] 苏辙在《道德真经注》中认为"谷，至虚而独有形。谷神，则虚而无形也。"[⑥] 同样将"谷"训作"空谷"之意，由之而引申为"虚"的意思。

---

① 高明：《帛书老子校注》，北京：中华书局，1996 年，第 247 页。
② 高明：《帛书老子校注》，北京：中华书局，1996 年，第 248 页。
③ 高明：《帛书老子校注》，北京：中华书局，1996 年，第 248 页。
④ 高明：《帛书老子校注》，北京：中华书局，1996 年，第 248 页。
⑤ 高明：《帛书老子校注》，北京：中华书局，1996 年，第 248 页。
⑥ 苏辙：《道德真经注》，上海：华东师范大学出版社，2010 年，第 6 页。

司马光认为"中虚故曰'谷'"，①严复与司马光的解读相近，都认为空虚若"谷"，无穷曰"神"，认为"谷"与"神"都是"道"之"德"，且"谷"与"神"不能连读，其分指两事。朱谦之明确反对"谷""神"连读，其认为唯《老子》书中实以"谷"与"神"对。三十九章"神得一以灵，谷得一以盈"即其证。②高明认为"'谷'喻其虚怀处卑，'神'谓其变化莫测，'不死'谓其永存不灭，三者乃道之写状"，③亦将此三者视作"道"的三种属性或状态。此外，帛书甲乙本中写作"浴神不死"，陈成吒认为在《老子》中，"浴"才是本字，本义指江海，引申为虚空的存在，常喻指"道"的虚空处下以及万物"无"的本质。④《说文解字》载："泉出通川为谷"⑤金文中的"谷"字形表现为𧮫（《金文编》，启尊）、公（《金文编》，格伯簋）。⑥《金文编》中的"谷"字排列在水部一章，根据金文字形，可见"谷"与水之联系，结合《说文解字》的解释，"谷"与"浴"应相通。又俞樾曰："《尔雅·释天》：'东风谓之谷风。'《诗正义》引孙炎曰：'谷之言穀，穀生也。'生亦养也。王弼所据本作'谷'者，'穀'之叚字；河上本作'浴'并'欲'之借字。"⑦故俞樾认为"谷神不死"应写作"欲神不死"。徐鼐亦认为"谷"应做"穀"字，"诗毛传郑笺，广雅释诂并曰：'穀'养也。"⑧

　　基于以上分析，可以看出"谷神不死"应解为"谷""神"与"不死"相对而存在，不可理解为组合词"谷神"，"谷"应取"中虚"之意。出土本北大简作"谷"，而帛书甲乙本作"浴"，根据金文字形和《说文

①　高明：《帛书老子校注》，北京：中华书局，1996年，第248页。
②　朱谦之：《老子校释》，北京：中华书局，1984年，第26页。
③　高明：《帛书老子校注》，北京：中华书局，1996年，第249页。
④　陈成吒：《"浴神不死"释义》，《枣庄学院学报》2010年第6期。
⑤　段玉裁：《说文解字注》，上海：上海古籍出版社，1981年，第570页。
⑥　容庚：《金文编》，张振林、马国权摹补，北京：中华书局，1985年，第749页。
⑦　蒋锡昌：《老子校诂》，上海：商务印书馆，1937年，第38页。
⑧　蒋锡昌：《老子校诂》，上海：商务印书馆，1937年，第38页。

解字》的释义，"谷"与"浴"应相通。"神"则对应因应无穷之意，以此二字来比喻"道"。"不死"是谓无穷无尽之意，用来指代"道"的无穷属性。

二、"玄牝之门，是谓天地根"

关于"是为玄牝"一句，各版本书写一致，"牝"一词本意是指雌性动物。段玉裁《说文解字》载："牝，畜母也。易曰畜牝牛吉。"① 高明注"'牝'为母性之生殖器官，'玄牝'是用以形容道生天地万物而无形无迹，谓其微妙幽深也。"② 卢育三认为："《大戴礼记·易本命》：'丘陵为牡，溪谷为牝。'《说文》'牝，畜母也。'牡，鸟兽之雄性；牝，鸟兽之雌性。玄牝，神妙莫测，化生万物的母体。"③ 王弼注曰："'玄'物之极也。'牝'，雌性动物之统称。'玄牝'，借以形容万物最初之生养者。此也是对'道''无'产生万物的一种形象比喻。"④ 陆希声亦认为："玄者，天之体也。牝者，地之用也。体玄而用牝，圣人之术也。"⑤ 蒋锡昌认为："'玄'者，幽远微妙之意。'牝'，母也，为生物之本。'玄牝'者，即微妙之生长。"⑥ 以上五者皆取"玄"为"微妙幽深"的"玄远"意象，从"牝"之雌性生殖器官的本意隐喻"道"生万物。也与下句"玄牝之门，是谓天下根"语句相连，"天下根"也即天下万物自此生也。蒋锡昌认为："天地之大德曰生，此二句仍就生长之意发挥。以玄牝即生长之门，故又以天地之根比之也。"⑦

① 段玉裁：《说文解字注》，上海：上海古籍出版社，1981年，第50—51页。
② 高明：《帛书老子校注》，北京：中华书局，1996年，第249页。
③ 卢育三：《老子释义》，天津：天津古籍出版社，1987年，第60页。
④ 王弼注，楼宇烈校释：《老子道德经注校释》，北京：中华书局，2008年，第18页。
⑤ 陆希声：《道德真经传》，《道藏》（第12册），上海：上海书店出版社，1988年，第117页。
⑥ 蒋锡昌：《老子校诂》，上海：商务印书馆，1937年，第39页。
⑦ 蒋锡昌：《老子校诂》，上海：商务印书馆，1937年，第39页。

三、"绵绵若存，用之不勤"

"绵绵若存，用之不勤"句传世本与出土文献差别不大，王弼本与帛书甲、乙本写作"緜緜"、北大汉简本写作"緜虖"、其余都作"绵绵"。北大汉简本与帛书甲、乙本中之"不勤"分别写作"不堇"和"不堇"。成玄英注曰："绵绵，微细不断貌也。"① 那么"绵绵若存"即可释为绵绵微妙，似存而非存。王弼释"不勤"讲"勤"视作"劳"。② 洪颐宣将"勤"读作"廑"，训为"弱少"。于省吾反对洪说，其认为金文中"勤""觐"并作"堇"，故"勤"应读作"觐"。③ "不勤"也可作"不尽"之意。高亨云："按淮南子原道训曰：'旋县不可究，织微而不可勤'"；《文子·上仁篇》曰："力勤财尽"；《晏子·谏篇下》曰："百姓之力勤矣"，高明认为此"勤"皆为"尽"之意。④ 故"不勤"为"不尽"之意。

第二节 章句释义

前文立足于对传世本《老子》第六章的文本梳理，结合出土文献与传世文献对本章所涉"谷神""玄牝"等重要概念进行辨析，最终明确了本章《老子》以此"喻道"的意旨所在。下面据此梳理本章的文本逻辑，通读版本并进行释义。

一、文本逻辑

据上，本章首先通过描述作为《老子》哲学概念中的"道"之喻体的"玄牝"的三种特征，即"虚怀若谷""变化莫测"和"无穷无尽"，继而

---

① 高明：《帛书老子校注》，北京：中华书局，1996年，第249页。
② 高明：《帛书老子校注》，北京：中华书局，1996年，第250页。
③ 高明：《帛书老子校注》，北京：中华书局，1996年，第250页。
④ 高明：《帛书老子校注》，北京：中华书局，1996年，第250页。

进一步阐述"玄牝之门"是宇宙间万事万物生成的天地根系。最后，通过"玄牝之门"是天地万物生成的"天地根"进一步阐释"道"之"不死""不勤"，似呼吸般"绵绵若存"，生生不息。《老子》以"谷"和"玄牝"隐喻"道"，是将难以理解之物化作大千世界之存在，令世人便于触摸与认知，其背后亦蕴藏着《老子》阐释"道"的内在逻辑。而本章的核心命题所谓"谷神不死"者，指的就是"道"的虚空和无穷性，《老子》正是以"玄牝"这种世间存在的本体来比喻"道"的这种特性，试图为世人描述"道生万物"的过程，同时也表明"道"之本体不可知，无法言说，但其具有自然属性，也并非无法感悟，故以此"喻"之。

二、通读释义

《老子》第六章的分析以王弼本为主要版本，参考对比傅奕本、马王堆帛书以及北大汉简等传世和出土文献，认为此章的文本可通读为如下内容：

> 谷神不死，是谓玄牝。玄牝之门，是谓天地根。绵绵若存，用之不勤。

据此释其义为：虚空的变化是永不停歇的，这就是微妙的母性。微妙的母性之门，是天地的根源。它连绵不绝地永存着，作用无穷无尽。

第五章　《老子》第十三章章句校释

传世本《老子》第十三章以首句"宠辱若惊，贵大患若身"抛出了"宠辱""贵患"这本章的两大核心论题，进而围绕二者展开了其关于"修身"与"为政"之道的经典论述，关于本章章句现有研究成果已然十分丰富。① 然本章因涉及"宠辱若惊""贵身无身"等重要字句的文本考据与概念辨析问题，长期以来各家观点未能统一，故本章义理素为解老之难点，乃至朱熹亦曾言"从前理会此章不得"，② 故今立足文本分析，尝试展开对传世本《老子》第十三章的再解析。

第一节　文本辨析

传世本《老子》第十三章是《老子》表述其"修身""为政"思想的著名章节，兹列王弼本所载经文于下：

---

① 除却整体研究《老子》的各家"注疏类专著"，目前学界关于《老子》首章的专门研究大致有三类：一是综合型研究，可参见申红义：《〈老子〉第十三章新解》，《成都师范学院学报》2015 年第 4 期；汪韶军：《〈老子〉"宠辱若惊"章新诠》，《北京社会科学》2016 年第 8 期，等。二是就此章所作之文本考据类研究，可参见裘锡圭：《"宠辱若惊"是"宠辱若荣"的误读》，《中华文史论丛》2013 年第 3 期；庞光华：《〈老子〉"宠辱若惊"新考》，《中国文字研究》2015 年第 1 期，等。三是对于此章所涉重要思想所作之研究，可参见邓联合：《"贵身"还是"无身"——〈老子〉第十三章辩议》，《哲学动态》2017 年第 3 期；汪韶军：《无身即贵身与无身以为天下——〈老子〉第十三章通诠》，《西南大学学报（社会科学版）》2019 年第 5 期等。

② 黄士毅：《朱子语类汇校》，上海：上海古籍出版社，2014 年，第 1007 页。

> 宠辱若惊，贵大患若身。何谓宠辱若惊？宠为下，得之若惊，失之若惊，是谓宠辱若惊。何谓贵大患若身？吾所以有大患者，为吾有身，及吾无身，吾有何患？故贵以身为天下，若可寄天下；爱以身为天下，若可讬天下。

据此察之其他版本《老子》，传世本还主要涉及河上公本、想尔注本、傅奕本等，出土文献所涉版本有郭店本、北大汉简本以及马王堆帛书本。一方面单看传世本，以王弼本为代表各文本相对一致，只在个别词句上有所不同；另一方面综合来看，传世本与出土本所载差异较大，且涉及重要概念的辨析，如传世本《老子》之“宠辱若惊”之“惊”，郭店本中作“[illegible]”，汉简本作“驚”；又如汉简本在“宠为下”后的位置有“是谓宠辱”，其他版本俱无等。下文将就这诸多文本与思想上的问题进行分析，以求较好地释读《老子》第十三章之义。

一、“宠辱若惊，贵大患若身”

关于本句文本，首先，“宠辱”之“宠”除郭店本作“㦽”、帛书甲本作“龙”、帛书乙本作“弄”外，北大汉简本、帛书乙本、河上公本、王弼本等皆作“宠”，而以上各字盖与“宠”相通，不需赘言。其次，“贵大患若身”之“患”仅帛书甲本作“梡”，通“患”，亦无甚差异。再者，“宠辱若惊”之“惊”，传世本皆作“惊”，汉简本作“驚”亦与之相通，唯郭店本中作“[illegible]”，而关于此“[illegible]”字，学界目前大致有三种看法：其一，整理小组释为“缨”犹读为“惊”，意思亦同，此为多数学者所依从；[①] 其二，释“缨”之意为“约束” “束缚”；[②] 其三，认为简本之

① 丁四新：《郭店楚竹书〈老子〉校注》，武汉：武汉大学出版社，2010 年，第 287—288 页。

② 庞光华：《〈老子〉“宠辱若惊”新考》，《中国文字研究》2015 年第 1 期。

"缨"当为"撄",解释为"扰乱"之意;① 其四,认为此字当释为从"朙""祭"声,即"督"的异体字,但仍读为"惊",或直接释为"惊"的异体;② 其五,释此字为"督"而读为"荣",为"荣耀"意。③

如上,关于"惊"字的争论即为本句文本方面的最大问题,总览上述五种说法,其一,其四基本沿袭了传统"宠辱若惊"的解释,如河上公说"身宠亦惊,身辱亦悚",又如王弼说"宠必有辱"一般,④ 把本句所言"宠与辱"是并列的两事且同为主语。其二,其三虽基于郭店本"繁"字给出了新解,但无论是"束缚"还是"扰乱"之义,都没有脱离传世本所载"惊"字的意涵太多,且在理解"宠辱若惊"一句时依旧默认本句是同时提及了"宠与辱"两面,只是强调在本句的主谓结构中"宠"为主语、"辱"为谓语;其五则与传统说法大不相同,在这种解读中,所谓"宠辱若荣"中的"宠"则成了动词,为"推崇"之义,"宠辱"从"主谓结构"变成了"动宾结构",且按照这种解读,这句话的结构就与之后的"贵大患若身"句完全一致,常人喜爱"荣"而厌恶"辱",贵重"身"而畏惧"大患",故而《老子》在此主张像常人推崇荣耀那样推崇受辱,像重视身体那样重视患难,这完全合乎《老子》立言的一贯风格,所谓"正言若反",也符合其价值认知中充满"辩证性"的特征。可见,传统观点解释本句时"宠辱"并重,但二者均以"惊"释之似不合常理;而以"束缚""扰乱"诸义代"惊"释之,虽已意识到这些形容都有着面对"宠与辱"中"辱"这一方面的倾向,但终究显得牵强;独"宠辱若荣"之解通透明达,更深合《老子》之意,故当取之。如此,本句实际抛出了本章关涉的两大核心论题,亦即两种看似反常但又充满辩证思想的行为——"宠辱"与"贵患",前者《老子》以"荣"喻之,后者《老子》

---

① 魏启鹏:《楚简〈老子〉柬释》,台北:万卷楼图书股份有限公司,1999 年,第 46 页。
② 白于蓝:《读郭店简琐记(三篇)》,《古文字研究》(第 26 辑),北京:中华书局,2006 年,第 309 页。
③ 裘锡圭:《"宠辱若惊"是"宠辱若荣"的误读》,《中华文史论丛》2013 年第 3 期。
④ 高明:《帛书老子校注》,北京:中华书局,1996 年,第 277 页。

以"身"喻之，足见此两者在《老子》心中的重要性，而关于"宠辱""贵患"具体又是所言者何，待下详述。

二、"何谓宠辱若惊？宠为下，得之若惊，失之若惊，是谓宠辱若惊"

关于本句文本，首先，河上公本、汉简本、郭店本等大多数版本皆作"何谓宠辱"，而王弼本、帛书甲乙本等作"何谓宠辱若惊"，考虑郭店本作为最早的版本以及大量其余传世、出土版本皆曰"何谓宠辱"，又汉简本在"宠为下"后的位置有"是谓宠辱"，此虽不见于其他版本，但其实呼应了本句前面所言亦当为"何谓宠辱"，而无"若惊"字样。其次，王弼本、郭店本、汉简本、帛书甲乙本等皆作"宠为下"或"宠之为下"等，然河上公本等曰"辱为下"，又景福碑本、北宋陈景元本等作"宠为上，辱为下"，思来一则出土本所载文本统一，可与王弼本等传世本互证，二则据上分析，"宠为上，辱为下"之语仍为"宠辱"并重之意，恐与《老子》本意不合，故从前者"宠为下"为宜。

据上，本句以"何谓宠辱"这一发问开始，以"是为宠辱若荣"这一总结告终，可知是为释义"宠辱若荣"一句而来，细究之其中又包含了两个层面的解释。

一者，具体阐述"宠辱"就是"宠为下"，即"推崇受辱"，当然《老子》此处所说之"辱"具体当指"为下之辱"。如前言，"宠辱"乃至"宠辱若荣"这一行为看似反常，但在充满辩证思维的《老子》哲学中却并不罕见，《老子·第二十八章》言："知其雄，守其雌，为天下溪……知其白，守其黑，为天下式……知其荣，守其辱，为天下谷"，此处便是把雄雌、黑白以及荣辱明确对言，所谓"守辱"盖即"宠辱"，"为天下谷"盖即"为下"是也；又《老子·第四十章》言"大白若辱"亦同此理。至于"为下"或"为下之辱"，则是《老子》哲学中另一个很重要的概念，《老子·第八章》曰："水善利万物而不争，处众人之所恶，故几于道。"这里《老子》以水喻道,言水处众人之所恶,所"恶"者即为"辱"也,又水往低处流,自然是"为下"的,故可见像水这般"为下""受辱"者在《老子》认为是合于道的存在,故其在第三十二章亦道:"譬道之在天下,犹川谷之于江海",同样是以水喻道而言及"为下"者、合于道。进一步看,《老子》表述其为政之道时多有提及这种"为下"的思想,如《老子·第六十六章》言:"江海所以能为百谷王者,以其善下之,故能为百谷王。是以欲上民,必以言下之;欲先民,必以身后之",此处在以水喻道的同时,提及君主须以"为下"的态度对待处理与臣民的关系方为上策;又《老子·第三十九章》曰:"故贵以贱为本,高以下为基。是以侯王自称孤寡不谷",此言"侯王自称孤寡不谷"是基于"贱为本、下为基"的观点,正与"宠辱",即"宠为下"同理,而《老子·第六十三章》也说"天下难事必作于易,天下大事必作于细。是以圣人终不为大,故能成其大",既然"难作于易、大作于细","为政"或"为上"者自当重视"为下",如此才能"不为大而成其大"。故从"为政之道"的角度来看,"宠辱"的行为在本质上是与《老子》的"无为"俣持一致的,"为下之举"正是《老子》在"无为"原则指导下进行政治作为的十分重要的外在呈现形式。

二者,进一步强调了无论荣辱、得失等同的更高境界,即在"宠辱"的基础上,无论得失皆如有荣焉,这种状态在《老子·第二十六章》也有形容,所谓"虽有荣观,燕处超然",而之所以强调这一点,大概是因为只有如此才能长期保证"宠辱"、坚持"为下"的行为,如《老子·第五十六章》曰"不可得而贵,不可得而贱,故为天下贵",也是在强调要等量看待得失,如此才能不为外物动摇、长守本心。

三、"何谓贵大患若身?吾所以有大患者,为吾有身,及吾无身,吾有何患?故贵以身为天下,若可寄天下;爱以身为天下,若可讬天下"

关于本句文本,各传世本与出土本之间仅在"贵""寄""爱""讬"

等字眼的取字与顺序方面稍有差异，基本保持一致，盖可从王弼本。而根据其以"何谓贵大患若身"这一发问开始，可知是为释义"贵大患若身"一句而来，历来注解也普遍认可本句是在讲"身"与"患"的关系，① 如高明曰："身存而患随，无身则无患，故防患当贵身。"② 然细究之其中同样包含了两个层面的解释：一者，基于"有身即有患"的观点具体阐述了"贵患"乃"贵有身之患"，即"重视因有身而产生的患难"。在《老子》的哲学中，个人身体的存在是一切祸患的根源，二者共有同无，是辩证关系，故而为了"贵身"自然就要"贵患"，而"贵患"的同时也就是在"贵身"。二者，进一步提出"贵有天下之患"的概念，此处的内在逻辑是，因"贵身"而需"贵患"，故"以身为天下"者自然需"贵有天下之患"，如此则可寄托其以天下事。

具体来看，"贵患"这一思想在《老子》哲学中十分常见，如《老子·第六十三章》曰："多易必多难，是以圣人犹难之，故终无难矣"，此言"犹难"即"贵患"，《老子》认为"犹难而无难"，同理在逻辑上便是"贵患则无患"，故而"贵患"，诚如司马光言："有身斯有患也，然则既有此身，则当贵之、爱之，循自然之理，以应事物，不纵情欲，俾之无患可也"；③ 又如《老子·第六十四章》曰："为之于未有，治之于未乱"，此处所言也与"贵患"同理，本质都是"忧患意识"的体现。而这种"忧患意识"表现在个人修身，即"有身之患"的层面，则有如《老子·第四十六章》曰"祸莫大于不知足，咎莫大于欲得"；表现在现实为政、即"有天下之患"的层面，则有如《老子·第十八章》曰："大道废，有仁义；智慧出，有大伪；六亲不和，有孝慈；国家昏乱，有忠臣"等。再

---

① 可参见邓联合：《"贵身"还是"无身"——〈老子〉第十三章辩议》，《哲学动态》2017 年第 3 期；汪韶军：《无身即贵身与无身以为天下——〈老子〉第十三章通诠》，《西南大学学报（社会科学版）》2019 年第 5 期；王闿：《无身、贵身、爱身：论古代学者对〈老子〉第十三章的解释》，《老庄学研究》2022 年第 1 期等。

② 高明：《帛书老子校注》，北京：中华书局，1996 年，第 279 页。

③ 高明：《帛书老子校注》，北京：中华书局，1996 年，第 279 页。

进一步讲，根本上基于"贵身"的要求，保持这种"忧患意识"在《老子》看是非常重要的，《老子·第九章》曰："金玉满堂，莫之能守；富贵而骄，自遗其咎。功成身退，天之道也"，此言便充满了对于不能"功成身退"的担忧，同时也强调了保持这种"担忧"才是合于道的行为；《老子·第三十一章》言道："夫佳兵者，不祥之器，物或恶之，故有道者不处"，此处《老子》直接表达了对不合于道的事物的忧虑，故可见这种"忧患意识"其实是《老子》在反对"不合于道者"的原则下而形成的一种内在的重要观点。

第二节　章句释义

前文立足于对传世本《老子》第十三章的文本梳理，结合出土文献与传世文献对本章所涉"宠辱若荣""贵大患若身"这两大核心论题进行辨析，明析了《老子》于此章中所述"宠辱贵患"的为政之法的深层意涵。下面据此梳理本章的文本逻辑，通读版本并进行释义。

一、文本逻辑

据上，《老子》第十三章主要讲述的是以"宠辱贵患"为核心的为政之道，文本呈现为典型的"总分结构"。首先，本章提出了"宠辱若荣""贵大患若身"两个核心论题，总的论述"宠辱""贵患"两类"行为"，以"荣"与"身"为之描述，突出了这两种行为里蕴含的"辩证性"特点。其次，以"何谓"为领语，分两部分先后对"宠辱"与"贵患"进行了释义，每部分的释义本身又包含了两个层面的解释，关于"宠辱"：一者具体阐述"宠辱"即"宠为下"，此"辱"乃"为下之辱"，二者进一步强调无论荣辱、得失等同的更高境界；关于"贵患"，一者基于"有身即有患"的观点具体阐述了"贵患"乃"贵有身之患"，二者进一步提出"有天下之患"的概念。如此，通过两部分的释义阐明了"宠辱""贵患"这两种行为的"政治性"特点，所谓"宠辱贵患"正是《老子》所述统治者的为政之法，包括客观上的"为下之举"与主观上的"忧患意识"，前者是以"无为"为中心的政治思想的客观呈现，后者是基于反对"不合于道者"的思想而形成的一种主观认知，它们共同反映了《老子》对外、对内相结合的为政之道。如此可见，本章并非如一些研究认为的，前说"宠辱两面"，后只曰"大患一途"，文义不畅那般，而是有着鲜明的文本逻辑，义理通顺。

二、通读释义

《老子》第十三章的分析以王弼本为主要版本，参考与对比郭店本、马王堆帛书本以及北大汉简等传世文献和出土文献，此章的文本可通读为如下内容：

> 宠辱若荣，贵大患若身。何谓宠辱？宠为下。得之若荣，失之若荣，是谓宠辱。何谓贵大患若身？吾所以有大患者，为吾有身；及吾无身，吾有何患。故贵以身为天下，若可寄天下；爱以身为天下，若可讬天下。

据此释其义为：推崇受辱都像得到荣誉一样，重视大患就像重视自己的身体一样。什么叫作推崇受辱？那边是推崇做卑下的事，得到它好像令人受到惊吓，失去它也好像令人受到惊吓。得辱、失辱都像得到或失去荣誉那样，这便是宠辱若荣。什么是重视大患如同重视身体？我之所以有祸患，是因为我有身体；假使我没有身体，我还会有什么祸患呢？所以对于如同重视自己身体那样重视天下的人，可以把天下大事委托给他；对于如同爱惜自己身体那样爱惜天下的人，可以把天下大权交付给他。

第六章　《老子》第十四章章句解读

　　《老子》以"道"作为宇宙间运行的根本法则，其囊括宇宙，一切自然法则与社会运转规律都根据"道"来生成并运转。在《老子》哲学中，"道"是不可知的，但同时"道"亦化身于万事万物，那么如何通过这些介质来感悟"道"是非常重要的。在此基础上，《老子》在《道德经》第十四章提出"道纪"的概念，如何对"道纪"进行理解即关系到通过什么途径能够体悟和感知"道"。第十四章中亦有"执古御今"之言，对于现在正确把握历史规律亦有所启发。学术界对"道纪"的研究有所涉及，①但未及深入处尚有较为重要的学术研究价值以待发掘。

第一节　文本辨析

　　传世本《老子》第十四章是《老子》阐发"循道"思想的重要章节，兹列王弼本所载经文于下：

　　　　视之不见名曰夷，听之不闻名曰希，搏之不得名曰微。此三者不

---

　　①　与"道纪"相关的论文可具体参见刘志荣：《论〈老子〉中的"执古之道"与"执今之道"》，《杭州师范大学学报（社会科学版）》2018 年第 3 期；季磊：《黄老对老庄"道"之意涵的转变——从"道纪""道枢"到"道之要"》，詹石窗、宋崇道、谢清果主编：《中华老学》第 7 辑，北京：九州出版社，2022 年，第 99—118 页；孙征：《老子"道纪之人"的思想内涵及其当代启示——基于对〈道德经〉的解读》，《许昌学院学报》2014 年第 1 期；张晓征：《古今之诤——论〈老子〉"执古之道"》，海南大学哲学系硕士学位论文，2014 年等。

可致诘，故混而为一。其上不皦，其下不昧，绳绳不可名，复归于无物，是谓无状之状，无物之象。是谓恍惚。迎之不见其首，随之不见其后。执古之道，以御今之有，能知古始，是谓道纪。

据此察之其他版本《老子》，传世本还主要涉及河上公本、想尔注本、傅奕本。出土文献所涉版本有北大汉简本以及马王堆帛书甲、乙本。综合来看，传世本与出土本差异较大，呈现出两种不同的文本情况，各自保持统一性。传世本以王弼为代表，文本高度一致，只在个别词句上有所不同，如想尔注本"其下不忽"与其他文本"其下（之）不昧"相异，想尔注本"惚慌"和傅奕本"芴芒"与其他本有明显差异，其余各句文义与词句均较为一致。出土文献本在句式上与传世本有所不同，似乎更为质朴。章句内容与传世本大体一致，其中比较大的差异是汉简本与帛书乙本"微"与"夷"二者在排列上互换了位置，争议的中心在于"视而弗见"与"揗（搏）而弗得"的应该是"夷"还是"微"。而后句句意基本相同，在个别词语上有所不同，在最后一句上争议最大，北大汉简本与帛书甲乙本最大的区别就是"执古之道"还是"执今之道"，此有待于下文进行文本辨析。

一、"视之不见名曰夷，听之不闻名曰希，搏之不得名曰微。此三者不可致诘，故混而为一"

关于本章首句，河上公本、傅奕本、汉简等各版本与王弼本基本相同。与王弼本不同的是帛书甲、乙本。帛书甲、乙本与王弼本的不同之处为互换了句中微与夷的前后位置，内容绝大部分都相一致。"视之不见曰夷，听之不闻曰希，搏之不得曰微。"《老子》将"视之不见、听之不闻、搏之不得"的事物称之为"夷、微、希"。

关于"此三者"一语，指的是"夷、微、希"，这三者看不见、听不着、摸不到却又无法诘问。而关于"不可致诘"一句，北大本、帛书甲乙本作"计"，或为"诘"的借字。"混"字传世本均作"混"，北大本作"運"，帛书甲本作困，帛书乙本作绲，均可视作"混"的借字。诘问是为认知的意思，"夷、微、希"是无法认知的，此所体现在哲学的范畴里意指为不可知论。关于"故混而为一"一句，马叙伦曰："孙盛《老子疑问》反训引作'三者不可致诘混然为一。'"① 蒋锡昌将"一"释作"道"，其释曰："泰初时期，天地未辟，既无声色，也无形质，此种境界，不可致诘，亦不可思议。《老子》以为此即为最高之道无以名之，姑名之曰'一'也。"② 故"夷、微、希"混而为一是为"道"。"其上不皦，其下不昧"，传世本作"皦"，北大本作杲，帛书甲本作攸，乙本作謬。"昧"，想尔注本、遂州本作忽，帛书甲乙本作"忽"，指的是道的不可推演、数算的性质即常道是不可捉摸、无法认知的。蒋锡昌注为："此言道之为物，不皦不昧，乃超然绝对不可以他物比拟，亦不可以任何言语形容也。"③

二、"绳绳不可名，复归于无物。是谓无状之状，无物之象。是谓恍惚。迎之不见其首，随之不见其后"

关于本句，各版本记载大体一致，《诗经·螽斯》载："螽斯羽，薨薨兮。宜尔子孙，绳绳兮。"④ "绳绳"谓之"不绝貌"。《诗经·抑》载曰："子孙绳绳"⑤ 释为"戒慎"。⑥ "绳绳"之意应取绵绵，即为延绵不绝，无穷无尽之意。蒋锡昌认为《老子·第十六章》"夫物芸芸，各复归其根"与此文相近，注曰："'绳绳'尤'芸芸'，谓道生万物，纷纭不绝也。"⑦ "不可名"与第一章"无名，天地之始"⑧ 相对应。顾欢注"绳绳，运动

---

① 蒋锡昌：《老子校诂》，上海：商务印书馆，1937年，第78页。
② 蒋锡昌：《老子校诂》，上海：商务印书馆，1937年，第78页。
③ 蒋锡昌：《老子校诂》，上海：商务印书馆，1937年，第79页。
④ 周振甫：《诗经译注》，北京：中华书局，2002年，第8—9页。
⑤ 周振甫：《诗经译注》，北京：中华书局，2002年，第456页。
⑥ 周振甫：《诗经译注》，北京：中华书局，2002年，第459页。
⑦ 蒋锡昌：《老子校诂》，上海：商务印书馆，1937年，第80页。
⑧ 王弼注，楼宇烈校释：《老子道德经注校释》，北京：中华书局，2008年，第1页。

之貌，言至道运转天地，陶铸生灵，而视听莫寻，故不可名也。复归者，还源也。无物者，妙本也。夫应机降迹，即可见可闻；复本归根，即无名无相，故言'复归于无物'。"① "是谓无状之状，无物之象。是谓恍惚。"可对应《老子·第二十一章》曰："道之为物，惟恍惟惚。惚兮恍兮，其中有象；恍兮惚兮，其中有物。""恍、惚""物、象"皆是相对而言。王弼注曰："欲言无邪，而物由以成；欲言有邪，而不见其形。故曰：'无状之状，无物之象'也。"② "迎之不见其首，随之不见其后"，顾欢注："道无始，故迎之不见其首；道无终，故随之不见其后。"③ 成玄英疏："迎不见其首，明道非古无始也；随不见其后，明道非今无终也。"④ 故此，可看出道是无始无终，无古无今之存在，其存在超越时间。

三、"执古之道，以御今之有。能知古始，是为道纪"

关于此句，其他版本多与王弼本相同，唯帛书甲乙本作"执今之道"⑤ 王弼注曰："虽古今不同，时移俗易，故莫不由乎此以成其治者也。故可执古之道以御今之有。上古虽远，其道存焉，故虽在今可以知古始也。"⑥ 道不分古今，成疏："'古始即为无名之道也。''能知古始，是谓道纪'谓圣人能知泰初无名之道，是谓得道之总要也。"⑦ 道超越时空，古今贯通，能知"古始"无名之道是谓"道纪"。

关于"道纪"，作为本章的核心词汇，有必要对其进行剖析与释义。"道纪"在文献记载中多有体现，"道纪者，纪者纲纪，言道之流行于日用间，所以纲纪万事者也。即道即纪，故曰'道纪'。"⑧ 马王堆帛书《老

① 顾欢：《道德真经注释》，南京：凤凰出版社，2016年，第14页。
② 蒋锡昌：《老子校诂》，上海：商务印书馆，1937年，第81页。
③ 顾欢：《道德真经注释》，南京：凤凰出版社，2016年，第15页。
④ 高明：《帛书老子校注》，北京：中华书局，1996年，第288页。
⑤ 高明：《帛书老子校注》，北京：中华书局，1996年，第288页。
⑥ 王弼注，楼宇烈校释：《老子道德经注校释》，北京：中华书局，2008年，第32页。
⑦ 蒋锡昌：《老子校诂》，上海：商务印书馆，1937年，第85页。
⑧ 熊十力：《十力语要》，上海：上海书店出版社，2007年，第137页。

子》乙本前所附黄老之书载："当者有［数］，极而反，盛而衰：天地之
道，人之李（理）也。逆顺同道而异理，审知逆顺，是胃（谓）道纪。"①
《文子·微明》载："故随时而不成，无更其刑；顺时而不成，无更其理。
时将复起，是谓道纪"②此三则文献中的"道纪"含义类似，都是类似于
纲要、道理和需要遵守的准则等意涵。诸多学者也对于"道纪"如何释义
结合大量文献进行过多角度的深入分析。刘志荣认为在先秦两汉的子书
中，"道""纪"有别，"道"为"始"，"纪"则"是非"之辨也，"守
始"与"治纪"自有其别，"纪"可释为"理"，且本义为动词，则所谓
"道纪"者，犹"以道来治理"。后世词义发生改变，将"道纪"多解释
为"纲纪"等意。③季磊归纳了"道纪"在前人注疏之中的两类意涵为
"道之纲纪"和"以道为纲纪"，他认为此两种释义产生分歧的关键在于
"道"与"纪"的关系是"道之纪"还是"道即纪"，他指出近现代学者
多用第一种释义，并进一步引申为"道的规律"，但其认为应取第二种含
义即"道即纪"，因为"道"能纲纪万物。④孙征认为，"道纪"是"道纪
之人"应该遵守的规律。⑤张晓征通过对"执古之道，以御今之有，能知
古始，是谓道纪"此句句式的逻辑分析认为，"道纪"之意在句式是平行
关系时是指"道生一、一生二，二生三，三生万物"这样一个创生过程，
从无到有，从有到大有；在句式是从属关系时"道纪"之意是既有顺即生
生不息的创生活动，又有逆即归根复命的长生久视之道。⑥

①　国家文物局古文献研究室：《马王堆汉墓帛书》（一），第 51 页。
②　王利器：《文子疏义》，北京：中华书局，2000 年，第 336 页。
③　刘志荣：《论〈老子〉中的"执古之道"与"执今之道"》，《杭州师范大学学报（社会科学版）》2018 年第 3 期。
④　季磊：《黄老对老庄"道"之意涵的转变——从"道纪""道枢"到"道之要"》，詹石窗、宋崇道、谢清果主编：《中华老学》第 7 辑，北京：九州出版社，2022 年，第 99—118 页。
⑤　孙征：《老子"道纪之人"的思想内涵及其当代启示——基于对〈道德经〉的解读》，《许昌学院学报》2014 年第 1 期。
⑥　张晓征：《古今之净——论〈老子〉"执古之道"》，海南大学哲学系硕士学位论文，2014 年，第 27—28 页。

第二节 章句释义

前文立足于对传世本《老子》第十四章的文本梳理，结合出土文献与传世文献对本章所涉"道纪"等重要概念进行辨析，最终明确了本章《老子》以此"循道"的意旨所在。下面据此梳理本章的文本逻辑，通读版本并进行释义。

一、文本逻辑

据上，《老子》第十四章主要是讲述"循道"的方法，《老子》首先强调的依然是"道"的不可知性以及道的"永恒性"，其存在不为外物和时间变化所影响。但同时"道"虽然是不可知的但是世间万物都是"道"所生成的，其本体虽不可知但是我们可以通过"道"所生之物及其法则来循"道纪"。二所谓"道纪"是《老子》在本章中提出的"道"之哲学概念中的重要组成部分，"纪"从丝义，"道"如抽丝剥茧的丝线一般涵括宇宙万物，以细微幽深的力量浸染自然界万事万物。"纪"是丝线线头，把握"纪"之端头便可以此来感悟"道"，"道纪"即可解释为体悟常道的路径。"道"是无名无状，不可捉摸之物，但同时其也是不分古、今的存在，具有超越时间的性质。由此，"道纪"两条路径即效法自然与效法圣人。"道"与"自然"的概念相伴而生，是其本质属性。《老子》强调古今贯通，圣人是自然得道之人，其特质是与生俱来，具有自然本真之意。通过效法圣人、自古及今也能体悟常道。

二、通读释义

《老子》第十四章的分析以王弼本为主要版本，参考与对比马王堆帛书以及北大汉简等传世文献和出土文献，此章的文本可通读为如下内容：

视之不见名曰夷，听之不闻名曰希，搏之不得名曰微。此三者不可致诘，故混而为一。其上不皦，其下不昧，绳绳不可名，复归于无物，是谓无状之状，无物之象。是谓恍惚。迎之不见其首，随之不见其后。执古之道，以御今之有，能知古始，是谓道纪。

据此释其义为：道是看不见的，故称之为"夷"；也是听不到的，故称之为"希"；也是摸不着，故称之为"微"。道呈现的这三种状态无从查究，因为它是混沌一体的，它上面不显得光亮，下面也不显得阴暗，绵绵不绝而不可名状，无论如何运动都会还回到不见物体的状态。这是没有形状的形状，脱离物体的形象，故称之为"恍惚"。迎着它也看不见它的端头，随着它却看不见它的后尾。把握着早已存在的道，来驾驭现在的具体事物，便能够了解宇宙的原始，这便是"道纪"之义。

第七章 《老子》第十五章章句校释

传世本《老子》第十五章中包含了《老子》丰富的"修道"思想，关于其中"善为士者"一句，在《老子》的各种注本中的解读不尽相同，而随着出土文献的发现，在出土文献的基础上进行各版本对照，学术界对第十五章的研究已有所涉及，① 如何对"善为士者"与"保道不盈"进行训诂和分析关系到对《老子》哲学重要概念"圣人"的阐释，对于阐发《老子》的思想具有重要的意义。学术界对于第十五章的研究比较分散，还不够全面，并未形成整体性研究，故此第十五章仍有较大的学术研究空间。

第一节 文本辨析

传世本《老子》第十五章是《老子》阐发其"修道之工夫论"思想的重要章节，兹列王弼本所载经文于下：

古之善为士者，微妙玄通，深不可识。夫唯不可识，故强为之容：豫兮若冬涉川，犹兮若畏四邻，俨兮其若容，涣兮若冰之将释，敦兮其若朴，旷兮其若谷，浑兮其若浊。孰能浊以静之，徐清。孰能

---

① 详见詹石窗、张磊：《老子"保道不盈"说发密——〈道德经〉第十五章思想解读》，《宁夏社会科学》2019 年第 1 期；杨柳：《〈老子〉第十五章"蔽不新成"句辨析》，《中国道教》2009 年第 2 期。

安以久动之，徐生。保此道者不欲盈。夫唯不盈，故能敝不新成。

　　本章涉及的传世本另有河上公本、想尔注本、傅奕本等，以及近年来出土的关于《老子》的出土文献，其中马王堆帛书《老子》甲本、乙本和北大本《老子》以及郭店楚简本《老子》亦载有此章内容，可作为参考、补证之用。纵观各版本，各传世版本与王弼本之间的差异在于个别字词，对全文思想无甚影响。而出土文献在某些地方与王弼本差异较多、较大，于此不便详述，见下文辨析。

一、"古之善为士者，微妙玄通，深不可识。夫唯不可识，故强为之容"

　　关于"古之善为士者，微妙玄通，深不可识"句，传世本记载相同，唯傅奕本是"古之善为道者"句，与其他三本不同。出土文献方面，北大汉简与传世文献本相对一致，北大汉简本与帛书乙本作"古之善为士（道）者，微妙玄远，深不可识"，帛书乙本中"善"字缺失，但除个别用字之外与传世文献本差别不大。相对差别较大的是郭店楚简本作"古之善为士者，必非溺玄远，深不可志"，字与词虽不一致但是句子整体排列与传世本相同。帛书甲本缺字严重，唯剩最后一句"深不可志"。总体来看，本章首句各版本差别不大，且句式整齐一致。首句中的"为士者"，傅奕本、帛书乙本作"为道者"。从版本角度言"为士者"较优。从文义而言，成玄英说："故援昔修道之士以轨则圣人"，[1] 为士者、为道者都是修道之士，即圣人。俞樾曰："河上公注曰'为得道之君也'，其认为'善为士者'当作'善为上者'，故以得道之君释之。"[2] 邓锜认为："得道之士具乎四德，搏之不得名曰微，阴阳不测名曰妙，天地变化名曰玄，往来

①　高明：《帛书老子校注》，北京：中华书局，1996年，第290页。
②　朱谦之：《老子校释》，北京：中华书局，2000年，第57页。

不穷名曰通，故曰微妙玄通，深不可识。"① 而郭店简作"必非溺玄达，深不可志"，北大汉简本作"微眇玄达，深不可识"，帛书甲本作"深不可志"，乙本作"微眇玄达，深不可志"。妙、眇通用，通、达同义，志、识假借，皆从王弼本。②

关于"夫唯不可识，故强为之容"句，郭店简、北大简将"容"作"颂"，易顺鼎："颂为古字，容为今字。"③ 郭店本作"是以为颂"，从王弼本。高明："此之谓善为道者，将以成圣而尽神，容状不可识，勉强言之。"④ 陈柱曰："'颂'之籀文曰'额'，则'容'字亦古假借字，不必改。"⑤ 蒋锡昌按："'强之为容'言勉为状其仪态也。"⑥

二、"豫兮若冬涉川，犹兮若畏四邻，俨兮其若容，涣兮若冰之将释，敦兮其若朴，旷兮其若谷，混兮其若浊"

本句中，首先关于"豫兮若冬涉川，犹兮若畏四邻"句，河上公本作"與兮"、帛书甲乙本作"與呵"，郭店本作"夜乎"，北大本作"就乎"。多数传世本作"豫兮"。與、夜、就皆为豫的借字，当为"豫兮"。"川"，帛书乙本、北大本作"水"，同义，从王弼本。犹豫，《礼记·曲礼》："使民决嫌疑、定犹豫。"⑦ 正义云："《说文》曰：'犹，狁属；豫，象属。'此二兽皆进退多疑，人多疑惑者似之。"⑧ 王弼云："冬之涉川，豫然若欲度，若不欲度，其情不可得见之貌也。"⑨ 罗振玉言："'豫'释文本

① 邓锜：《道德真经三解》（卷一），《道藏》（第12册），上海：上海书店出版社，影印版，1988年，第194页。

② 高明：《帛书老子校注》，北京：中华书局，1996年，第291页。

③ 高明：《帛书老子校注》，北京：中华书局，1996年，第291页。

④ 高明：《帛书老子校注》，北京：中华书局，1996年，第291页。

⑤ 朱谦之：《老子校释》，北京：中华书局，2000年，第58页。

⑥ 蒋锡昌：《老子校诂》，上海：商务印书馆，1937年，第88页。

⑦ 郑玄、孔颖达：《礼记正义》，阮元：《十三经注疏》，北京：中华书局，1980年，第1252页。

⑧ 段玉裁：《说文解字注》，上海：上海古籍出版社，1981年，第477页。

⑨ 王弼注，楼宇烈校释：《老子道德经注校释》，北京：中华书局，2008年，第34页。

意或作'懊'。"① 谦之案："先事而戒谓之豫，后事而或谓之犹。犹豫本二兽名。"② 王弼注曰："四邻合攻中央之王，犹然不知所趣向者也。上德之人，其端兆不可睹，意趣不可见，亦尤此也。"③ 总体来讲"豫"形容一种谨慎思索考量的状态。

其次，关于"俨兮其若客，涣兮若冰之将释"句，"俨"，郭店本作"敢"，帛书乙、北大简作"严"，三字音似，从王弼本，意为"严谨端庄之貌"。容，当为客的误写，从大多版本。④"涣"，想尔注本作"散"，同义通用；郭店本作，读音相似，从王弼本。"冰之将释"，想尔注"冰将汋"；傅奕本"冰将释"；郭店本单作"怿"；帛书甲乙作"凌泽"；北大本作"冰之泽"。冰、凌同义，释、泽、怿，从睪声，三字叠韵，从王弼本。想尔注"冰将汋"，刘师培曰：《文子·上仁篇》引为"冰之将液"，疑老子古本作"液"，⑤大意相近，但语义不如"释"佳。蒋锡昌云：按说文："释，解也。""液，水尽也。""冰"可言解而不可言水尽，谊固以释为长。然"释"字古亦假"液"为之。《礼记·月令》"冰冻消释"，释文："释，本作'液'"，是其例也。⑥"圣人外虽俨敬如客，而内则一团和气，随机舒散，无复凝滞，涣然如冰之随消随化，毫无迹象可见也。"⑦

再者，关于"敦兮其若朴，旷兮其若谷，混兮其若浊"句，"敦"，想尔注本作"混"，郭店本作"屯"，帛书乙作"沌"，北大本作"杶"，同音假借，从王弼本。"朴"，帛书甲本作"楃"，读为朴。河上公注："敦者质厚，朴者形未分，内守精神，外无文采也。"⑧"旷兮其若谷"，帛书甲

① 朱谦之：《老子校释》，北京：中华书局，2000年，第58页。
② 朱谦之：《老子校释》，北京：中华书局，2000年，第59页。
③ 高明：《帛书老子校注》，北京：中华书局，1996年，第292页。
④ 朱谦之：《老子校释》，北京：中华书局，2000年，第60页。
⑤ 朱谦之：《老子校释》，北京：中华书局，2000年，第60页。
⑥ 高明：《帛书老子校注》，北京：中华书局，1996年，第294页。
⑦ 高明：《帛书老子校注》，北京：中华书局，1996年，第294页。
⑧ 高明：《帛书老子校注》，北京：中华书局，1996年，第293—294页。

乙本作"呵其若浴"，北大本作"广乎其如浴"。其他篇章中北大简多从传世本作"谷"，唯此与帛书同，作"浴"。"混兮其若浊"，河上公本作"浑"，想尔注作"胐若浊"，郭店本作"坉乎其如浊"，帛书甲乙本作"湷呵其若浊"，北大本作"沌乎其如浊"。异字为同音假借，不同表达经义相同，① 从王弼。王念孙《读书杂志·卷九》曰："混、浑古同声。"② 宋人苏辙对此有一简明解释，如云："戒而后动曰'豫'，其所欲为，犹迫而后应，豫然若冬涉川，后巡如不得已也。疑而不行曰'犹'，其所不欲，迟而难之，犹然如畏四邻之见之也。若客无所不敬，未尝情也。若冰将释，知万物之出于妄，未尝有所留也。若樸，人伪已尽，复其性也。若谷，虚而有所不受也。若浊，和其光，同其尘，不与物异也。"③

三、"孰能浊以静之，徐清。孰能安以久动之，徐生"

本句中，郭店本"竺"与"孰"叠韵，为借字。从郭店简、北大简以及多数版本看当有"孰能"二字。"浊以静之"，郭店简作"浊以束者"、帛书甲作"浊而情之"、帛书乙作"浊而静之"，其他版本作"浊以澄靖之""浊以久静之"，均音近义近，从王弼本。"安以（久）动之"，各出土版及部分传世本均无"久"字，从前后文辞对仗及文义而言，删去"久"字为佳。

关于"徐清""徐生"，郭店简作"将舍清""将舍生"，"舍"为皆字，当从"徐"。"将"，其他版本或为"而"，或无，表明前后的因果关系。吴澄注："浊者，动之时也，继之以静，则徐徐而清矣；安者，静之时也，静继以动，则徐徐而生矣。"④ 苏辙亦云："世俗之事，以物汨性，则浊而不复清；枯槁之士，以定灭性，则安而不复生。今知浊之乱性也，

---

① 高明：《帛书老子校注》，北京：中华书局，1996 年，294 页。
② 朱谦之：《老子校释》，北京：中华书局，2000 年，第 61 页。
③ 高明：《帛书老子校注》，北京：中华书局，1996 年，第 295 页。
④ 朱谦之：《老子校释》，北京：中华书局，2000 年，第 62 页。

则静之；静之而徐自清矣。知灭性之非道也，则动之；动之而徐自生矣。"①"徐"字有宽舒迟缓之意。说文："徐，缓也。"《尔雅·释天》里注："徐，舒也。"② 此两者都认为动静相宜是徐清徐生的法则，要在静中化解浊气，则徐清生矣。同时也不能如枯槁之士完全静止，此为没有生机的静，是灭性的非道之法，要动静结合，而徐自生矣。

四、"保此道者不欲盈，夫唯不盈，故能蔽不新成"

本句中，首先关于"保此道者不欲盈"句，郭店简"衍"为道的异体字，帛书甲乙"葆"、北大简作"抱"，均通"保"，其他版本作"复"或"服"不可取，从王弼本。郭店本此句作"保此道者不谷尚呈"，谷、欲音近，呈即盈。其后无"夫唯"两句。其次关于"蔽不新成"，傅奕本作"敝而不成"，想尔注本作"弊复成"，帛书甲乙作"敝而不成"，北大简作"敝不成"。从版本流传看，郭店无后两句，帛书作"（夫唯不欲盈），是以能敝而不成"，北大简及传世本去掉"欲"字。王弼本、河上公本"蔽不新成"、想尔注本"弊复成"不足取。刘师培云："能蔽"之"能"，义与"宁"相同。故诗"宁成灭之"，《汉书·谷水传》作"能或灭之。"经文训谓"守此道不欲盈，正因为不欲盈，故而宁敝坏而不图成。"如《文子·上仁篇》云"自亏缺不敢全也。"③ 由此可知，此道就是动静结合而徐清徐生之道，遵循此道就是不欲求满盈。只有不欲求满盈，才能躲避可以衰败的成就。

第二节　章句释义

前文立足于对传世本《老子》第十五章的文本梳理，结合出土文献与

---

① 高明：《帛书老子校注》，北京：中华书局，1996年，第296—297页。
② 朱谦之：《老子校释》，北京：中华书局，2000年，第62页。
③ 高明：《帛书老子校注》，北京：中华书局，1996年，第298页。

传世文献对本章所涉"善为道者""道者不欲盈"等重要概念进行辨析，最终明确了本章《老子》阐发其"修道之工夫论"的意旨所在。下面据此梳理本章的文本逻辑，通读版本并进行释义。

一、文本逻辑

我们通常认为《老子》是历史上第一个将"道"总结为本体的哲学家，但是《老子》本人却认为古代便有"修道之士"，且《老子》所谓"圣人"大多为圣人如何说的、如何做的，是具有总结性质的表述，而非圣人当如何言行。可见《老子》谓道并非无本之源，而是有着丰富的历史渊源。我们既不能忽视《老子》总结升华道的开创之功，也要注意《老子》道论的历史文化渊源。我们要注意在轴心时代之前的"前轴心时代"的历史价值。《老子》形容"修道之士"时，其外与儒家强调的差异不大，但在内心中却有明显不同。《老子》的成功，是立于不败之地的成功，其前提就是不欲盈。

二、通读释义

《老子》第十五章的分析以王弼本为主要版本，参考对比傅奕本、郭店本、马王堆帛书以及北大汉简等传世和出土文献，认为此章的文本可通读为如下内容：

> 古之善为士者，微妙玄通，深不可识。夫唯不可识，故强为之容：豫兮若冬涉川，犹兮若畏四邻；俨兮其若客，涣兮若冰之将释；敦兮其若朴，旷兮其若谷，混兮其若浊。孰能浊以静之徐清。孰能安以动之徐生。保此道者不欲盈，夫唯不盈，故能敝而不成。

据此释其义为：古时候善于修道之士，精妙玄通，深刻而难以认识。

正是因为难以认识，所以勉强来形容他：像冬天过河般谨慎，像提防四周般警惕；像做宾客般严肃，像冰雪消融般温暖；像未经雕琢般质朴，像山谷般旷达，像浊水般淳厚。谁能在动荡中澄澈，谁能在安定中前进。持有此道者不自满，而唯因不自满所以能避败得成。

第八章　《老子》第十六章章句校释

　　《老子》开篇首章明言："道可道，非常道。"老子之意即"道"是可以言说的，但是一经说出来的"道"，却又不是恒久不变的"道"了。老子意在暗示尽管"道"无处不在，其本质却是说不清道不明的。《老子·第三十五章》又说："道之出口，淡乎其无味。""道"说出来了，就淡而无味了。尽管如此，老子还是试图描述"道"的基本属性，让人们来了解他所说的"道"到底是什么样的。在今传世王弼本《老子·第十六章》说："知常容，容乃公，公乃全，全乃天，天乃道，道乃久，没身不殆"，同时也指出要"致虚极，守静笃"。本章既阐述了《老子》"道"的本质，又揭示了修行的最高境界，可以说亦是《老子》中的一个重要章节，在以往的研究中，学界对本章的关注并不多，得益于近年来出土文献的问世，有研究者针对本章的异文情况做出辨析，① 然因本章涉及老子之道体论，颇为重要，又加之历来《老子》的各家注疏之著、后人学术观点各有千秋，难以莫衷一是，故本文在梳理《老子》文本以及基本思想的基础之上，并参酌各家观点，试以对本章文本及相关问题补正阙疑。

---

　　① 除却整体研究《老子》的各家"注疏类专著"，目前学界关于《老子》第十六章的专门研究不甚多，大致有两类：一是借助出土文献分析个别词句的差异，如李锐、张帆：《〈老子〉十六章"致虚极，守静笃"异文考辨》，《出土文献》2021 年第 2 期；二是借助出土文献重新诂解老子原旨，如宁镇疆：《汉简本"积正督"与〈老子〉十六章古义臆诂》，《出土文献》2017 年第 1 辑。

第一节 文本辨析

《老子》传世本当属王弼注本为世人最为熟知，故下文列王弼本《老子》第十六章如下：

> 致虚极，守静笃，万物并作，吾以观其复。夫物芸芸，各复归其根。归根曰静，是谓复命。复命曰常，知常曰明，不知常，妄作凶。知常容，容乃公，公乃全，全乃天，天乃道，道乃久，没身不殆。

本章涉及的传世本另有河上公本、想尔注本、傅奕本等，以及近年来出土的关于《老子》的出土文献，其中马王堆帛书《老子》甲本、乙本和北大本《老子》以及郭店楚简本《老子》（下文称郭店本）亦载有此章内容，可作为参考、补证之用。纵观各版本，河上公本、想尔注本、傅奕本等传世版本与王弼本之间的差异在于个别字词，对全文思想无甚影响。而出土文献在某些地方与王弼本差异较大，值得关注，见下文的文本辨析。

一、"致虚极；守静笃。万物并作，吾以观其复"

关于"致虚极"，河上公本及出土本作"至"。版本上"至"为佳；文义而言，此处当与后文"守"相对，为"达到"而非"极致"。① 又郭店本作"恒也"，帛书甲乙作"极也"，其他版本均作"极"，从多数版本。

---

① 王卡点校：《老子道德经河上公章句》，北京：中华书局，1993 年，第 62 页；高明：《帛书老子校注》，北京：中华书局，1996 年，第 298 页；李零：《郭店楚简校读记》，北京：中国人民大学出版社，2007 年，第 4 页；北京大学出土文献研究所编：《北京大学藏西汉竹书》（贰），上海：上海古籍出版社，2012 年，第 151 页。

关于"守静笃"，郭店本作"兽中"①，北大简本作"积正"②，帛书甲本作"守情"，帛书乙本作"守静"，③ 傅奕本作"守靖"。④ 从多数版本作"守"。情、静、靖音近，从静。郭店作"守中"，见于第五章，于文义通。但至虚，已经表达了"中虚"的意义，此处从"守静"更佳。又郭店简作"笡"⑤，帛书甲作"表"，帛书乙与北大简作"督"。⑥ "表"显然为误，"督"与"笃"音同，笃与"笡"意义相同，均为笃厚、归真。

关于"万物并作"，郭店简作"万勿方"，帛书甲乙本作"旁作"，北大简作"竝作"。从王弼本，意为"万物竞生。"⑦

关于"吾以观复"，郭店简作"居以须复也"，其他版本作"吾以观其复"，从多数版本。此句大意："达到中虚以至极，保守清净以归真。万物竞生，我以虚静之境界观其归根。"⑧ 郭店版的差异较大，值得关注："至虚，恒也；守中，笃也。万物方作，居以须复也。"意思是：达到中虚之境，便能恒久、归真，静坐那里等待万物返还虚静之根。⑨

二、"夫物芸芸，各复归其根"

关于本句，想尔注本作"云云"，傅奕本作"凡物员云＝"，两本均无"复"字，郭店本作"天道员＝，各复其菫"；帛书甲本作"天物云＝"、

---

① 丁四新：《郭店楚简书〈老子〉校注》，武汉：武汉大学出版社，2010 年，第 211 页。

② 北京大学出土文献研究所编：《北京大学藏西汉竹书》（贰），上海：上海古籍出版社，2012 年，第 151 页。

③ 高明：《帛书老子校注》，北京：中华书局，1996 年，第 298 页。

④ 高明：《帛书老子校注》，北京：中华书局，1996 年，第 299 页。

⑤ 丁四新：《郭店楚简书〈老子〉校注》，武汉：武汉大学出版社，2010 年，第 211 页。

⑥ 高明：《帛书老子校注》，北京：中华书局，1996 年，第 299 页。

⑦ 王弼注，楼宇烈校释：《老子道德经注校释》，北京：中华书局，2008 年，第 35—37 页。

⑧ 参考王弼注，楼宇烈校释：《老子道德经注校释》，北京：中华书局，2008 年，第 35 页；北京大学出土文献研究所编：《北京大学藏西汉竹书》（贰），上海：上海古籍出版社，2012 年，第 151 页；王卡点校：《老子道德经河上公章句》，北京：中华书局，1993 年，第 62 页；饶宗颐：《老子想尔注校证》，上海：上海古籍出版社，1991 年，第 20 页；高明：《帛书老子校注》，北京：中华书局，1996 年，第 298 页。

⑨ 参考丁四新：《郭店楚简书〈老子〉校注》，武汉：武汉大学出版社，2010 年第 211 页。

乙本作"天物伝＝"；北大简"天物云云"。

首先，出土版本均作"天"，传世本"夫"当为误。"天物"，《礼记正义·王制》："田不以礼曰暴天物"，孔疏："天之所生之物"。[①] 诸"云"音近相通，《说文·员部》"贠，物数纷贠乱也"[②]，段注以为"贠"为本字，芸、纭为借字。可见傅奕本保留了本字。

其次，董、根同叠韵，为借字。后句当从王弼本。郭店本"天道贠＝"值得注意：天道，或谓天之道，常见。如，四十七章"不出户，知天下；不窥牖（音有），见天道"；七十七章："天之道损有余而补不足"；八十一章："天之道利而不害"。"天道"，即自然法则。"员员"，通"圆圆"，运转不已之意。《淮南子·原道训》"员者常转……自然之势也"[③]；《周易·系辞》"蓍之德，圆而神"，王弼注："圆者，运而不穷。"[④]

据上，"夫物""天物"与前文"万物"同，"芸芸"则是"并作"之态；前言"观其复"，此句又言"复归"，语义太多重复。而以郭店本，此句意思为：天道周而复始，运行不止。与前文语义连贯，又合《老子》思想，值得注意。

此外，"至虚，互也"至"各复其堇"属今本《老子》十六章前半段，今本后半段的文字为"归根曰静，是谓复命，复命曰常，知常曰明，不知常，安作凶。知常容，容乃公，公乃王，王乃天，天乃道，道乃久，没身不殆。"[⑤] 帛甲、乙本与今本同。简本没有此段文字，简本此组只有一支简，句末缀有"■"符号表示结束，并留有较长的空白简，说明当时也没有今本十六章后半段的文字与之相接。察其意似为前文的注释语。

---

① 郑玄、孔颖达：《礼记正义》，阮元：《十三经注疏》，北京：中华书局，1980 年，第 1333 页。
② 段玉裁：《说文解字注》，上海，上海古籍出版社，1981 年，第 279 页。
③ 何宁：《淮南子集释》，北京：中华书局，1998 年，第 35 页。
④ 王弼、孔颖达：《周易正义》，阮元：《十三经注疏》，北京：中华书局，1980 年，第 81 页。
⑤ 王弼注，楼宇烈校释：《老子道德经注校释》，北京：中华书局，2008 年，第 35—36 页。

三、"归根曰静，是谓复命。复命曰常，知常曰明。不知常，妄作凶"

本句中，首先关于"是谓复命"语，河上公本作"静曰复命"（也有版本同王弼本）；想尔注本、傅奕本等大多传世本均作"静曰复命"。帛书乙本作"曰静，静，是谓复命"；北大简作"曰静，静曰复命"。"曰静"前为"各复归其根"，因此"归根曰静"合理。各表达皆有依据，王弼本简练，可从。

其次关于"复命曰常，知常曰明"句，帛书甲乙本注"复命，常也；知常，明也"；北大简同帛书，唯"知"作"智"。语义同，从王弼本。再者关于"不知常，妄作凶"句，各本异体字均通。帛书甲乙本作："不知常，妄作，凶"。结合前文"知常曰明"，"不知常，妄"则可呼应，故从帛书本。

如上，所谓"天命之谓性"，"命"，本性也。"常"，《韩非子·解老》："不死不衰者谓常。"[1] 关于"知常"，王弼注曰："常之为物，不偏不彰，无皦昧之状，温凉之象，故曰'知常曰名'也。"[2] 五十五章："知和曰常，知常曰明"。"知和"，就是理解阴阳和合，即本章曰"复命"。

四、知常容，容乃公，公乃王，王乃天，天乃道，道乃久，没身不殆。

北大简"智常曰容""没而不殆"；帛书甲"没"作"沕"，"殆"作"怠"；想尔注本乃作"能"，王作"生"。均从王弼本。

王弼注："无所不包通也。无所不包通，则乃至于荡然公平也。荡然公平，则乃至于无所不周普也。无所不周普，则乃至于同乎天也。与天合

---

① 王先慎：《韩非子集解》，北京：中华书局，1998年，第148页。
② 高明：《帛书老子校注》，北京：中华书局，1996年，第302页。

德、与道大通，则乃至于穷极虚无也。"①

第二节　章句释义

前文立足于对传世本《老子》第十六章的文本梳理，结合出土文献与传世文献对本章所涉"虚极静笃""归根""复命""知常"等重要概念进行辨析，明确了本章《老子》以此阐说其"循道之工夫论"的意旨所在。下面据此梳理本章的文本逻辑，通读版本并进行释义。

一、文本逻辑

如前所言，本章既阐述了《老子》"道"的本质，又揭示了修行的最高境界。尽管"道"不可言说清楚，但我们能够通过自己的修行去感知"道"。"道"虚是其常，有是其变；静是其常，动是其变。有、动最终归于无、静。因此《老子》首先提出"致虚"的概念，即是心智作用的消解，消解到没有一点心机和成见的地步。一个人运用心机会蔽塞明澈的心灵，固执成见会妨碍明晰的认识，所以致虚是要消解心灵的蔽障和厘清混乱的心智活动。② 此章中认为人只有摒弃来自外界的干扰才能追寻到人之本源，而只有充分意识到人之本源，才能明白人以及世间万物源于何处，又归于何处、即《老子》后曰"归根""复命"。而做到了"归根"与"复命"，就达到了圣人的境界，于是《老子》进而提出"知常"这一关键点，即要理解天道运转、万物复归的规律也，如此便能达到《老子》于本章最后所说"天乃道，道乃久，没身不殆"，"不殆"即是常道，"天"即"天理"也，乃是一种终极的宇宙秩序与自然法则。故而后世的宋明理学倡导"存天理，灭人欲"，《周易·无妄》言："无妄：元亨，利贞。其

---

① 王弼注，楼宇烈校释：《老子道德经注校释》，北京：中华书局，2008 年，第 36—37 页。
② 陈鼓应：《老子今注今译》，北京：商务印书馆，2006 年，第 140 页。

匪正有眚，不利有攸往。"① 程颐释之曰："无妄者，至诚也；至诚者，天之道也。天之化育万物，生生不穷，各正性命，乃无妄也。人能合无妄之道，则所谓与天地合其德也。"② 程颐所言之"天之道"，即是"天理"。它是一种自然规律，人只有顺应这种规律，这才合乎"道"，如此才能与"天地合其德"。而如果人妄为，则"不合正理"，此与《老子》说"妄作，凶"同理，皆意在表明要达到明晰自己的根源，并达到往返不灭的境界，其实是要求人们不要为了眼前的幻象干扰自己的判断，世间万物何去何从自有其运行道理，明此理方才能体道而行致长久，从而才不会有得失、凶没之祸。归根结底，这依然还是"道纪"的问题：即一个人需内强修为，外寻道迹，这才是符合自然规律的"天之道"或"天理"。

二、通读释义

《老子》第十六章的分析以王弼本为主要版本，参考与对比郭店本、马王堆帛书以及北大汉简等传世文献和出土文献，此章的文本可通读为如下内容：

> 至虚极；守静笃。万物并作，吾以观其复。天物芸芸，各复归其根。归根曰静，是谓复命。复命曰常，知常曰明。不知常，妄作，凶。知常容，容乃公，公乃王，王乃天，天乃道，道乃久，没身不殆。

据此释其义为：要做到致虚和守静的工夫、极笃的境地。万物蓬勃生长，我能从中看出循环往复的道理。万物纷纷芸芸，各自返回到它的本源。返回本源叫作静，做到持守虚静就叫作回归本原。回归本原是永恒的规律，认识永恒的规律则叫作明。而不认识永恒的规律，轻举妄动就会出

---

① 程颐：《周易程氏传》，北京：中华书局，2011 年第 139 页。
② 程颐：《周易程氏传》，北京：中华书局，2011 年第 139 页。

乱子。认识常道的人是能包容一切的，无所不包容就能坦然大公，坦然大公才能无不周遍，无不周遍才能符合自然，符合自然才能符合于道，体道而行才能长久，终身可免于危殆。

第九章　《老子》第三十八章章句校释

传世本《老子》第三十八章是《德经》的首章，此一章在《老子》一书中有着举足轻重的地位。如果说传世本首章提纲挈领地总结了作为本体的"常道"的世界本源性质、宇宙生成起点的意义、不可知的认识论特征，奠定了《老子》思想体系的基石，那么作为《德经》首章的第三十八章则揭示了遵循"道"哲学基础上的行为准则——"上德"。可以说，没有"德"之于现实世界的实践意义，不可知论的本体之"常道"只能空有理论意义。因此，不同于《庄子》一脉重视于《老子》"道"论，《韩非子·解老》开篇就是本章内容，传世之严遵本、出土之帛书甲乙本、北大汉简本均以此章为全书首章。以"道"论为重的道家和以"德"论为重的黄老、法家成为了《老子》思想传承的两条谱系。难怪司马迁将老子、庄子、申不害、韩非子以合传。①

第一节　文本辨析

为便于讨论，兹列王弼本所载经文于下：

上德不德，是以有德；下德不失德，是以无德。上德无为而无以为；下德无为而有以为。上仁为之而无以为；上义为之而有以为。上

---

① 司马迁：《史记》，北京：中华书局，1959 年，第 2139—2143 页。

礼为之而莫之应，则攘臂而扔之。故失道而后德，失德而后仁，失仁而后义，失义而后礼。夫礼者，忠信之薄，而乱之首。前识者，道之华，而愚之始。是以大丈夫处其厚，不居其薄；处其实，不居其华。故去彼取此。

郭店楚简无此章内容，传世本另有河上公本、严遵本、傅奕本等，出土文献则涉及北大汉简本、马王堆帛书甲乙本。综合各版本文本来看，对于《老子》第三十八章的记载差异不大，下文详述。

一、"上德不德，是以有德；下德不失德，是以无德"

此句子除帛书甲本残缺，其他版本基本一致。高明解释道："德者，得也。常得无丧，利而无害，故以德为名。宇宙万物得失相辅，成败相遂，何以得德，唯道是由。何以尽德，以无为用。以无为用，以虚为主，无事无欲，因循自若，不德而德，故谓之上。求则得之，为则成之，立善治物，名扬位显，实则得外失内，舍真求伪，似得实失，德则无德，是谓下德。"① 此论明确揭示了"上德不德，是以有德；下德不失德，是以无德"的内涵，可从其说。

二、"上德无为而无以为；下德无为而有以为。上仁为之而无以为；上义为之而有以为。上礼为之而莫之应，则攘臂而扔之"

此句各版本的主要分歧有两处。其一，王弼本、河上公本及出土各版本均作"上德无为而无以为"（帛书版有"也"字），而严遵本、傅奕本等却作"无不为"。《韩非子·解老》引此句亦为"上德无为而无不为也"。② 《老子》思想中倡导"无为"，通过"无为"的路径实现"治"的

---

① 高明：《帛书老子校注》，北京：中华书局，1996 年，第 1 页。
② 王先慎：《韩非子集解》，北京：中华书局，1998 年，第 131 页。

目的，但从未言"无为而无不为"，"无以为"是不想为，可以理解为"无欲"。我们认为"无欲"比"无不为"更符合《老子》思想——"无不为"说确实很符合《韩非子》的思想。

其二，王弼本、河上公本、严遵本作"下德无为而有以为"；傅奕本、北大汉简本作"下德为之而无以为"；帛书甲乙本无后半句。通览此章，《老子》认为符合"道"的"德"是为"上德"，"非常道"的"德"是为"下德"，后文"上仁""上义""上礼"均为"非常道"范畴，是为"下德"，于此再言"下德"云云便与后文产生矛盾。因此，帛书版本更符合逻辑性，且《韩非子·解老》中也未有此句话，我们认为此句为"上德无为而无以为也"更佳。

"上仁""上义""上礼"等句子各版本几乎一致，唯有帛书乙本将"上义"作"上德"，当为误。《老子》认为"上德"是无为、无欲，"上仁"是有为、无欲，"上义"是有为、有欲，"上礼"是无人接受还要强加于人。

三、"故失道而后德，失德而后仁，失仁而后义，失义而后礼。夫礼者，忠信之薄，而乱之首"

此句诸版本除个别字外，无异议，不影响大意，可从王弼本。王弼注曰："夫礼也，所始首于忠信不笃，通简于阳，责备于表，机微争制。夫仁义发于内，为之犹伪，况事外饰而可久乎？"① 礼是早期政权政治制度的泛称，是统治者依据"俗"而形成的伦理规范，具有一定的强制性——虽然早期儒家倡导内于仁、外于礼，但本质而言礼仍是一种外在的规范，因此崇礼的荀子可以衍生出法家思想，所谓礼法一也。

《老子》对于"仁义"这种发自内心的"有为"（"伪"）之举都以"下德"归之，更何况对于强加于人的"礼"了。因此称为"忠信之薄，

---

① 王弼注，楼宇烈校释：《老子道德经注校释》，北京：中华书局，2008年，第94页。

而乱之首"。

四、"前识者，道之华，而愚之始。是以大丈夫处其厚，不居其薄；处其实，不居其华。故去彼取此"

第一句传世本多作"愚之始"，出土版本均为"愚之首"，《韩非子·解老》亦为"愚之首"，王弼注文亦言"愚之首"，故此句从出土版本为佳。王弼注曰："前识者，前人而识也，即下德之伦也"，① 河上公注曰："不知而言知为前识"。②《老子》对"前人"并非一概否定的，其有"古之善为道者"之言，也以古今相通为立论，故王弼注不恰当。"不知而言知"为妄言，河上公以之释"前识"亦不妥。李零将"前识"理解为"超前意识"，③ 这个比方是容易理解的。仁、义、礼等伦理德目都是一种人为的教化，这些教化一般之于行为之前，是谓"前识"。因此，所谓"前识"就是指上文的诸"下德"而言的。

第二句中不同版本出现"处"与"居"位置颠倒的现象，帛书本将"薄"写作"泊"，这些差异不影响大意，从王弼本。高明认为"厚、实"是针对道德而言，华、薄是对"下德"而言，④ 此符合《老子》思想。《老子》说"重为轻根，静为躁君"，认为"重"是"轻"的根本，这与其论"厚""薄"的关系是一致的。

第二节　章句释义

据上，对于本章的文本而言，各版本差异不大，可以王弼本为主体，略以调整。调整的主要点便是遵循帛书版，删除"下德无为而有以为"一

---

① 王弼注，楼宇烈校释：《老子道德经注校释》，北京：中华书局，2008年，第94页。
② 王卡点校：《老子道德经河上公章句》，北京：中华书局，1993年，第150页。
③ 李零：《人往低处走：〈老子〉天下第一》，北京：生活·读书·新知三联书店，2008年，第132页。
④ 高明：《帛书老子校注》，北京：中华书局，1996年，第8页。

句。以下据上编体例，对本章的文本逻辑进行分析，并通读释义。

一、文本逻辑

传世本《老子》第三十八章系《德经》之首，本章内容以"德"开展。首先，第一句揭示了"德"的双重属性，即符合于道的"上德"和"非常道"范畴的"下德"。第二句，说明了"上德"的行为指向是"无为""五欲"，"下德"包含的"上仁""上义""上礼"的"有为"局限。第三句，既揭示了德、仁、义、礼的次第伦理关系，又对礼进行了批判。第四句，对"前识"即前文所述的诸"下德"进行整体的批判。第五句是劝说统治者当遵循"上德"，摒弃"下德"。

二、通读释义

《老子》第三十八章以王弼本为主要版本，参考相关传世文献与出土版本，通读此章如下：

> 上德不德，是以有德；下德不失德，是以无德。上德无为而无以为，上仁为之而无以为，上义为之而有以为，上礼为之而莫之应，则攘臂而扔之。故失道而后德，失德而后仁，失仁而后义，失义而后礼。夫礼者，忠信之薄，而乱之首。前识者，道之华，而愚之首。是以大丈夫处其厚，不居其薄；处其实，不居其华。故去彼取此。

据此释其义为：遵循"常道"的行为即为"上德"，不必可以去得到，便可以得到；不遵循"常道"的行为即为"下德"，唯恐失去，却无法真正得到。"上德"是"无为"而"无欲"的，"上仁"是"有为"而"无欲"的，"上义"是"有为"而"有欲"的，"上礼"是强行要求而不为人所接受的。失去了德而后有仁，失去了仁而后有义，失去了义而后有礼。礼是无忠无信的体现，是祸乱的开始。仁、义、礼等伦理德目都是先于行为的教化，这种"前识"是虚妄的，是愚昧意识的根源。统治者应该追求"厚""实"的"上德"，去除"薄""华"的"下德"。

附：《韩非子·解老》相关释义之原文

德者，内也。得者，外也。"上德不德"，言其神不淫于外也。神不淫于外，则身全。身全之谓德。德者，得身也。凡德者，以无为集，以无欲成，以不思安，以不用固。为之欲之，则德无舍；德无舍，则不全。用之思之，则不固；不固，则无功；无功，则生于德。德则无德，不德则有德。故曰："上德不德，是以有德。"

所以贵无为无思为虚者，谓其意无所制也。夫无术者，故以无为无思为虚也。夫故以无为无思为虚者，其意常不忘虚，是制于为虚也。虚者，谓其意无所制也。今制于为虚，是不虚也。虚者之无为也，不以无为为有常。不以无为为有常，则虚；虚，则德盛；德盛之为上德。故曰："上德无为而无不为也。"仁者，谓其中心欣然爱人也；其喜人之有福，而恶人之有祸也；生心之所不能已也，非求其报也。故曰："上仁为之而无以为也。"

义者，君臣上下之事，父子贵贱之差也，知交朋友之接也，亲疏内外之分也。臣事君宜，下怀上宜，子事父宜，贱敬贵宜，知交朋友之相助也宜，亲者内而疏者外宜。义者，谓其宜也，宜而为之。故曰："上义为之而有以为也。"

礼者，所以貌情也，群义之文章也，君臣父子之交也，贵贱贤不肖之所以别也。中心怀而不谕，故疾趋卑拜而明之；实心爱而不知，故好言繁辞以信之。礼者，外饰之所以谕内也。故曰：礼以貌情也。凡人之为外物动也，不知其为身之礼也。众人之为礼也，以尊他人也，故时劝时衰。君子之为礼，以为其身；以为其身，故神之为上礼；上礼神而众人贰，故不能相应；不能相应，故曰："上礼为之而莫之应。"众人虽贰，圣人之复恭敬尽手足之礼也不衰。故曰："攘臂而仍之。"

道有积而积有功；德者，道之功。功有实而实有光；仁者，德之光。光有泽而泽有事；义者，仁之事也。事有礼而礼有文；礼者，义之文也。故曰："失道而后失德，失德而后失仁，失仁而后失义，失义而后失礼。"

礼为情貌者也，文为质饰者也。夫君子取情而去貌，好质而恶饰。夫恃貌而论情者，其情恶也；须饰而论质者，其质衰也。何以论之？和氏之璧，不饰以五采；隋侯之珠，不饰以银黄。其质至美，物不足以饰之。夫物之待饰而后行者，其质不美也。是以父子之间，其礼朴而不明，故曰："理薄也。"凡物不并盛，阴阳是也；理相夺予，威德是也；实厚者貌薄，父子之礼是也。由是观之，礼繁者，实心衰也。然则为礼者，事通人之朴心者也。众人之为礼也，人应则轻欢，不应则责怨。今为礼者事通人之朴心而资之以相责之分，能毋争乎？有争则乱，故曰："夫礼者，忠信之薄也，而乱之首乎。"

先物行先理动之谓前识。前识者，无缘而妄意度也。何以论之？詹何坐，弟子侍，牛鸣于门外。弟子曰："是黑牛也在而白其题。"詹何曰："然，是黑牛也，而白在其角。"使人视之，果黑牛而以布裹其角。以詹子之术，婴众人之心，华焉殆矣！故曰："道之华也。"尝试释詹子之察，而使五尺之愚童子视之，亦知其黑牛而以布裹其角也。故以詹子之察，苦心伤神，而后与五尺之愚童子同功，是以曰："愚之首也。"故曰："前识者，道之华也，而愚之首也。"

所谓"大丈夫"者，谓其智之大也。所谓"处其厚而不处其薄"者，行情实而去礼貌也。所谓"处其实不处其华"者，必缘理，不径绝也。所谓"去彼取此"者，去貌、径绝而取缘理、好情实也。故曰："去彼取此。"①

---

① 王先慎：《韩非子集解》，北京：中华书局，1998 年，第 130—135 页。

思想编

第一章 《老子》本体思想述论

本体论是研究世界本原或基质的学说，从广义上讲也包括宇宙生成论。在哲学研究过程中，本体论是"形而上学"，也是各个学说理论的基点——关于能否认知本体，如何认知本体便形成了认识论；依据本体及对本体的认识，如何遵循本体的规律实践修身、处世、治国便是功夫论、伦理观与政治观，以此形成一套完整的学说系统。《老子》思想兼具本体论、认识论、功夫论、伦理观、政治观于一体，其理论基点便是"道"。

在《老子》本体思想中，"常道"（帛书称为"恒道"）是世界的本体，也是宇宙生成的起点。其性状是无、幽渊、模糊、独立、自然的，以周行而返的方式进行运动。一般而言，《老子》中作为本体的"常道"是不可知的。人们只能在道的运行中捕捉道的痕迹，效法"圣人""古之为道者"的状态，体悟"道法自然""反者道之动"等"道纪"，以此指导现实的修身、处世与治国。

本章以《老子》本体思想为讨论对象，对"道""天"等本体思想观念进行历史视域的探析，并尝试揭示在道之不可知的情况下，人应当如何"识道"与"循道"。虽然"识道"与"循道"等内容在哲学上属于认识论和功夫论的层面，但考虑到其都在《老子》"道"论的范畴内，故以《老子》本体思想统合论述。

第一节 道体

本书所言道体，即将《老子》之"道"作为研究对象，对其性状与规

律特征进行客观的考察。在谈及此问题之前，应先对《老子》文本中
"道"的双重属性予以区分。

一、"常道"与"非常道"

在《老子》及早期道家文献中，"道"本身具有两重属性。其一为
"常（恒）道"。传世本《老子》开篇直言曰："道可道，非常道；名可
名，非常名"，然"常道"与"常名"在帛书本《老子》与北大简《老
子》中均写作"恒道"与"恒名"，学界普遍认为如今《老子》所作
"常"者皆应为避汉文帝刘恒之讳而改。①"恒"字为永恒之意，在古代哲
学体系中，本体往往都具备永恒的意义，如古希腊"米利都学派"的泰勒
斯认为"水"是世界的本源，而"水"是循环往复的永恒存在；柏拉图认
为"理念"是世界的本源，"理念"也是永恒的存在的；在朱熹以"理
气"为核心的思想体系中，"理"是永恒存在的世界本源。《老子》在
"道"之前冠以"恒"或"常"字，则突出了道的本体论性质。"常（恒）
道"是不可言且不能被理解而被概念化的，故亦无法以"常（恒）名"
称呼之，如相关研究认为"常道"是主客二分之前的非对象化存在，而
"言说"是建立在主客二分基础上的对象化行为，所以"常道"不可说。②
如是，则"常（恒）名"自然而然被另一关键词，即"无名"所替代。
《老子·第二十五章》载："有物混成，先天地生。寂兮寥兮，独立而不
改，周行而不殆，可以为天地母。吾不知其名，字之曰道，强为之名曰
大。"可见《老子》认为"常（恒）道"是不当有"名"的，故此只能以
"无名"相称。③

其二为"非常（恒）道"。"非常（恒）道"是相对于"常（恒）

---

① 高明：《帛书老子校注》，北京：中华书局，1996年，第221页。
② 林光华：《非对象化之道：再读〈老子〉第一章》，《哲学研究》2015年第6期。
③ 关于《老子》讨论"道、名"关系之原因，有研究认为是出于"修辞需要"与"道、名
关系成为当时时代讨论的热点"之故（详见曹峰：《〈老子〉首章与"名"相关问题的重新审
视》，《哲学研究》2011年第4期）。

道"而言的，是自然界与人世间的具体道理，"非常（恒）道"从"常（恒）道"中派生，是"常（恒）道"的"痕迹"，无处不在，因此其可以被人体悟、认知，但终究是会变化的。《庄子·知北游》记载了东郭子与庄子围绕"道"之所在的对话，其文载：

> 东郭子问于庄子曰："所谓道，恶乎在？"庄子曰："无所不在。"东郭子曰："期而后可。"庄子曰："在蝼蚁。"曰："何其下邪？"曰："在稊稗。"曰："何其愈下邪？"曰："在瓦甓。"曰："何其愈甚邪？"曰："在屎溺。"东郭子不应。①

在庄子口中，"道"是无处不在且是可以为人体认的，这便是《老子》所谓"非常（恒）道"的范畴。

一般来说，我们所言"非常道"是从"常道"的否定意义而论，即非"常道"。实际上，如果摆脱传世本《老子》首章的语境，单从《老子》思想而言，"非常道"亦有着正向的理论意义，即人们的认知虽有局限，却可以遵循"常道"的规律和自然属性，从可以认知的"非常道"中探寻出"循道"的方式。当然，对道体的分析还是针对"常道"而言的。

二、"常道"之性状

作为"形而上学"的本体论范畴，《老子》对"常道"的性状是没有正向描述的——《老子》的本体论指向为不可知论。《老子》说："吾不知其名，字之曰道，强为之名曰大。"由此可知，《老子》并不知道"常道"为何物何名，所谓的"道"也不过是《老子》赋予的一个名字，而并非"常道"的"常名"，据前文"常道"是"无名"的。既然"常道"是不可知的，那《老子》又是如何描述道体的呢？

---

① 王先谦：《庄子集解》，北京：中华书局，1987年，第190页。

其一,道没有固定的形状,是"恍惚"的、"混沌"的。《老子》认为"道"为"有物混成",是"其上不皦,其下不昧"的混沌状态,又言其为"无状之状,无物之象,是谓恍惚。"其二,道的颜色是透明的或幽玄的,是不可见的。《老子》言:"渊兮,似万物之宗";"湛兮,似或存"。湛为透明,渊为幽渊。《老子》还常以"玄""玄之又玄""玄牝之门"来形容"道"的颜色是幽玄。其三,道不仅为人所看不到,也无法听到和触碰,所谓"视之不见""听之不闻""搏之不得",又言"大音希声,大象无形"。

《老子》认为,道是"恍惚"的、"混沌"的,人看不见、听不着、触不到的存在。有学者指出,"为了在言说中阐明不可言说的'自然之道',作为哲学文本的《老子》大量使用了表意玄远、模糊晦涩的'名'来言说"①,《老子》所言作为本体的"常道"确实属于不可知论的认识论范畴——这是一种思想的智慧,与其无意义的臆测本体的性状,哲学家更要揭示本体的规律特征,以之作为理论体系的基点构建关注于人世的哲学。正如奥地利哲学家维特根斯坦所说:"对于不可说的东西我们必须保持沉默。"②

三、"常道"的规律特征

《老子》虽然对"常道"的性状予以模糊描述,却对其规律特征以正向的表达,以此形成其学说体系的理论基点。

(一)"常道"是世界本源,具有至上性

作为本体的"常道"是世界的本源且具有至上性的特征。《老子》多处提及"常道"的世界本源意义。其言"道"为"万物之宗""天地之

---

① 萧无陂:《"道"不可道吗?——从"名""实"之辨重新考察〈老子〉第一章》,《中国文化研究》2014年冬之卷。

② [奥]维特根斯坦,贺绍甲译:《逻辑哲学论》,北京:商务印书馆,2010年,第105页。

根""天地母""天下母"，是"万物之主"而"天下弗敢臣"。

《老子》认为"常道"是"象帝之先"，是"先天地生"的。"帝"或"上帝"常见于商代卜辞中，是商代的至上神。西周建立时将天神与帝神合一为"皇天上帝"，并为至上神。天帝信仰亦是王朝权力的来源。《老子》将"常道"之于"帝""天"之先，可见在其理论体系中"常道"是世界中至上的存在。

（二）"常道"是宇宙生成论的起点

"常道"不仅是世界构成的本源，也是宇宙万物生成的起点。首先，《老子·第四十章》中说："天下万物生于有，有生于无"，可见在《老子》道家哲学中宇宙生成是一个"由无到有"的过程。其次，《老子·第四十二章》中有"道生一，一生二，二生三，三生万物"的形容，这是对"道"，即"无"生发万物过程的抽象描述，故其"宇宙生成论"具体而言就是一个"无·一·万物"的模式。专家指出："作为宇宙生成论它既描述了宇宙的原初状态，也提供了丰富多彩的宇宙生成模式。"① 那么作为"无"形态的"常道"又是如何生成"有"形态的"一""二""三"至"万物"的呢？

所谓"无名，天地之始"，在由"无"到"有"的过程中有一个关键的临界点，《老子》称为"始"。《老子》还描述了在"始"这个临界点上"道"生"物"的状态。《二十一章》言：

> 孔德之容，惟道是从。道之为物，惟恍惟惚。惚兮恍兮，其中有象；恍兮惚兮，其中有物；窈兮冥兮，其中有精；其精甚真，其中有信。自今及古，其名不去，以阅众甫。吾何以知众甫之状哉？以此。

---

① 王中江：《出土文献与先秦自然宇宙观重审》，《中国社会科学》2013 年第 5 期。

蒋锡昌曰："此言道之为物，不皦不昧，乃超然绝对不可以他物比拟，亦不可以任何言语形容也。"[1] 意为"道"之体是不可推演、无法认知的存在。冯友兰云："有人认为老子书二十一章讲的是道生万物的程序：'道之为物，惟恍惟惚。惚兮恍兮，其中有象。恍兮惚兮，其中有物。'依庄子的解释，道是'非物'，可是它在'恍惚'之中就生出物来了。"[2] 细索文意，此段引文实乃《老子》对"道生一"细节的生动描绘。《老子》认为最大的"德"（亦称为"上德"）便是遵循"道"的规律。"道"生"物"的过程是"恍惚"的，在"恍惚"的"无"中产生了"物""象"，即"有"之范畴。"窈"，傅本作"幽"，窈冥即为"幽冥"，也指"常道"。"其中有精"，帛书本甲乙本均作"请"，通"情"。《庄子·大宗师》曰："夫道，有情有信"[3]，故理解为"情"为佳。传统的训诂认为"情"为"实"，如《后汉书·西域传》言："莫不备写情形，审求根实"[4]，便将"情形"与"根实"对应。《老子》所言"情""真""信"，都是在表达"无"生"有"的真实性。引文中"众甫"，帛书甲、乙本均作"众父"。河上公注《老子·四十二章》"我将以为教父"曰："父，始也。"[5] 由是，"众甫"或谓"众父"即为"众始"。

综上，作为"无"与"虚极"的"常道"，在恍惚的本体中孕育了众多的物象，这一瞬间为"众始"，其后"众始"衍生为"众妙"，完成了"道生一"的从无到有的过程。

（三）"常道"的运行及其对万物的作用

老子的整体哲学系统都是由"道"而开展的。道之体是一种无形而不可见、恍惚混沌的存在，但其运行规律及对万物的作用却被《老子》明确

---

① 蒋锡昌：《老子校诂》，上海：商务印书馆，1937年，第79页。
② 高明：《帛书老子校注》，北京：中华书局，1996年，第329—330页。
③ 王先谦：《庄子集解》，北京：中华书局，1987年，第59页。
④ 范晔：《后汉书》，北京：中华书局，1973年，2931页。
⑤ 高明：《帛书老子校注》，北京：中华书局，1996年，第34页。

描述出来。

《老子》认为在"道"及衍生的万物都处在永无止息的循环运动中。"反者道之动",即说"道"是循环运动的。关于这一点,《二十五章》有更明确的表达:"有物混成,先天地生。寂兮寥兮,独立而不改,周行而不殆,可以为天下母。吾不知其名,字之曰道,强为之名曰大。大曰逝,逝曰远,远曰反。"在《十六章》也说:"致虚极,守静笃。万物并作,吾以观复。天物芸芸,各复归其根。归根曰静,静曰复命。复命曰常,知常曰明。"这里"反""返"和"复"与"周行"等均为同义。《老子》认为"道"处于"周行而不殆"的循环运动的状态中,"天物芸芸",也要"各复归其根"。

"道"的运行不受任何影响,是谓"独立而不改,周行而不殆""道"处于一种"自然"的状态。"道"所衍生的万物也处于"自然"的状态,而人可以通过效法万物感受"道法自然",后文对此予以详述。

四、"常道"的品质

同样被《老子》细致描述的还有"常道"的品质,这些品质既有"常道"道体性状与规律特征所延伸出来的品质,也有"圣人""古之善为道者"循"常道"而为的经验总结。

其一,由于道体为"无",由此衍生出"道盅而用之或不盈"的品质。《老子》认为道本体为"中虚",其言"致虚极,守静笃",但道之用却是无法穷尽的,即"绵绵若存,用之不勤。""中虚"之体是如何"用之不勤"的呢?《老子》强调了"无之以为用"的意义:

> 三十辐共一毂,当其无,有车之用。埏埴以为器,当其无,有器之用。凿户牖以为室,当其无,有室之用。故有之以为利,无之以为用。

车轮能为"车之用"，黏土能为"器之用"，门窗能为"室之用"都因为其具有"无"的空间。也正因此，《老子》主张"不欲盈"，真正的充盈就与中虚一样，都是用之不尽的，即"大盈若冲，其用不穷。"

其二，"常道"衍生万物，并蓄养万物生长，有生养之功，却不居功，处于低位。《老子》中对此有非常多的表达：

（1）万物作焉而弗始，为而不恃，功成而弗居。夫唯弗居，是以弗去。（第二章）

（2）上善若水，水善利万物而不争。处众人之所恶，故几于道。（第八章）

（3）生之畜之，生而不有，为而不恃，长而不宰，是谓玄德。（第十章）

（4）大道泛兮，其可左右。万物恃之以生而不辞，功成不名有，衣养万物而不为主。常无欲，可名于小；万物归焉而不为主，可名为大。以其终不自为大，故能成其大。（第三十四章）

（5）道生之，德畜之，物形之，势成之。是以万物莫不尊道而贵德。道之尊，德之贵，夫莫之命而常自然。故道生之，德畜之；长之、育之、亭之、毒之、养之、覆之。生而不有，为而不恃，长而不宰。是谓玄德。（第五十一章）

以上引文都表达了道在生养万物中展现的品质。先秦氏族时代最重视血缘传承，因此道有生养万物本身就是最大的品质。道虽有"生生之德"却不以此为功劳，而是"不始""不恃""不居""不争""不有""不宰""不为主""不自为大"。这些品质正是人们应该效法的内容。

其三，"圣人"的行为是符合道之规律的，因此其行为展现的品质亦为道的品质。后文对"圣人"的行为有专门的论述，于此仅列举一例以为简单说明。《老子》记载"圣人"之言曰："我无为而民自化；我好静而民自正；我无事而民自富；我无欲而民自朴。"于此"圣人"所言的"无为""好静""无事""无欲"皆为遵从"道"的规律特征而以人的行为展现的品质。

此外，《老子》关于"道"的品质还有很多表达，其言"天之道，利而不害""天之道，损有余而补不足""天道无亲，恒与善人""功遂身退，天之道也"等均直言"道"的品质。

《老子》所言"道"有双重内涵，其一为本体论意义的"常道"，其二为人们日常可以理解的伦理、价值、审美、物理等，是为"非常道"。作为本体的"常道"是世界的本源、宇宙生成论的起点，以"周行"而动，不为人的意志所影响，其性状"恍惚""混沌"而不可知，但其品质却是可以捕捉并为"圣人"所遵循的。那么，从认识论角度而言，人又当如何"识道"呢？以"常道"观之，这个"非常道"的世界又当如何认知呢？

第二节　识道

《老子》对于作为本体的"常道"之性状持不可知论的态度，但对"常道"的规律特征及其品质却有较为清晰的描述。基于道论，《老子》认识论可从两个维度进行分析，即以人的视角认识"常道"和从"常道"的视角认识世界，下文分别论述。

一、以人的视角认识"常道"

无论是对于不知可的道之性状，还是可以直接描述的道之规律特征与品质，《老子》在言及道时常用比喻。可以说打比方是《老子》传播思想的一个主要的方式。以下择几个代表性的比喻，勾勒《老子》喻道的基本情况。

文本与思想：

《老子》思想刍议

（一）以"玄牝"为喻

《老子》第六章记载："谷神不死，是谓玄牝，玄牝之门，是为天地根。""谷神"，帛书写作"浴神"，上编有所辨析。陈鼓应解释"谷神"就是虚空、变化不测的意思，[①]"谷神"是谓玄牝，那么玄牝就是道体的比喻。在《老子》思想里，"玄"是道的性状之一，《老子》第一章谓："此两者同出而异名，同谓之玄，玄之又玄，众妙之门"，两者分别指代"一"与"万物"，都是"有"的范畴，两者"同出"于无，即道，在此语境里，《老子》"玄"与"玄之又玄"均是以道的性状指代道体。[②] 那么"玄"字究竟为何意呢？

姚孝遂认为："中国的汉字，就其最初的来源而言，主要是'近取诸身，远取诸物'，是客观事物的图像。在此基础上，将这些客观事物的图像进行符号化的改造，形成若干基本的形体，作为用于记录语言的文字符号。"[③] 吴效群根据南阳地区的民俗认为古文"玄"字字形涉及生殖崇拜的观念，并使其获得了神圣、神秘的含义。[④] 邓锐则认为"玄"字最初的意思是从"幺"而来，商周时代"玄"字在日常生活中与巫史文化中的用法，前者一般表颜色，有时也涉及形状，属于基本认知域；后者则由生殖出发隐喻生成，进入复杂、抽象的认知域。因为"玄"字来源于"幺"的"子初生之形"，所以被引申指生殖，生殖进一步被隐喻为"生成"。[⑤]"玄"字从丝，《说文解字》载："玄，幽远也。黑而有赤色者为玄。象幽而入覆之也。"[⑥] 吴文文认为"玄"字字形源自上古中国人日常生活中从蚕

---

① 陈鼓应：《老子注译及评介》，北京：中华书局，2009年，第85页。
② 付瑞珣、王思齐：《传世本〈老子〉首章"此两者"指正》，詹石窗、宋崇道、谢清果主编：《中华老学》（第3辑），北京：九州出版社，2020年，第79—88页。
③ 王蕴智：《殷周古文同源分化现象探索》，长春：吉林人民出版社，1996年，第1页。
④ 吴效群：《"玄"字本意的现代民俗学解读》，《河南大学学报（社会科学版）》1994年第6期。
⑤ 邓锐：《"玄""妙"字义与〈老子〉生成哲学》，《文史哲》2023年第4期。
⑥ 段玉裁：《说文解字注》，上海：上海古籍出版社，1981年，第159页。

茧抽取细丝这一客观意象，抽取的蚕丝具有"细微、不易察觉"的特点。①所以"玄"字本身就被引申为"幽远""神秘"的意涵，并由此引申出与其相对应的颜色便是代表混沌的黑色。

牝，指雌性，《尚书·牧誓》载"牝鸡"，《周易·坤卦》载"牝马"均是其指。《老子》五十五章载"牝牡之合"就是"雌雄交合"的意思。"玄牝之门"所指的雌性动物的生殖器官，《老子》之"道"也正如"玄牝"生育幼崽一样生育万物，这就是《老子》"道生一，一生二，二生三，三生万物"的宇宙生成论。牝的另一特质便是甘于居下、守静、不居功，《老子》六十一章说："大国者下流，天下之交，天下之牝。牝常以静胜牡，以静为下"，正是其道理。陈鼓应认为："虚空的变换是永不停歇的，这就是微妙的母性。微妙的母性之门，是天地的根源。"② 从陈鼓应的解释中可以看出其更强调"道"的母性。

前文已述，《老子》的宇宙生成论是一个从无到有的"道生一"的过程，此一过程的临界点便是"始"。《老子》以"门"喻"始"，论证"道"是创生天地万物之根本存在。通过此门，虚无的道衍生出"一"至"万物"的"有"。《老子》便以"门"来比喻"始"的状态。《说文解字》云："始，女之初也。"又云：母，"从女，像怀子形。一曰像乳子也。"③ 苏辙认为："谓之谷神，言其德也；谓之玄牝，言其功也。牝生万物，而谓之玄焉，言见其生之而不见其所以生也。玄牝之门，言万物自是出也；天地根，言天地自是生也。"④ 李零认为："'玄牝之门'，遒是宇宙生殖器，道生天地万物，得有一个出口，就像妇女生孩子，要自产门（即阴门、阴户）出，这个出口，就叫'玄牝之门'。"⑤ 赵国华认为："老聃

---

① 吴文文：《"玄"字造字理据的考察与〈老子〉中"玄"的内涵》，《中国文字学报》2019 年第 10 辑。

② 陈鼓应：《老子注释及评介》，北京：中华书局，2009 年，第 86 页。

③ 段玉裁：《说文解字注》，上海：上海古籍出版社，1981 年，第 617 页。

④ 苏辙：《道德真经注》，上海：华东师范大学出版社，2010 年，第 6 页。

⑤ 李零：《人往低处走———〈老子〉天下第一》，北京：生活·读书·新知三联书店，2008 年，第 41 页。

显然是从色素沉着的女阴的生育功能引申出天地的起源，又从男女交合引申出人生思想上的无为守柔，致虚守静。"① 由于天地万物有"生生之德"，故"道"之生养天地万物就是"大德"，是自然界最原初的生命力。

"玄牝"是指以女性子宫来比喻"道""玄牝之门"即为"道生一"的瞬间。万物自"玄牝之门"诞生可谓之"始"，通过"玄牝之门"之后便是如同从母体中降生，以无形化生有形，此即"天地根"。谢清果对以"玄牝之门"言喻"道生万物"的理解可以参见，其认为"老子认为关心生命传播中的权力结构对人交往的影响，因此，强调统治阶级或者处于优势地位的一些组织与个人都应当保有谦下的品格，要处下不争。此种品格正是从母亲的如水柔弱与慈爱所孕育的。'玄牝之门'隐喻展现的生命律动，以及似有若无的绵绵延续的生命之链，正是人类创造力无穷无尽的总根源。"②

总之，"玄牝"是天地万物产生的源头，是天地万物的根系之所在，"道"通过"玄牝之门"化生万物，涵养天地，"无名"为天地之始，"道"即无名，无法言说，但自化天地万物。玄牝符合"道"体的虚空而变化莫测之特性，符合"道"体孕育万物的功能，符合"道"体甘于居下、不居功、守虚守静的品质。《老子》以"玄牝"设喻，将难以名言的"道"形象地展现出来。

（二）以"水"为喻

《老子》常用水比喻道的品质和性状。其一，"上善若水，水善利万物而不争"。前文已述，《老子》认为道的一个重要品质是衍生、畜养万物却"不始""不恃""不居""不争""不有""不宰""不为主""不自为大"，这正是水的品质。

---

① 赵国华：《生殖崇拜文化略论》，《中国社会科学》1988 年第 1 期。
② 谢清果：《媒介哲学视角下的老子之"门"新论》，《山西大学学报（哲学社会科学版）》2020 年第 2 期。

　　其二，水"处众人之所恶，故几于道"。道的一个重要品质是甘于处于低位，此一品质前文虽有所提及却并未展开论述。俗语有"水往底下流"，水向下流动意味着处于低位，要承受污秽，这是普通人所厌恶的。但《老子》认为，道如同水一样，身处低位，能藏天下之污垢。其言"天下溪""天下谷"，便指代地势低洼的溪谷，"譬道之在天下，犹川谷之于江海"正是所谓也。《老子》说："江海之所以能为百谷王者，以其善下之，故能为百谷王。"由此，其进一步说明为政者也应效法水一样，居于下位，即"受国之垢，是谓社稷主；受国不祥，是为天下王"，亦为"大邦者下流"。

　　其三，"天下莫柔弱于水，而攻坚强者莫之能胜，以其无以易之"。《老子》一向倡导柔弱胜刚强，而水便是最柔弱的物体，却能战胜最坚硬之物，即"天下之至柔，驰骋天下之至坚"。

　　其四，"渊兮，似万物之宗""湛兮，似或存"。渊为幽渊，湛为清澈透明，这都是对道性状的描述。如果展开联想，"渊"与"湛"其实都是水的特征，《墨子·亲士》曰"水黑则渊"，湛的意义也与水直接相关。因此，《老子》用"渊"与"湛"描述道的性状，亦是用水的特征为喻的。

　　（三）以"婴儿"为喻

　　婴儿是最为柔弱的、充满生命力的，如同水喻一样，《老子》对婴儿推崇备至，常以此喻道。相关文献如下：

　　（1）专气致柔，能婴儿乎？（第十章）

　　（2）我独泊兮其未兆，若婴儿之未孩。（第二十章）

　　（3）常德不离，复归于婴儿。（第二十八章）

　　（4）含德之厚，比于赤子。蜂虿虺蛇不螫，猛兽不据，攫鸟不搏。骨弱筋柔而握固，未知牝牡之合而全作，精之至也。终日号而不嗄，和之至也。（第五十五章）

引文（4）的"赤子"与"婴儿"含义相同，均是未知人事的状态，也最接近于道的自然性。引文（1）言婴儿致柔；（2）言淡泊无欲，如婴儿一样混沌自然；（3）的前文是"知其雄，守其雌"，意思为以柔弱为遵守，回到婴儿一般的自然状态；（4）是对婴儿描述最为具体的一段材料了，其言遵循道的人，就好比刚刚出生的婴孩。蜂蚁蛇蝎这类毒虫不会螫他，虎豹这样的猛兽不会用爪子伤害他，鹰雕这样的猛禽不会扑击他。婴儿虽然筋骨柔弱，但拳头却握得很牢固。他虽然不知道男女的交合之事，但他的小生殖器却勃然举起，这是因为精气充沛的缘故。他整天啼哭，但嗓子却不会沙哑，这是因为元气纯厚。以上即为《老子》以婴儿自然、柔弱、生机等特征比喻道的规律特征。

除了以"玄牝""水""婴儿"喻道之外，《老子》还有很多打比方的例证，于此不再展开，附论中专门言及《老子》的动物设喻，可以参考。

二、从"常道"的视角认识世界

以往学界言及《老子》的认识论常以"朴素的辩证法"予以概括，①然而《老子》学说是辩证法吗？如果是，何谓"朴素的"？如果不是，这种常识性观念又是如何形成的？

辩证法（the dialectics）源于古希腊哲学，经过德国古典哲学的改造，为马克思所升华。相对的，西方哲学语境中的辩证法也有三层主要含义。第一，通过辩论探讨真理的过程，代表人物如苏格拉底；第二，揭示宇宙之普遍规律，代表人物如黑格尔，他也提出了辩证法的三大规律，即对立

---

① 大陆学者多持《老子》学说"含有朴素的辩证法思想"的说法，如许抗生先生认为："老子确实是一位古代辩证法的大师，他具体考察了万有世界中的矛盾运动，天才地猜测到了矛盾双方的相互依存与相互转化，提出了许多富有辩证法思想的哲学命题。"详见许抗生：《帛书老子注释与研究》，杭州：浙江人民出版社，1985年，第151页。也有学者对此质疑，详见韩国良：《论老子具有辩证法思想是伪命题》，《商丘师范学院学报》2017年第4期。港台学者多认《老子》思想是"相对论"。如严灵峰《老子达解》、周绍贤《老子要义》等，详见熊铁基、刘韶军、刘筱红、吴琦、刘固盛：《二十世纪中国老学》，福州：福建人民出版社，2002年，第322、327页。本文所用《老子》版本为王弼注，楼宇烈校释：《老子道德经注校释》，北京：中华书局，2008年。

统一、量变质变以及否定之否定；第三，马克思主义的唯物辩证法。据考，"辩证法"一词于 20 世纪 20 年代由日语翻译成汉语为国人渐知，[①] 这里的"辩证法"便专指黑格尔以来的辩证法了。[②]

（一）《老子》"朴素辩证法"观点的近代生成

辩证法传入中国后，很快被中国学者关注，并与《老子》思想发生关联。1937 年吕振羽《中国政治思想史》刊布，他对"那些认为老子是'辩证唯物主义者'等的观点提出反对"，他先从阶级立场的角度判断老子不可能是"辩证唯物者"，说："一个代表初期没落封建贵族，其自身并附丽在不劳而食的封建统治者队伍中的老聃，是不能发明辩证唯物主义"的。吕氏进一步说："在他（老子）的全部著作中常常把事物的现象从对立的范畴方面去说明"，但是老子"虽曾把握了辩证法之反正对立的观点，但不能深入到矛盾对立斗争的统一的理解"。[③] 由此我们可以得出如下结论：第一，虽然难以考察出哪位中国学者最先将老子思想与辩证法相关联，但是从吕氏的反对来看，20 年代辩证法传入中国至 1937 年间，"老子思想是辩证法"的观点已经被部分学者广为接受了；第二，吕振羽否定了老子是"辩证唯物者"，却也肯定了《老子》思想中含有对立思想。吕氏受时代与阶级的影响对《老子》思想的评价有不尽客观之处，但是他的研究也指出了《老子》思想与黑格尔以降的辩证法有差距。

而这一差距很快被另一位马克思主义史学家范文澜所解释了。《老子》中具有"朴素的辩证法"思想一观点为范文澜较早明确提出。范氏在其《中国通史简编》中评价了《老子》的思想，他认为古代的辩证法"必然

---

① 李博：《汉语中的马克思主义术语的起源与作用》，北京：中国社会科学出版社，2013年，第 294 页。

② 辩证法一词传入日本后，日本学者是否将之与老子思想相关联，这是另一个值得思考的话题，学力所限，难以详尽，姑待进一步考察。

③ 吕振羽：《中国政治思想史》，北京：人民出版社，1963 年，第 55—59 页。该书初版于1937 年 6 月，是第一部用唯物史观和阶级分析法著成的中国哲学史著作。转引自《二十世纪中国老学》，第 211—212 页。

是不完备的、自发的、朴素的"，不过"在马克思主义的唯物辩证法传入中国以前，古代哲学家中老子确是杰出的无与伦比的伟大哲学家"。① 《中国通史简编》初版发行于 1942 年，1949 年后又刊布了修订本，前后论点几近相同。虽然没有直接的证据，但从此后"各个学者和各种观点对于老子的辩证法思想分歧不大"② 的现实来看，范说应为学界广泛接受，遂成为大陆学界之共识。然而，《老子》思想的本义果真是辩证法吗？

（二）《老子》以相对主义认识世界

由上，辩证法有三大定律，即对立统一、量变质变以及否定之否定，持《老子》为辩证法之学者多将《老子》文句与之对应，着重聚焦于传世《老子》第二章等若干语句。下文逐一辨析。首先，学界多认为《老子》第二章是对立统一的辩证法思想，详端其文，未必尽然。相关引文如下：

> 天下皆知美之为美，斯恶矣；皆知善之为善，斯不善矣。故有无相生，难易相成，长短相形，高下相倾，音声相和，前后相随……

《老子》虽然陈列了美与恶、善与不善、有与无、难与易、长与短、高与下、音与声、前与后这些对立的概念，其中却有扞格之处。其一，美与恶、善与不善、难与易、长与短、高与下、前与后确为对立，但音与声并不构成对立。先儒认为："声相应，故生变；变成方，谓之音。"③（《礼记·乐记》）意思是声变而成音，即音是由声衍生出来的，两者不是对立关系，而是派生关系。类似的，有与无也是派生关系而非对立关系。《老

---

① 熊铁基、刘韶军、刘筱红、吴琦、刘固盛：《二十世纪中国老学》，福州：福建人民出版社，2002 年，第 216 页。

② 熊铁基、刘韶军、刘筱红、吴琦、刘固盛：《二十世纪中国老学》，福州：福建人民出版社，2002 年，第 223 页。

③ 郑玄、孔颖：《礼记正义》，阮元：《十三经注疏》，北京：中华书局，1980 年，第 2527 页。

子》的宇宙生成模式是"无·一·万物"，其言"天下万物生于有，有生于无"（第四十章）。又言"道生一，一生二，二生三，三生万物"（第四十二章）。"无"乃"名天地之始"（第一章），象征宇宙生成之前的状态；"有"乃"名万物之母"（第一章），表示万物生成演化的一种状态。而"道"又是产生天地万物的总根源，故在道的影响下，从"无"中生出"一""二""三"以至万物。其二，该章当分两个层次理解，一方面，美恶、善与不善的对立是主观的道德价值判断；另一方面，长短、高下等是客观的事实判断，《老子》所列举的两个层次的对立，虽然有统一的倾向，但并未有相互转化的条件，这与辩证法的对立统一原则相左。故《老子》所言只是粗略地表达万事万物是相对的，而非表达矛盾对立。

其次，另一个为学界反复讨论的命题即"反者道之动"，其中亦不乏"否定"之思想。类似的文句还有"万物并作，吾以观其复。天物芸芸，各复归其根。归根曰静，是曰复命。复命曰常，知常曰明。"（第十六章）"周行而不殆，可以为天下母。吾不知其名，字之曰道，强为之名，曰大。大曰逝，逝曰远，远曰反。"（第二十五章）"物壮则老，谓之不道，不道早已。"（第五十五章）这些均揭示出了物极必反的道理，具有否定的意味，但仍未上升到否定之否定的思维高度，亦未及动静之辩证关系。

再次，《老子》中确实有关量变的记载。如"合抱之木，生于毫末；九层之台，起于累土；千里之行，始于足下。"（第六十四章）"图难乎其易也，为大乎其细也，天下之难作于易，天下之大作于细。"（第六十三章）然细研其文，《老子》是在凸显认识与行动初始阶段之重要，即"其安易持，其未兆易谋；其脆易泮，其微易散。为之于未有，治之于未乱。"（第六十四章）虽注意到了量的积累，却缺少质变的诠释。辩证法认为事物的发展是量变与质变的相互结合，《老子》既关注到了事物发展之始，又关注到了"为大乎其细"的道理，但缺乏对质变的理解。综上，《老子》思想虽然有对立、否定、量变等辩证法的因子，却没有上升到辩证法的高度。

文本与思想：

《老子》思想刍议

其实，从《老子》的思想体系看，其本义却是在"道"的角度，解构时人固有的知识体系、伦理思想与政治秩序，以此来推展其"无为而治"的政治主见。其言："我无为，而民自化；我好静，而民自正；我无事，而民自富；我无欲，而民自朴。"（第五十七章）"朴"指人之本性，亦即"常德不离，复归于婴儿"（第二十八章）的那种纯真，若统治者能够做到"无欲""无为"，则百姓自然就会遵守秩序，正所谓"以圣人处无为之事，行不言之教，万物作焉而弗始"（第二章）。"无为"不是"不为"，而是不要肆意妄为，更不要"为无为，事无事，味无味"（第六十三章）。如此才能让民众自化、自正、自富、自朴，这也正是"道常无为，而无不为"（第三十七章）的关键所在。

《老子》所提出的对立、量变以及否定思想之本义并非辩证法，而更接近于《庄子》的相对主义。《庄子》的主要思想之一便是"齐物论"，其谓"天地与我并生，万物与我为一。"（《齐物论》）"并"应释为"一并"，而非"并列"之意，则万物与人皆统一于永恒之道。从《齐物论》全篇来看，其重点除"齐一"外，也强调"物化"，即万物、自身以及相互之间的变化。由于万物都在不断变化中，故彼可为此，此可为彼；是可为非，非可为是；物可为我，我可为物；生可为死，死可为生；庄周可为蝴蝶，蝴蝶可为庄周。① "彼此""是非""物我"以及"生死"，在《庄子》这里已经不重要了，这样才能体现出"齐物""齐一"。此种"齐"是以事物间的差异性为前提的，既包括相同的方面，亦含有相异的方面。正所谓"自其异者视之，肝胆楚越也；自其同者视之，万物皆一也。"（《德充符》）此中已经展现出了相对主义的思想，而"天下莫大于秋毫之末，而大山为小；莫寿于殇子，而彭祖为夭"则进一步凸显了这种相对主义。连世俗的大小、寿夭的标准都被颠覆了，这意味着大也可以是小，小也可以是大；寿可以为夭，夭也可以为寿，大小、寿夭的差别以及万物之

---

① 罗凤华：《不齐之齐与无物之物论〈庄子〉齐物思想的三个层次》，《齐鲁学刊》2012 年第 2 期。

间的差别、界限都消失了，则万物自然连为一体。① 亦即"号物之数谓之万，人处一焉"（《秋水》）。不唯如此，《庄子》甚至提出了"齐生死"的观点。《至乐》中载有两个故事，一是庄子之妻去世，惠子往吊，庄子则方箕踞鼓盆而歌，惠子便指责庄子："与人居，长子老身，死不哭亦足矣，又鼓盆而歌，不亦甚乎！"庄子则言："不然。是其始死也，我独何能无概然！察其始而本无生，非徒无生也而本无形，非徒无形也而本无气。杂乎芒芴之间，变而有气，气变而有形，形变而有生，今又变而之死，是相与为春秋冬夏四时行也。人且偃然寝于巨室，而我噭噭然随而哭之，自以为不通乎命，故止也。"第二则是庄子在去往楚国的途中，遇到了一具骷髅，便捡起来作为了枕头，半夜，骷髅给庄子显梦言："死，无君于上，无臣于下；亦无四时之事，从然以天地为春秋，虽南面王乐，不能过也。"然而庄子不相信，言道："吾使司命复生子形，为子骨肉肌肤，反子父母、妻子、闾里、知识，子欲之乎？"骷髅此时却蹙眉蹙额，深感忧虑地回答道："吾安能弃南面王乐而复为人间之劳乎！"是则，在《庄子》看来，生死就如同四季变化一般自然，甚至认为死便是一种超脱，为"南面王乐"，其思想弥缝了生死。由此可见，《庄子》将《老子》思想的本义更直接地推进，并将物我、生死全部瓦解在一篇篇光怪陆离的散文中。

辩证法是通过对立统一、量变质变、否定之否定等原理构建对客观世界的认知，相对主义是模糊客观、混同物我，导向不可知论的认识论。《老子》乃至黄老之学所构建"无为而治"的政治基础，正是对现实客观政治伦理的否定。从这个意义讲，《老子》思想更接近于庄子的相对主义。

无论是以比喻的方式认识"常道"，还是以相对主义认识世界，都是基于《老子》思想中本体"常道"的不可知性。不可知是指道体本身的形状，但对其规律特征及品质，《老子》却多有表达，这也是人如何"循道"的依据。

---

① 李凯：《略述〈庄子〉"齐物"的四种思路》，《哲学研究》2017 年第 8 期。

第三节　循道

　　《老子》以"道"作为宇宙间运行的根本法则，其囊括宇宙，一切自然法则与社会运转规律都根据"道"来生成并运转。在《老子》哲学中，"道"虽是不可知的，却可衍生、畜养万事万物，那么如何通过这些介质来感悟"道"、实践"道"，即"循道"在《老子》思想体系中是非常重要的。在此基础上，《老子》提出"道纪"的概念，如何对"道纪"进行理解即关系到通过什么途径能够体悟和感知"道"。①

　　"道纪"是老子"道"之哲学概念中的重要组成部分，"纪"从丝义，"道"如抽丝剥茧的丝线一般涵括宇宙万物，以细微幽深的力量浸染自然界万事万物。《说文解字》载："纪，别丝也。"② 段玉裁注："别丝者，一丝必有其首，别之是为纪，众丝皆得其首，是为统。统与纪义互相足也。"③《墨子·尚同上》"譬若丝缕之有纪"，孙诒注："纪，本义为丝别，引申之，丝之统总亦为纪。"④ 由《说文解字》可知，"纪"之本意为丝也，即丝线之意。这是从纪的偏旁部首以及其引申义来解释。与丝相关还有前文所论及的"玄"，吴文文认为"玄"字字形源自上古中国人日常生活中从蚕茧抽取细丝这一客观意象，抽取的蚕丝具有"细微、不易察觉"的特点，相应地，"玄"字也具有"细微""不易察觉"的义项。⑤ 老子用"玄"来形容道，那道同样也具有不易察觉，以润物细无声的方式作用于

---

　　① 与"道纪"相关的学术成果可体参刘志荣：《论〈老子〉中的"执古之道"与"执今之道"》，《杭州师范大学学报（社会科学版）》2018年第3期；季磊：《黄老对老庄"道"之意涵的转变——从"道纪""道枢"到"道之要"》，《中华老学》2021年第6辑；孙征：《老子"道纪之人"的思想内涵及其当代启示——基于对〈道德经〉的解读》，《许昌学院学报》2014年第1期；张晓征：《古今之诤——论〈老子〉"执古之道"》，海南大学哲学系硕士学位论文，2014年，等。
　　② 段玉裁：《说文解字注》，上海：上海古籍出版社，1981年，第645页。
　　③ 段玉裁：《说文解字注》，上海：上海古籍出版社，1981年，第645页。
　　④ 孙诒让：《墨子间诂》，北京：中华书局，2001年，第78页。
　　⑤ 吴文文：《"玄"字造字理据的考察与〈老子〉中"玄"的内涵》，《中国文字学报》2019年第10辑。

世间万物的特质。《韩非子集解》亦载："物从道生，故曰'始'；是非因道彰，故曰'纪'。得其始，其源可知也；得其纪，其端可知也。"[1] 把握住"纪"即可知端首，得其端首便有路径探索其源头。如果说道是如同蚕丝一般细密的丝线，那么"纪"就是丝线的头，故"道纪"即可解释为体悟常道的方法和路径。"道纪"为开端，"道"是不可捉摸但可通过把握"道"的本质属性来通过"道纪"体悟"道"。

"道"与"自然"的概念相伴而生，"自然"是"道"的本质属性。"圣人"是得道之人，其特质具有自然本真之意。由是，《老子》指出了"道纪"——通过遵循自然和效法圣人体悟常道、践行常道。

一、以效法自然循"道纪"

《老子》第二十五章载：

> 有物混成，先天地生，寂兮寥兮，独立不改，周行而不殆，可以为天下母。吾不知其名，字之曰道，强为之名曰大。大曰逝，逝曰远，远曰反。故道大，天大，地大，王亦大。域中有四大，而王居其一焉。人法地，地法天，天法道，道法自然。

此章第一部分为道体的形状与规律特征，第二部分为道的不可知论，第三部分则是如何遵循实践。此章的文本逻辑正是道体、识道、循道。王，就是"社稷主""天下王"，即为"圣人""域中有四大，而王居其一焉"与"道法自然"说明，遵循自然和效法圣人是为"道纪"。于此先言遵循自然。

历来对"道法自然"的解读都存在分歧。一种解释参照河上公注："道性自然，无所法也。"[2] 其认为"自然"是"道"的元属性。另一种解

---

① 王先慎：《韩非子集解》，北京：中华书局，1998 年，第 26 页。
② 王卡：《老子道德经河上公章句》，北京：中华书局，1993 年，第 103 页。

释为"道"取法"自然"。① 冯友兰认为："自然，只是形容道生万物的无目的性、无意识的程序。"② 此句中的"自然"被视作形容词。关于"自然"，学术界所形成的一个相对集中的观点认为：自然，即自己如此、自然而然，强调一种无目的性与无意识。③ 王中江梳理现代学者的研究成果，发现多数学者认为老子的"道法自然"是"道本身如此""道没有效法的东西。"④ "自然"与"道"相联结，"道"之意涵包罗万象，世间万物都可作为"道"的表现实体，若把"自然"作为最浅显之层面来理解，虽然"道"是不可捉摸、不可知的，但天、地、水等自然界的万物都是"道"存在的痕迹，故其都可作为体悟常道的路径。体现了"道"与万物相生相息、创生变化的全过程。

王弼注曰："道者，物之所由也；德者，物之所得也。"⑤ 从更深层次来看，"德"与"道"的关系紧密相伴，"道"与"德"常常写作"道德"而一体使用。即"德"是得之于道、具之于物的，所以在"道—物"关系的结构中，"德"可视作道、物之间的过渡，是进行形上层面由外而内、由上而下的转化的一个必不可少的环节，而此过程，不外乎"自然"二字。⑥

《道德经》第五十一章载：

> 道生之，德畜之，物形之，势成之；是以万物莫不尊道而贵德。

① 王玉彬：《论〈老子〉自然观念的两种诠释进路》，《人文杂志》2021 年第 9 期。

② 冯友兰：《中国哲学史新编试稿》，《三松堂全集》（第 7 卷），郑州：河南人民出版社，2000 年，第 254 页。

③ 张婉婷：《〈老子〉"自然"的概念探析——基于"道法自然"章》，《中华老学》2021 年第 6 辑。

④ 王中江：《道与事物的自然：老子"道法自然"实义考论》，《哲学研究》2010 年第 8 期。

⑤ 王弼注，楼宇烈校释：《老子道德经注校释》，北京：中华书局，2008 年，第 137 页。

⑥ 张婉婷：《〈老子〉"自然"的概念探析——基于"道法自然"章》，《中华老学》2021 年第 3 辑。

道之尊，德之贵，夫莫之命而常自然。①

　　蒋锡昌注曰："按此言道之所以尊，德之所以贵，即在于不命令或者干涉万物而任其自化自成也。"② 蒋锡昌认为之所以尊道贵德在于遵守了"道"之"自然"的本质属性。《庄子·天地篇》载："物得以生，谓之德。"③ 此之谓"德"突出的是其由"道"而来的自然属性，万物相化相生、相克相息都谓之"德"。"德者，得于道者也。得于道而为物之根本者，即物之性也。"罗安宪将老子的"德"训为后来所说的"性"。④ 陈鼓应将"道"和"德"区分为"'道'是指未经渗入一丝一毫人为的自然状态，'德'是指参与了人为的因素而仍然返回到自然的状态。"⑤ 对于"道法自然"此句的解读，唐代李约在《道德真经新注》标点此句与传统读法不同，将其读作："王法地地，法天天，法道道，法自然。"李约注："'道大，天大，地大，王亦大'，是谓'域中四大'。盖王者'法地'、'法天'、'法道'之三自然而理天下也。天下得之而安，故谓之'德'。"⑥ 也指出了"德"与人为实践相关的联系。

　　如果说人们可以从自然界物质运行变换中体悟到"道纪"，那么"德"即人们在寻求大道运行的痕迹时，在实践中所体悟的"道纪"。王国维在《殷周制度论》中认为："周之制度典礼，实指为道德而设。……质之制度典礼，乃道德之器械。"⑦ 安乐哲认为巫觋文化的衰落使得祭祀文化转变成了礼乐文化，出现了所谓的"祛魅化"的文明进程，以及周革殷命时导致

①　王弼注，楼宇烈校释：《老子道德经注校释》，北京：中华书局，2008 年，第 136—137 页。
②　蒋锡昌：《老子校诂》，上海：商务印书馆，1937 年，第 317 页。
③　王先谦：《庄子集解》，北京：中华书局，1987 年，第 103 页。
④　罗安宪：《虚静与逍遥：道家心性论研究》，北京：人民出版社，2005 年，第 92 页。
⑤　陈鼓应：《老庄新论》，上海：上海古籍出版社，1992 年，第 13 页。
⑥　高明：《帛书老子校注》，北京：中华书局，1996 年，第 353—354 页。
⑦　王国维：《观堂集林》，石家庄：河北教育出版社，2003 年，第 242 页。

的道德意识的兴起。① 周代以"德"作为整个国家运转的柔性统治规则以期来维护政权的稳定性和合法性。《左传·昭公二年》载："周礼尽在鲁矣，吾乃今知周公之德与周公之所以王也。"② 指出称王的考量是要看统治者的德行。进入东周之后，诸侯崛起，周王室统治风雨飘摇，但仍在楚庄王问鼎之时能以"在德不在鼎""周德虽衰，天命未改，鼎之轻重，未可问也"③ 之语使得楚庄王退去，可见"德"在周代对人们思想细微幽深的浸染。

侯外庐认为："老子的自然的天道观与人类的道德律是相应的……老子把西周以来的'礼'——一种实体性的自由，作为'国家的事物'的道德，退回到更广泛的一个统一体，那就是'道法自然'的普遍的一，从普遍的一，再降至人性的主观。"④ 人类存在于自然之中，依托自然界作为物质生产资料而存在，包含于"道"的运行法则之中。詹剑锋认为老子所说之"德"有三，一是道之德，二是物之德，三是人之德。此三德，虽有三义，然而都是自然的。⑤ 由此也对应了陈鼓应的解释，即"德"是参与了人为因素却仍然返回自然的状态。张岱年认为："天人相通的学说，认为天之根本性德，即含于人之心性中；天道与人道，实一以贯之。"⑥ "道纪"不止可在自然界中的天、地、水等自然之物间寻找"道"之迹，其亦可在寻求大道运行之迹与道德实践之中体悟到同属自然范畴中的具有超越性的天性之德。《国语·越语》载范蠡曰："天因人，圣人因天；人自生之，天地形之，圣人因而成之。"⑦ "圣人"作为"道"的人格体现，效法亦是探

---

① 张佩蓉：《"道法自然"之刍议——重释〈老子〉第二十五章》，《吉林师范大学学报（人文社会科学版）》，2021年第2期。
② 杨伯峻：《春秋左传注》，北京，中华书局，1981年，第1227页。
③ 杨伯峻：《春秋左传注》，北京，中华书局，1981年，第672页。
④ 张岂之：《侯外庐著作与思想研究》（第9卷），长春：长春出版社，2015年，第289—290页。
⑤ 詹剑锋：《老子其人其书及其道论》，武汉：华中师范大学出版社，2006年，第261页。
⑥ 张岱年：《中国哲学大纲》，北京：中国社会科学出版社，1982年，第173页。
⑦ 徐元诰：《国语集解》，北京：中华书局，2002年，第579页。

寻道纪的路径。

二、以效法圣贤循"道纪"

与王弼本"执古之道，以御今之有，能知古始，是谓道纪"最为不同的是帛书甲乙本，帛书甲乙本均作"执今之道"，高明注曰："'今'、'古'一字之差，则意义迥然有别。按托古御今是儒家的思想，法家重视现实，反对托古。"①《太史公自序》言："有法无法，因时为业；有度无度，因物与合。故曰：'圣人不朽，时变是守。虚者道之常也，因者君之纲也。'"② 可见经文多从帛书甲乙本作"执今之道"。若执意讨论古、今之辨，那就有对"道"本身性质的思考，即"道"是否有古、今之分。据本章可知"道"乃"绳绳"兮，"迎之不见其首，随之不见其后"，这就说明了道是具有恒常性且是超越时间的。老子强调古今贯通，以古作例在《道德经》中的其他章节也经常出现。"古之所以贵此道者何？（第六十二章）""是谓配天古之极。（第六十八章）"等。故结合文义，此句应从王弼本作"执古之道"。此外，对此句本身的释读来看，陈鼓应将其释为"把握着早已存在的道，来驾驭现在的具体事务。"③ 张松如释为"把握亘古既存的道，用来驾驭现实存在。"④ 朱谦之注曰："而'执古之道，以语今之有'，则是言古而有验于今。"⑤ 其都没有刻意强调古、今之对立，更有一种自古及今之意味，可见"道"无古今之别。《道德经》第二十一章也强调了古今贯通之意："自今及古，其名不去，以阅众甫。"⑥ 与此后句"能知古始"形成连贯之意，故王弼本更符合文义。此则"能知古始，是谓道纪"乃"道纪"的另一种途径，便是把握古今贯通之"道"以"执

---

① 高明：《帛书老子校注》，北京：中华书局，1996 年，第 289 页。
② 司马迁：《史记》，北京：中华书局，1959 年，第 3292 页。
③ 陈鼓应：《老子今注今译》，上海：商务印书馆，2003 年，第 127 页。
④ 张松如：《老子说解》，济南：齐鲁书社，1998 年，第 82 页。
⑤ 朱谦之：《老子校释》，北京：中华书局，2000 年，第 55 页。
⑥ 高明：《帛书老子校注》，北京：中华书局，1996 年，第 232 页。

古御今"。《道德经》中对"执古御今"之人称为"善为道者"。对其记载
如下：

《道德经》第十五章载：

　　　　古之善为道者，微妙玄通，深不可识。①

高明注："范、易州、罗卷、臧疏、张之象并作'士'，成疏曰：'故援昔
善修道之士以轨则圣人。'"②

《道德经》第六十五章载：

　　　　古之善为道者，非以明民，将以愚之。③

蒋锡昌按河上注，"谓古之善以道治身即治国者，不以道教民明智奸巧也，
将以道德教民使质朴不诈伪也。"④ 由此两则注解可知"善为道者"是
"得道之人"。"是以圣人抱一，为天下式。"⑤ 帛书甲乙本作"以为天下
牧"。《韩非子·扬权篇》："圣人执一以静，使名自命，令事自定。"⑥ "上
士闻道，勤而行之（第四十一章）"⑦，老子将人分为"上士""中士""下
士"，"上士"是闻道之人，可称为"圣人"。"圣人抱一"，"一"是
"道"，故"圣人"以"道"来治天下。"善为修道之士"即得道之人亦可
称为"圣人"。"圣人"是中国早期文化中众多理想人格的代表之一，《老

---

① 王弼注，楼宇烈校释：《老子道德经注校释》，北京：中华书局，2008 年，第 33 页。
② 高明：《帛书老子校注》，北京：中华书局，1996 年，第 290 页。
③ 王弼注，楼宇烈校释：《老子道德经注校释》，北京：中华书局，2008 年，第 167 页。
④ 蒋锡昌：《老子校诂》，上海：商务印书馆，1937 年，第 396 页。
⑤ 王弼注，楼宇烈校释：《老子道德经注校释》，北京：中华书局，2008 年，第 56 页。
⑥ 王先慎：《韩非子集解》，北京：中华书局，2003 年，第 45 页。
⑦ 王弼注，楼宇烈校释：《老子道德经注校释》，北京：中华书局，2008 年，第 111 页。

子》中亦不乏关于"圣人"的论述，据统计，《老子》有 28 章 31 处直接提及"圣人"，其频率仅次于"道"和"德"，足见"圣人"在《老子》思想中的重要地位。故此，学界关于《老子》"圣人"观或"圣人"形象的研究成果是较为丰富的。

学术界普遍认为，"道"是《老子》思想的核心，"道"既是世界的本体，也是宇宙生成论的起点。《老子》认为，世间的万物间的物理、伦理、审美等都是"非常道"，是变幻不定的，只有"常道"才是永恒的存在，是世界运行的真正的规律，因此《老子》倡导要站在"常道"的角度认知世界和修身治国。

但是，在《老子》的理论框架中，"道"具有不可知论的属性。传世本《老子》首章开篇便是"道可道，非常道"，根据一般的理解，其意义是"可以言说（理解）的道，不是常道"，换言之，"常道"是不能言说的（不能理解的）。《老子》对待其本体论是十分谨慎的，实际上，《老子》处处言"道"，却也处处表达了"道"的不可知性。《老子》形容"道"为"渊兮""湛兮"（第四章），"视之不见名曰夷，听之不闻名曰希，搏之不得名曰微……其上不皦，其下不昧，绳绳不可名，复归于无物，是谓无状之状，无物之象。是谓恍惚。迎之不见其首，随之不见其后"（第十四章），"有物混成，先天地生。寂兮寥兮，独立而不改，周行而不殆，可以为天地母。吾不知其名，字之曰道，强为之名曰大。"（第二十五章）《老子》认为作为本体的道是不可知的，这是智慧的判断——不局限于道体的具体描述，而是侧重于道体的"自然"属性之于世界的意义。那么既然"道"是不可知的，人们又当如何把握"道"呢？一个路径是"道法自然"（第二十五章），即人通过天地万物的"自然"属性，捕捉"常道"运行的痕迹，进而感悟道的规律，予修身治国以启发。另一个路径则更为直接，就是《老子》所谓的"执古之道，以御今之有，能知古始，是谓道纪。"（第十四章）

文本与思想：

《老子》思想刍议

《老子》认为"执古之道，以御今之有，能知古始"，[①] 这就是把握"道纪"的方法。王弼注曰："虽古今不同，时移俗易，故莫不由乎此以成其治者也。故可执古之道以御今之有。上古虽远，其道存焉，故虽在今可以知古始也。"[②] 成疏曰："'古始即为无名之道也。''能知古始，是谓道纪'谓圣人能知泰初无名之道，是谓得道之总要也。"[③] 在古今贯通中，《老子》更强调的是"执古之道""知古始"方能掌握"道纪"——此类人便是"圣人"一类的。《老子》认为的理想型人格，能够效法"圣人"便可掌握"道纪"，便可寻得"常道"的痕迹。

"圣人"是先秦时期各思想家思想体系中的重要概念，也是各家的顶级理想人格，"圣人"一词既不为道家所独有也不最早出现于《老子》。从字源解释，许慎《说文解字》中解为"圣，通也，从耳。同声。"[④] 郭沫若在《两周金文辞大系》中认为"圣"从"耳口会意"，与古"声"字相通。[⑤] 李孝定《甲骨文字集释》云："圣，象人上着大耳，从口，会意。"顾颉刚认为"圣"就是声音出于口而入于耳，是古代的聪字，故"圣"有耳聪目明之意。[⑥] 日本学者白川静认为"圣"与古代祭祀有关，其"口"是祭祀用的器皿。[⑦] 王卫东亦认为圣从耳口从壬，耳为听觉器官，口为祝咒之咒，故圣字的本义指巫祭仪式上巫对神祝咒、聆听神的旨意的活动。[⑧] 成云雷认为"圣"在殷商时期之内涵主要与通达至上神意志的能力或技艺

---

① 马王堆帛书甲乙本作"执今之道"（国家文物局古文献研究室编：《马王堆汉墓帛书》（一），北京：文物出版社，1980 年，第 11、96 页）。按，"执今之道"语义不通，《老子》所言"古始"当在贯通古今的语义中理解，且各传世本、北大汉简均为"执古之道"，故从"执古之道"。

② 王弼注，楼宇烈校释：《老子道德经注校释》，北京：中华书局，2008 年，第 32 页。

③ 蒋锡昌：《老子校诂》，上海：商务印书馆，1937 年，第 85 页。

④ 段玉裁：《说文解字注》，上海：上海古籍出版社，1981 年，第 592 页。

⑤ 郭沫若：《两周金文辞大系》，北京：中国社会科学出版社，1957 年，第 27 页。

⑥ 顾颉刚：《"圣"、"贤"观念和字义的演变》，《中国哲学》1979 年第 1 期。

⑦ ［日］白川静：《字统》，东京：平凡社，2004 年，第 336 页。

⑧ 王卫东：《"圣"之原型考——兼论中国古代的圣人观》，《楚雄师范学院学报》2006 年第 11 期。

有关，主要不在于通达者自身的内在品质；而周文化突出了对"德"的认识，出现了"圣人"概念，《尚书》《诗经》《左传》《国语》中均有出现，使得"圣人"内涵变得日益丰富，具有高度智慧、美好品德，是人间生活规范与秩序的维护者，兼具德、福统一等特征，故"圣人"自诞生起就是德才兼备的化身。①

道家的圣人观由老子创造基本内涵雏形，后庄子继承了老子的圣人观并加入了自身的理解。道家的圣人观与儒家等有明显区别。儒家把"圣人"的地位推崇至最高，提倡"内圣外王""圣王合一"，有学者做过相关统计，《论语》中提到"圣"有 8 次，"圣人"有 4 次。② "圣人"的观念从殷周到春秋战国时期发生了显著变化，由于春秋战国时期政局动荡，战争频繁，"圣人"被赋予了结束战乱、开创新局面的光环。《左传·桓公六年》载："夫民，神之主也。是以圣王先成民而后致力于神。"③ 因此刘泽华认为中国传统思想文化观念，以春秋战国为界，此前以崇拜上帝、上天为主；其后，以崇圣为主。④

郭店竹简《成之闻之》中记载了孔子对"圣人之性"的探讨。简文如下：

> 圣人之性与中人之性，其生而未有非之节于而也，则犹是也。唯（虽）其于善道也亦非有译娄以多也。及其专长而厚大也，则圣人不可由与𨑨之。此以民皆有性，而圣人不可莫也。⑤

---

① 成云雷：《先秦儒家圣人与社会秩序建构》，上海：上海古籍出版社，2007 年，第 1 – 12 页。
② 毛春力：《先秦儒道圣人观的比较研究》，西南交通大学人文学院硕士毕业论文，2021 年，第 11 页。
③ 杨伯峻：《春秋左传注》，北京，中华书局，1981 年，第 111 页。
④ 刘泽华：《王、圣相对二分与合而为一——中国传统社会与思想特点的考察之一》，《天津社会科学》1998 年第 5 期。
⑤ 荆门市博物馆：《郭店楚墓竹简》，北京：文物出版社，1998 年，第 168 页。

李学勤将本章大意释读为圣人之性与中人之性生来是没有差异的，善道也不是特别宏大的力量从而使之改变，到了性发挥博大的时候，圣人就不是中人能效仿追随的了。① 故孔子认为的"圣人之性"并不是浑然天成的，与常人的差异是后天逐渐形成的，这与老子所描述的"圣人"是自然得道者所不同。梁涛亦认为《成之闻之》对"圣人之性"的讨论包括了以下几点：一是圣人与常人之性本来没有差别，其实际表现也是如此。二是圣人与常人的差别在于其不同的选择，选择的标准是"善道"。三是圣人与常人的差别是在后天逐渐形成的，但差别一旦形成，则圣人与常人有根本的区别，圣人是常人无法企及的。② 孔子的圣人观也更多地侧重常人、君主本身和社会政治层面，以外在"博施于民而能济众"而内在修身成仁可作为普通人成圣的途径。

《老子》的历代读本和今世学术界将《老子》中的"圣人"内涵进行两种解读，其一是将"圣人"当作一个固定的哲学概念，应在文中解释，不做专门的注解。任继愈在《〈老子〉新论》中明确指出："《老子》书中专用的哲学名词，如'道''德''圣人''无为''士'等，有它特定的涵义，所以不译，这些概念在《老子》本文都有它自己解释，所以不另作注解。"③ 其二就是将"圣人"理解为"体道之人"即把握"道"的人，如同识道中"循道纪"的方法之一是循"圣人"。詹石窗就认为圣人是"把握了大道的超凡者。"④ 周珂也有相似表述："在老子心目中，圣人为体道之人。"⑤ 学术界多以此观点为盛，本书也采用此观点。

概而言之，《老子》之"圣人"便是"遵道贵德"者，也可称为"执道者"。仅从《老子》直接提及的 31 处"圣人"的文辞来看，《老子》

---

① 李学勤：《试说郭店简〈成之闻之〉两章》，《烟台大学学报（哲学社会科学版）》2000年第4期。

② 梁涛：《郭店简〈成之闻之〉新探》，《孔子研究》2021年第4期。

③ 任继愈：《〈老子〉新译》，上海：上海古籍出版社，1985年，第59页。

④ 詹石窗：《"以真为道"的人格理想——基于〈道德经〉圣人说的省思》，《老子学刊》2010年第1辑。

⑤ 周珂：《论〈老子〉中的圣人》，《道教论坛》2004年第2期。

"圣人"的内涵当有如下层面之展现：

其一，圣人是"天下之式"。"是以圣人抱一为天下式"（第二十二章）；"圣人在，天下歙歙，为天下浑其心，百姓皆注其耳目，圣人皆孩之"（第四十九章）；是以圣人云："受国之垢，是谓社稷主；受国不祥，是为天下王"（第七十八章）。圣人是"天下之式"其实就体现出圣人是"天生得道"之人，道字最初指道路。《易经·随》："有孚在道，以明，何咎？"《说文解字》："所行，道也。""道"本身是一种具象化的物质实体进而延伸出道理、规律等含义。"道"在《老子》一书中出现了76次，是老子哲学体系中的核心和概念生发点，许多重要的概念都围绕着"道"来展开。我们认为"道"是不可知的存在，但是"道"是整个宇宙不仅是自然社会还是人类社会运行的总法则，故虽然"道"不可知，但是世间万事万物都为"道"，老子以"道"为理论基础，将"天道"与人类社会进行联系，由此"圣人"便是人和"道"交流的媒介。"圣人"是天生"得道者"，圣人能够把握"道"，运用"道"，从而与"道"为一，造福天下。高亨先生曾指出："老子之言皆为侯王而发，其书言'圣人'者凡三十许处，皆有位之圣人，而非无位之圣人也。言'我''吾'者凡十许处，皆侯王之自称，而非平民之自称也。所谓'上善、上德、下德、上仁、上义、上礼、善为道者'等等，皆侯王之别称，而非平民之别称也。所谓'为天下溪，为天下谷，为天下贞'等等，皆侯王之口吻，而非平民之口吻也。故《老子》书实侯王之宝典，《老子》哲学实侯王之哲学也。"[1]"圣人"生而自然掌握"道"，是"道"的人格体现。

其二，圣人行"无为"之政，有"不争"之念。圣人行"无为"之政："是以圣人处无为之事，行不言之教"（第二章）；"是以圣人之治，虚其心，实其腹"（第三章）；"圣人不仁，以百姓为刍狗"（第五章）；"是以圣人无为，故无败；无执，故无失"（第二十九章）；故圣人云：

---

① 高亨：《老子正诂》，上海：开明书店，1943年，第62页。

"我无为而民自化……我无欲则民自朴"（第五十七章）；"是以圣人无为故无败，无执故无失"（第六十四章）；"是以圣人欲不欲，不贵难得之货"（第六十四章）。圣人有"不争"之念："是以圣人后其身而身先，外其身而身存"（第七章）；"是以圣人不行而知，不见而名"（第四十七章）；"是以圣人终不为大，故能成其大"（第六十三章）；"是以圣人欲上民，必以言下之；欲先民，必以身后之。是以圣人处上而民不重，处前而民不害。是以天下乐推而不厌。以其不争，故天下莫能与之争"（第六十六章）；"是以圣人自知不自见；自爱不自贵"（第七十二章）；"是以圣人为而不恃，功成而不处，其不欲见贤"（第七十七章）；"圣人不积，既以为人己愈有，既以与人己愈多"（第八十一章）；"圣人之道，为而不争"（第八十一章）。

"无为"在《老子》书中出现在十一个章节之中，出现了十二次。首先要理解"无为"之"无"的概念，《玉篇·亡部》释为"虚无"，《广韵·虞韵》释为"虚无之道"。① 刘笑敢认为这种"无"是"实有似无"，"无为"就是"有而似无"的行为。"有"说明无为的实行者不可能真的毫无行动，而且，在特定的情况下，拒绝行动或没有反应本身也是一种行动或行为。"似无"则说明无为之为的特点，那就是自然而然，虚静恬淡，为之于不为之中，成之于无事之中，虽胜而未争，虽得而未夺。② 由此可知，《老子》所言之"道常无为，而无不为"是遵循规律之为，而不是妄自胡为。吕吉甫认为："圣人知其如此也，以常道处事，而事出于无为；以常名行教出于不言。事出于无为，则终日为而未尝为，教出于无言，则终日言而未尝言。"③ 故圣人行"无为"之政是圣人作为体"道"者，其很好地把握了"道"的自然性，崇尚自然，以"无为"处世，不争、不言、不居，以身作则，来遵循世间万物的规律和准则，以此来教化人民，

---

① 宗福邦等：《故训汇纂》，北京：商务印书馆，2003年，第1004页。
② 刘笑敢：《老子之自然与无为概念新诠》，《中国社会科学》1996年第6期。
③ 吕慧卿撰：《道德真经传》，清抄本，第4页。

不要以一己私欲来妄为。

其三，圣人有"虚极"之境。"是以圣人为腹不为目，故去彼取此"（第十二章）；"是以圣人去甚，去奢，去泰"（第二十九章）。

其四，圣人拥有"爱民"之心。"是以圣人常善救人，故无弃人；常善救物，故无弃物。是谓袭明"（第二十七章）；"圣人无常心，以百姓心为心"（第四十九章）；"非其神不伤人，圣人亦不伤人"（第六十章）；"是以圣人执左契，而不责于人"（第七十九章）。

其五，圣人有"用器"之智。"是以圣人终日行不离辎重"（第二十六章）；"朴散则为器，圣人用之，则为官长"（第二十八章）；"是以圣人方而不割，廉而不刿，直而不肆，光而不耀"（第五十八章）；"是以圣人犹难之，故终无难矣"（第六十三章）；"是以圣人被褐怀玉"（第七十章）；"知不知，尚矣；不知知，病也。圣人不病，以其病病。夫唯病病，是以不病"（第七十一章）。

另，传世本第七十三章记载"是以圣人犹难之"。然而，马王堆帛书及北大汉简均未有此句，疑后世加入，故不以为《老子》文。

除了以上直接提及"圣人"的资料以外，《老子》之"圣人"观还有别的表达。"古之善为士（道）者"（第十五章）；"太上，下知有之"（第十七章）；"同于道者，道亦乐得之"（第二十三章）；"以道佐人主者，不以兵强天下"（第三十章）；"夫兵者，不详之器，物或恶之，故有道者不处。君子居则贵左，用兵则贵右。兵者不祥之器，非君子之器"（第三十一章）；"执大象"者（第三十五章）；"上德不德，是以有德""是以大丈夫处其厚，不居其薄"（第三十八章）；"昔之得一者"（第三十九章）；"上士闻道，勤而行之"（第四十一章）；"古之善为道者，非以明民，将以愚之"（第六十五章）等。其中一些表述如"古之善为道者""同于道者""以道佐人主者""昔之得一者"以及"太上""上德""执大象"者均当为"圣人"，而"君子""大丈夫""上士"可能达不到"圣人"的高度，但都属于《老子》理想人格的塑造——可归之为"圣人"类。

综之，《老子》之圣人就是"遵道贵德"者，具有"虚极"之境、"不争"之念、"爱民"之心、"用器"之智，用"无为之治"，为天下的范式，是《老子》理想人格的代表。《老子》对"圣人"的描写皆侧重为描述性的话语，其并不在描写成为"圣人"应该如何而是直接将"圣人"的特质描述出来，即可谓"本是"而不是"应是"，这说明《老子》之"圣人"为历史人物（古者），是寻求"道纪"的重要环节之一。《老子》文本中几乎不提及具体的历史人物，因为历史人物的功过是非均在"非常道"的范畴内，因此《老子》塑造了一类身心言行合乎于"常道"的"古之善为道者"，以此将不可知的"常道"作用于世间。

由此，老子认为人们感悟道可从两条路径出发，第一条是法自然即通过感悟自然界，通过感悟宇宙间生成变换之规律，感悟山川河流、斗转星移来体悟"道纪"。另一条路径是效法圣人、先贤来体悟"道纪"。这两条路径究其根本，其阐发于老子的原初身份，即史官。《史记·老子韩非列传》载："老子者，周守藏室之史也。"① 藏室即典藏书籍的藏府。掌管书籍是太史的职责，故老子为太史之职属。《左传·昭公二年》载："观书于大史氏。"② 可证。朱熹曾说："盖老聃周之史官，掌国之典籍、三皇五帝书，故能述古事而信好之。"③ 傅斯年也曾指出："史官之职，可成就些多识前言往行，深明世故精微之人。一因当时高文典册多在官府，业史官者可以看到；二因他们为朝廷作记录，很可能了彻世事。所以把世故人情看得最深刻的老聃出于史官，本是一件自然的事。"④

史出于巫，其善于观察大自然，从山川河流、日月星辰到鸟兽鱼虫，故老子哲学概念中"自然"是其核心概念，与"道"密切相关。庄大钧认为，直到春秋时期，史与巫的职司仍多相类、相通之处。随着史官的产生

① 司马迁：《史记》，北京：中华书局，1959 年，第 2139 页。
② 杨伯峻：《春秋左传注》，北京，中华书局，1981 年，第 1226 页。
③ 王萍：《老子与中国早期史官》，《文史哲》2000 年第 2 期。
④ 傅斯年：《史料论略及其他》，沈阳：辽宁教育出版社，1997 年，第 105 页。

和发展，史官文化逐渐形成自己的传统和特色，它包括史官所特有的思维和行动方式、精神生产能力和精神产品，它决定着史官精神生活和心理活动的基本特点。其又指出："史官文化上承巫文化，从一开始便以考察'天人关系'为中心内容，并从而建立起天人合一的思维和理论模式。"①后世随着社会文明的发展，巫祝文化的神秘主义色彩逐渐式微，到老子时期，这种思想倾向是对传统天道观进行改造，剔除其神意内容和神秘色彩，生发出天道自然的思想。② 老子即有"道法自然"之言。老子是掌管典籍书库的史官，在其本身博览群书的同时，史官的重要职责是记录君王的言行，向君王进献典籍，以古喻今来劝谏君王。《汉书·艺文志》载："古之王者世有史官，君举必书，所以慎言行，昭法式也。"③ 故老子有古今贯通之思想，通过对"圣人"之描述性的书写，号召人们效法先贤圣人，得之古始，博古通今，是为"道纪"。

老子在《道德经》第十四章阐发了"道纪"的概念，通过《说文解字》对"纪"的解读可知"道纪"可理解为体悟常道的路径与方法。"道"是不可知的，其亦不分古、今，具有超越性。由"道"的本身性质可阐发出"道纪"的两条路径即法自然和法圣人。"道法自然"，"道"与"自然"本身就是不可分割，处在同一哲学范畴的概念。"道"蕴藏着世间万物相生相克的自然法则，通过法自然来体悟常道是法自然的其中一个层面。还可通过大道运行之痕迹即"德"来体悟常道，人包含在自然界中，"德"是掺杂了人为因素的实践，但其最终又还复制到自然的范畴，此所谓是法自然的一条路径。"道纪"的另一条路径即为效法圣人、先贤，"圣人"在《道德经》中出现的次数凡三十次，通过与儒家孔子圣人观的对比，老子对"圣人"的书写多是描述性的描写，是自然得道者，还原其圣人本身自然之特质，提倡通过效仿先贤来体悟"道纪"。归根溯源，老

---

① 庄大钧：《简论〈老子〉与史官文化之关系》，《山东师大学报（社会科学版）》1994 年第 5 期。

② 王萍：《老子与中国早期史官》，《文史哲》2000 年第 2 期。

③ 班固：《汉书》，北京：中华书局，1962 年，第 1715 页。

子之"道纪"的两条路径与其本身的史官身份有自然的关联,影响了老子阐发"道纪"的逻辑方式。

第四节　《老子》"天"论

在中国早期的思想体系中,"天帝"是至上的存在,具有本体论意义。《老子》思想体系中虽以"常道"为世界本源与宇宙生成之起点,但由于语言的时代性,《老子》中亦有"天"("帝")的相关表达,可以说《老子》"天"论亦是其本体思想的重要内容。

一、《老子》"天"的文本记载

传世本《老子》凡八十一章,其中共有四十余章言及"天"。老子在论"天"之时,除使用单字"天","天"亦常与其他字组成连词。综合来看,共有以下几种情形:一、单独论天;二、天地;三、天下;四、天道;五、天之道;六、天门;七、天网等。为直观展示,下文以王弼本为底本,统计如下:

"天"在《老子》 文本中出现的形式	出现章节
单字"天"	第七章、第十六章、第二十五章、第三十九章、第五十九章、第六十七章、第六十八章、第七十三章
天地	第一章、第五章、第六章、第七章、第二十三章、第二十五章、第三十二章
天下	第二章、第十三章、第二十六章、第二十八章、第二十九章、第三十章、第三十一章、第三十五章、第三十七章、第三十九章、第四十章、第四十三章、第四十五章、第四十六章、第四十七章、第四十八章、第四十九章、第五十二章、第五十四章、第五十六章、第五十七章、第六十章、第六十一章、第六十三章、第六十六章、第六十七章、第七十章、第七十七章、第七十八章

续表

"天"在《老子》文本中出现的形式	出现章节
天道	第四十七章、第七十九章
天之道	第九章、第七十三章、第七十七章、第八十一章
天门	第十章
天网	第七十三章

然详察马王堆帛书本、北大竹简本等出土文献，在论及"天"之时，其与传世本在某些章节文本存在一定差异，可能会导致对《老子》思想产生歧义，为方便叙述，列表如下：

章节	引文（传世本）	异文	天之内涵
第一章	无名天地之始	无名，万物之始也	由道派生
第二十三章，帛书本第二十四章	孰为此者？天地。天地尚不能久，而况于人乎？	孰为此？天地弗能久者，又况于人乎？	由道派生
二十五章	故道大，天大，地大，王亦大	天大，地大，道大，王亦大	由道派生
第三十七章	天下将自定	天地将自定	由道派生

以上异文情况将在下文进行说明，与传世本差异不大及对《老子》原义影响甚微的异文情况不在统计之列，统一采用传世本论之。

二、"天"与"道"——"天"在《老子》中的双重含义

"天"甲骨文字形作"𣎆"，《说文》："颠也，至高无上。"① "天"字从古至今字形变化不大，且与"人"字形似，王国维在《观堂集林》中

---

① 段玉裁：《说文解字注》，上海：上海古籍出版社，1981 年，第 7 页。

说："古文天字本像人形……"，① 这揭示出天与人之间必然存在莫大关联。谷奎衍《汉字源流字典》指出："凡从'天'取义的字皆与人、头等义有关"。② 故本节研究认为，天在人之上，实则包含两层语境，其一是作为太空苍穹的天本身就位于人类世界的头顶，与大地相对，这是远古先民对自然环境的客观描述；其二是，天也蕴含着"凌驾于人类之上"之意，是崇高的象征。故而《说文》说"天"的字形为"从一大"，"大"本身包含宏大、崇高之意，《老子》中"大音希声，大象无形"之"大"即此意。而帛书乙本、北大竹书本此句均作"大音希声，天象无形"。"天"与"大"在古代可通用，这说明"天"本就包含着"大"的内涵。以上说明，"天"不同语境下通常表现为两层含义，一为现实世界的范畴，一为哲学世界的范畴。厘清"天"在不同语境中的不同含义，对于理解《老子》之"天"大有裨益。那么，《老子》中"天地""天下""天道""天之道""天门""天网"究竟意为何指呢？

（一）哲学范畴之天

王弼本《老子》第七章有"天长地久"之语，对于理解哲学范畴之天尤有价值。其文为："天长地久。天地所以能长且久者，以其不自生，故能长生。是以圣人后其身而身先；外其身而身存。非以其无私邪？故能成其私。"相关出土文献与王弼本的差异主要在于个别字词方面，如"以其不自身"一句之后出土文献版本均多一"也"字，王本之"非以"出土文献版本作"不以"，王本之语气助词"邪"而出土文献版本作"舆"等。其差异并不影响对《老子》思想的理解，姑从王弼本。

在此章中，老子开篇即点明"天长地久"，说此二者之所以能够长久，乃是因为它们的一切运作都不为自身，所以能够长久。而圣人之所以得以

---

① 王国维：《观堂集林》，北京：中华书局，1984年，第282页。
② 谷衍奎编：《汉字源流字典》，北京：语文出版社，2008年，第60页。

"身存"与"成其私",则是因为他像天地一样,不以自身利害为先,而是先人后己、无私奉献。此章实为《老子》以天地之运作不为自己之来比喻圣人的行为没有贪私的心念。细考其中"天地"之所指,便可发现其当为"道"之象征。在老子的思想体系里,"道"是世间万物存在的根源,是自然界最初的发动者(The primordial natural force)……道不仅仅创造万物,还内附于万物以蓄养它们、培育它们。① 由此观之,此处之"天地"作为世间万物之父母和承载者无疑就是"道"的象征。所谓"天长地久"即为作为世间万物之孕育者、运转者的"道"是永恒存在的。

"天道"与"天之道"最早指的是天之星辰的运行轨迹。《左传·昭公九年》记郑国的裨灶论陈国将亡时说"楚克有之,天之道也"②,"天之道"包含了天行的法则,这种法则不仅是天象、星辰方面,也指人间层面。陈来将"天道"分为三个层级:其一是宗教的命运式的理解;其二是继承周书中的道德之天的用法;其三是对"天道"的自然主义理解。③ 综合对《老子》文本的考察,可知《老子》"天道"思想多指向自然主义。《老子》第七十九章"天道无亲,常与善人"所言自然规律没有偏爱的情感,善人之所以得助,乃是其自为的结果。《老子》第七十七章将天道比喻为拉开的弓弦,"高者仰之,下者举之,有余者损之,不足者兴之。天之道,损有余而补不足";而人之道则不然,"损不足以奉有余"。在第八十一章又进一步指出:"天之道,利而不害;人之道,为而不争。"天道之所以"利而不害"是因为天道就是自然的规律,它不具有赏罚意识,它只会默默蓄养万物并维持万物运行的平衡,所以《老子》也提倡世人要效法"道",施为而不争夺。《国语》载范蠡之言:"……天道盈而不溢,盛而不骄,劳而不矜其功。今君王未盈而溢,未盛而骄,不劳而矜其功,天时

---

① 陈鼓应:《老子今注今译》,北京:商务印书馆,2006年,第26页。
② 杨伯峻:《春秋左传注》,北京,中华书局,1981年,第1310页。
③ 陈来:《古代思想文化的世界》,北京:三联书店,2009年,第80—84页。

不作而先为人客，人事不起而创为之始，此逆于天而不和于人。"又说
"天道皇皇，日月以为常，明者以为法，微者则是行。"① 可见，在范蠡的
认知里，天道也是一种自然法则，它默默维持万物运行，无私奉献，天道
也是"利而不害"的，所以他主张人亦当效法天道。冯友兰认为，范蠡之
言多似老子处，恐即《老》学之先河也。② 陈来说："范蠡实际上认为，天
道的法则效力是普遍适用于社会人事的。"③ 范蠡关于天道的思想与《老
子》相合，体现了春秋晚期天命观念的一些共性特征。

　　"天门"与"天网"在《老子》中均只出现一次。《老子》第七十三
章言"天网恢恢，疏而不漏"，河上公注："天所网罗，恢恢甚大，虽疏
远，司察人善恶，无有所失"，河上公释读此处之天当为有意识的神明。
然这句话的前一句为"天之道，不争而善胜，不言而善应，不召而自来，
繟然而善谋"。"天网"之"天"当与"天之道"之"天"含义相同，指
的是自然规律或者是"道"之象征。陈鼓应释"天网"为"自然的范
围"，这句话的含义为自然的范围广大无边，虽稀疏却不会有遗漏。④ "天
门"出现在《老子》第十章，其文载"天门开合，能无雌乎?"对于"天
门"的解释，旧注纷说，当今学界一般认为其应当作感官理解。此句帛书
甲、乙本均作"天门开合，能为雌乎?""雌雄"在老子思想体系里为一组
对立的元素，"雌"为虚静的一面，"为雌"按陈鼓应所说应为"守静"
之意。"天门开合，能为雌乎"则可解读为，感官和外界接触，能守静吗?
此句为老子主张个人修行应当持虚守静。可见，"天门"实际指的是人与
外界交感的七窍感官，此处之"天"当指代表宇宙秩序的道法之天，因为
人体就是通过感官来达到与宇宙相交感，可以说，感官是人与宇宙相联结
的中介，以"天门"喻感官，体现出了"天"的崇高性。

---

① 徐元诰：《国语集解》，北京：中华书局，2002 年，第 575、584 页。
② 冯友兰：《中国哲学史》，北京：商务印书馆，2011 年，第 47 页。
③ 陈来：《古代思想文化的世界》，北京：三联书店，2009 年，第 84 页。
④ 陈鼓应：《老子今注今译》，北京：商务印书馆，2006 年，第 327 页。

（二）　自然范畴之天

与第七章"天长地久"相反，王弼本《老子》第二十三章有"天地尚不能久"之语，对于理解自然范畴之天尤有价值。其文载："希言自然。故飘风不终朝，骤雨不终日。孰为此者？天地。天地尚不能久，而况于人乎？故从事于道者，道者同于道；德者同于德；失者同于失。同于道者，道亦乐得之；同于德者，德亦乐得之；同于失者，失亦乐得之。信不足，焉有不信焉。"各文本的主要差异在于王弼本在"孰为此者"后多一"天地"，而帛书乙本、北大简均无此"天地"。于此并不影响《老子》思想大意，姑从王弼本。

《老子》此章言"天地尚不能久"之"天地"是自然界真实存在之天地。世界万物都为"道"所创造，正所谓"道生一，一生二，二生三，三生万物""天"亦不例外。"道"创造"天"，则其地位也大于"天""有物生成，先天地生"，故而老子在第二十五章明言"故道大，天大，地大，人亦大"，"道"作为凌驾于万物之上并作为维系万物运行的规律与法则，其永恒存在，而作为衍生之物的"天"则并非永恒的。"地"作为世间自然万物的承载者，与"天"一样具有崇高的地位，二者常组成"天地"一词，总体上反映了古人之宇宙观。

在《老子》的思想体系中，"天地"具有崇高的地位，《老子》第二十五章言："故道大，天大，地大，王亦大。"① 天地虽然崇高，但其地位也次于"道"，"道"是万物的创造者，是真正的万物之母。传世本《老子》第一章言："无名天地之始，有名万物之母。"而帛书甲、乙本与北大竹书本均作"无名，万物之始也；有名，万物之母也"。高明认为今本前

---

① 此句在帛书甲乙本中均作"道大，天大，地大，王亦大……"北大竹书本作"天大，地大，道大，王亦大……"傅奕本作"道大，天大，地大，人亦大……""道"是老子思想体系中最为崇高的存在，故"道"理应放在第一位，传世本王本与帛书甲乙本保持一致，所以北大竹书本当为传抄有误。

句作"天地"者，乃后人所改，当订正。① 实际上，王弼本将"万物"改作"天地"，对《老子》本义并无影响。"道"既作为世间一切事物的创造者，"天地"自然也是"道"之创造物，说"无名"乃"天地之始"亦无可厚非，而这也很好体现了《老子》思想中作为本体的"道"大于自然属性的"天地"。

"天下"就是"天之下"，意为人类生活的世界，在古代最早则特指中国古代范围内的领土，《尚书·大禹谟》言："（禹）奄有四海，为天下君。"②《老子》言"天下"次数最多，其与"天地"一样，乃是道之衍生物。传世本《老子》第三十七章言："不欲以静，天下将自定"，帛书甲、乙本与北大竹书本均作："不辱（欲）以静，天地将自正"，其中"正"与"定"其义相通，"不欲以静，天地将自正"，谓根绝贪欲，清静无为，天象乃运转正常，地气与四时相应，则风调雨顺，百姓安居乐业，此句当从出土文献。

《老子》在言及"天下"时，所有的"天"都指自然之天，且有相当一部分内容是在向统治者传达统治理念，因为"匡有天下"的只有统治者。第二十九章言："将欲取天下而为之，吾见其不得已。天下神器，不可为也，不可执也。为者败之，执者失之。"《老子》认为如果统治者使用强力去治理天下，则不会达到他的目的。就像天底下神圣的事物，不能加以强力去把持，否则一定要失败，这样国家治理就会出问题。同样地，第三十章有言"不以兵强天下"，第三十一章言："夫乐杀人者，则不可以得志于天下。"第四十六章言："天下有道，却走马以粪；天下无道，戎马生于郊外。"《老子》强调，统治者如果发动战争，则会带来无穷祸患，更不利于天下治理。

以上《老子》以"天下"劝说统治者"无为"，相关文献还有四十三

---

① 高明：《帛书老子校注》，北京：中华书局，1996年，第352页。
② 孔安国、孔颖达：《尚书正义》，阮元：《十三经注疏》，北京：中华书局，1980年，第134页。

章载："天下之至柔，驰骋天下之至坚。无有入无间，吾是以知无为之有益。不言之教，无为之益，天下希及之。"四十八章载："取天下常以无事，及其有事，不足以取天下。"《老子》告诫统治者治理国家要少些政令，做到清静无为，不过分干涉百姓生活。以柔性治国，才能"驰骋天下"；而反过来，如若统治者政举苛繁，甚至发动战争，那么他就会失去天下。除此之外，第六十章、六十一章、六十六章都在明显地传达其"无为"思想，兹不再述。

此外，《老子》以"天下"为视阈劝谏统治者效法"圣人"。第二十八章言：

> 知其雄，守其雌，为天下溪；知其白，守其黑，为天下式。为天下式，常德不忒，复归于无极。知其荣，守其辱，为天下谷。为天下谷，常德乃足，复归于朴。朴散则为器，圣人用之则为官长，故大制不割。

《老子》倡导要"知雄守雌""知明守暗""知荣守辱"，意即让世人避免抢先贪夺、纷纭扰攘，这样才能返璞归真。而有道的圣人正是因为持守真朴，才能成为官长，在天下施行大治。七十七章又说："孰能以有余奉天下，唯有道者。是以圣人为而不恃，功成而不处，其不欲见贤"，即只有得道之人（即圣人）方能把有余的拿来供给天下不足，这是因为圣人不自恃有能，更不会居功自傲。

综上所述，在第七章的语境里，"天长地久"之"天"显然指向的是老子的本体思想，即关于"常道"的思想核心，此处的"天"作为"道"的象征，代表维系世间万物运行的至高法则，所以它是永恒的。而在后者的语境里，"天"作为"常道"之衍生、之创造物与"非常道"之物随着道"周行而不殆"的运动而不停地变易，有生有灭，所以"天"也不能长久。因此，《老子》中"天长地久"与"天地尚不能久"二句之间的"抵悟"便能得到合理的诠释：因二者所指之"天"内涵不同，它们在各自语境下表达的含义也就不尽相同了。

在上面例子中，尽管《老子》用"天地""天下""天道""天之道""天门""天网"等不同的形式来论述"天"，但这众多的天只有两种不同的含义：一是作为常道的"天"，"天"可作为"道"的象征，其能力与"道'无二致；其二是作为"非常道"之天，即"常道"衍生之天，亦即自然界真实存在之天，它的地位仅次于"道"，仍然受到"道"的支配。冯友兰在《中国哲学史》中论及《老子》之天时，认为"……老子则直谓'天地不仁'，不但取消天之道德的意义，且取消其唯心的意义。故时所谓道，均谓人道，至《老子》乃予道以形上学的意义。以为天地万物之生，必有其生之总原理，此总原理名之曰道。"①《老子》以天喻道，将天看成一种宇宙的秩序，这显然超越了天原有的自然属性——这相较于商周以来华夏先民对天的认识与理解又进了一步。但值得注意的是，自殷商以来，华夏先民由上帝信仰到上天信仰的转换过程中，帝与天不单作为实体存在，在哲学范畴里，二者等同于崇高的象征。《老子》第四章言"象帝之先"，认为作为万物之宗的"道"是诞生于"天帝"之前的。

三、"道"与"天道"对商周时期天帝信仰的因革

从商周时期到春秋战国时代，华夏先民对"天"的认识是一个不断加深的过程。殷先人其宗教信仰体系复杂，大体而言殷人主要崇拜上帝神是毋庸置疑的。上帝是至上神，可控制风、雨、雷、电等一系列自然现象，亦可影响农业收成，甚至可主宰福祸进而影响商王朝的国运。在诸多甲骨卜辞中，常有商王向上帝神祈卜天气的记录：

（1）贞：今一月帝令雨。（《合集》14132 正）

---

① 冯友兰：《中国哲学史》，北京：商务印书馆，2011 年，第 118 页。

（2）今二月帝不令雨。（《合集》14134）

（3）贞：帝其及今十三月令雷。

帝其于生一月令雷。（《合集》14127 正）

（4）贞：翌癸卯帝其令风。

翌癸卯帝不令风。夕雾。（《合集》672 正）

（5）丁丑卜，争贞：不霾，帝隹其。（《合集》14156）

从上述卜辞可知，上帝被视为可控制雨、风、雷、雾、霾等一系列自然现象的主宰，而这些自然现象背后往往又有自然神在驱使，由此可见，上帝神的地位高于自然神，卜辞中常见上帝神命令某自然神，使其行使自然之力。可以说，商代诸神是以上帝神为核心的，包括自然神、祖先祖的，有统属关系的等级体系。① 故而，在此时拥有自然品格的天并没有成为商王室的主要崇拜对象，但商人仍然有尊天、敬天的意识，晁福林就曾在《论殷代神权》中指出，"殷代的帝，实质上是自然之天与神格化的祖灵的混合体"，且"令风令雨的帝，实质上是自然之天"。②

殷周革命之后，周人将上天作为主要的崇拜对象，称之为"天神""天主"，并发展出了独特的天命观。西周成王时期的何尊铭文记载周成王告诫宗小子，说道："昔在尔考公氏克弼文王，肆文王受大兹命"。此处"大令"即"天命"，其中已然蕴含着"君权天授"的内涵。不难看出，周人已然弱化了上天的自然属性，赋予上天以宗教性的神格，认为上天有意识，会对人类的有德与否进行赏罚。冯友兰说："古代所谓天，乃主宰之天。孔子因之，墨子提倡之。至孟子所谓天，有时已为义理之天。常含有道德的唯心的意义，特非主持道德律之有人格的上帝耳。"③ 殷商之际这种上天崇拜的变革，展现出周人在殷人的上天观念上的进一步思考，徐复

---

① 付瑞珣：《商周伦理思想嬗变研究》，东北师范大学博士学位论文，2019 年。

② 晁福林：《论殷代神权》，《中国社会科学》1990 年第 1 期。

③ 冯友兰：《中国哲学史》，北京：商务印书馆，2011 年，第 117—118 页。

观先生称之为"人文精神的跃动"，① 可谓精辟。

然而西周的"天命观"并非是周人的独创，而是殷、周思想交融进一步发展的产物。专家指出："殷周天命论存在关联，周人天命论中理性精神的出现，实是由商人铺垫而来。"② 谢乃和师进一步言："西周天命观以鬼神化的人格神决定着国家政治的治乱兴衰为核心内涵，同时源于周人对于鬼神之天命的进一步思考和理性精神渐长。"③ 但不可忽视的是，尽管我们常用"理性的跃动"或"理性精神渐长"来形容这种变革，周人的"天命观"仍然是宗教色彩浓厚的，甚至和巫术联系甚密。就像余英时指出的那样，"中国古代宗教托身于礼乐"。④ 换而言之，尽管"天命观"是周人礼乐文明的一部分，但其仍然是原始巫术的延续。李泽厚也说："'礼'的基本特征是原始巫术礼仪基础之上的晚期氏族统治体系的规范化和系统化。"⑤ 这说明，尽管周人的上天信仰较殷人更为进步，但始终没有摆脱巫术色彩。

反观《老子》"天"论，其含有哲学之天与自然之天双重内涵，作为本体论意义的天是为前者。《老子》以天喻道，此时的天被当成主宰万物发生、运行之"道"，超越了周人对于上天的宗教性认识。如果说周人的上天信仰是把上天看成具有赏罚意识的上帝神，那么《老子》则将上天看成是无私的、不为自己运转且蓄养万物之"道"，作为本体，哲学语境下的"天"是世间万物发动之本源，从而取代了周人所崇拜的主宰"天"或"天帝"。《老子》将天看成是道的象征，并将道作为宇宙的最高秩序，实则是对周人天命观念的继承与升华——天能够表现出"道"的至高性，源于"天"在殷周以来本身就是作为最高主宰的存在。

---

① 徐复观：《中国人性史论·先秦篇》，《徐复观全集》，北京：九州出版社，2014 年，第 16 页。

② 罗新慧：《周代天命观念的发展与嬗变》，《历史研究》2012 年第 5 期。

③ 谢乃和：《周秦之际天命观的多重内涵及其演变》，《华东师范大学（哲学社会科学版）》2024 年第 2 期。

④ 余英时：《论天人之际：中国古代思想起源试探》，北京：中华书局，2014 年，第 21 页。

⑤ 李泽厚：《孔子再评价》，《中国社会科学》1980 年第 2 期。

　　以上，我们系统梳理了《老子》的本体思想，即"常道"的性状、规律特征以及品质，并兼及本体论意义的"天"思想。在此基础上总结《老子》"识道"的方法，即以人的视角用比喻的方式认识"常道"和从"常道"的视角以相对主义认识世界。《老子》"循道"亦有两个路径，是为法自然和效圣人，此即"道纪"。本章以本体思想为核心，兼谈认识论、功夫论问题，其本质是《老子》"道"论。

　　《老子》"道"论乃为一套完整的学说体系，这在先秦诸子乃至中国古代思想史中都是较为罕见的。不仅如此，在短短五千言中，《老子》还在"道"论基础上阐释其政治思想、伦理思想等，后文"以点带面"，略表拙见。

第二章 《老子》政治思想述论

　　基于《老子》"道"根本属性为"自然"，《老子》政治思想核心理念便是"无为"。学术界关于《老子》"无为"政治思想的研究成果可谓卷帙浩繁，本章不以"无为"为专门的研究对象，而是围绕"无为"这一核心政治思想，讨论《老子》之"民""宠辱""贵患""无逸"等政治观念。

第一节 《老子》"民"论

　　"民"这一政治概念在商代就已出现，商周时期由宗教思想中天（帝）与君主的拟血缘关系衍生出来的君民拟血缘关系，使"民"在君民政治关系中具有了伦理性，民在这一关系中处于从属地位，无主体性可言。老子从万物本源"道"出发，通过宇宙生成论否定了君主的特殊性，瓦解了君民拟血缘关系，认为民具有非伦理性，还原了民之自然性。并以此劝诫治者治国理民要顺应民之自然性，要求治者修养身心，一方面做到无欲无为，即不贪不争，另一方面做到去智巧顺自然。老子"民"论是从民的自然性入手，解构了传统神权之于民的枷锁，呼吁统治者无欲无为，顺应民的自然性，在君主专制思想汇聚的大潮下彰显了独特的历史价值。

　　"民"是商周时期重要的政治概念，其内涵由血缘氏族社会下的氏族成员逐渐演变为编户齐民，始终是社会的基石，治者及思想家的"敬民""保民""民贵"等观点与举措也多基于御民之术。虽然"重民"是商周政治思想的共识，但《老子》"民"论凸显"民"的自然性，并劝诚治者顺应民的自然性，这在早期政治思想中极具价值，学界对此也多有研讨。①本节系统论述《老子》"民"之属性和治者该如何对待"民"等问题。

一、《老子》"民"之非伦理性

殷商时期，将"神"作为万物之源，"民"乃神之子，"神"与"民"之间构成了拟血缘关系，商王在"帝·子"的拟血缘结构中处于"元子"的地位，因此君民之间同样建构起拟血缘关系，这种拟血缘的关系赋予了商王政治权利以神学和伦理的基础。随着政治局势的变化，殷周之际的伦理思想发生了"损益"之变。周人克商期间，将"天"与"上帝"合一，建立周王与"天帝"的拟血缘关系。随着周王朝分封制和宗法制的确立，周王的权力较之商王更加集中，成为"诸侯之君"，建构了"天·天子·臣民"的新关系。商周时期由宗教思想中天（帝）与君主的拟血缘关系衍生出来的君民拟血缘关系，使"民"在君民政治关系中具有了伦理性，成为忠君思想的理论依据。民在君民关系中处于从属地位，无主体性可言。因此这一时期的"民本"观念更大程度上是君主为了更好地维护统治而做出的妥协之策。

《老子》对"民"非伦理性的探索，在于老子以"道"否定了天帝，否定了天帝与君主的拟血缘，也就否定了君与民的拟血缘，将"民"从必须忠君的伦理关系中解放出来。

老子以"道"从本原上瓦解了"神·君·民"的拟血缘关系。老子认为万物的本源是无形无名之"道"，而民与道不存在血缘伦理关系。所谓

① 学界关于《老子》政治思想的论著极为丰富，专著如陈鼓应《老子今注今译》（北京：商务印书馆，2006 年），期刊论文如陈霞《屈君伸民：老子政治思想新解》（《哲学研究》2014 年第 5 期），学位论文如周剑林《老子政治思想研究》（湘潭大学哲学与社会学学院硕士学位论文，2006 年）、王晓峰《老子政治思想研究》（大连理工大学马克思主义学院硕士学位论文，2010年）、任海涛《中国古代政治法思想萌芽研究——以先秦诸子为中心》（华东政法大学法律学院博士学位论文，2011 年）等。

"道生一，一生二，二生三，三生万物"（第四十二章），道作为一个形式的概念，一个纯粹的代号，是万事万物所从生者，而非一具体之物，亦非人格化的神。这就从根本上瓦解了商周时期将"神"作为万物的本源与主宰的认知，也就解构了君主政治权利的神学基础。"老子的'天'突出其自然性，因而在他的世界中，便消除了传统的神秘性的天命观"，并"以'道'作为世界的本源及万物运动变化的规律。"[1] 老子的此种宇宙生成论和本体论"否定了宇宙是从有意志人格的上帝所创生的，在思想史上有重大的突破性意义"，[2] 打破商周以来天与治者之间的拟血缘，削弱了治者维系政权的伦理借口，继而剥去民的伦理性，将民从原有的君民从属关系中解放出来，民不必依附屈从于君主，其本质是独立且自由的，这便在真正意义上提高了民的地位，属于真正意义上的民主思想。

老子以"道"作为万物之源，使曾被崇拜为神的天成为自然的一部分，清除了原始宗教文化血缘伦理观念，而抽象至宇宙论，在此基础上，老子"民"论便不再将民纳入神权范畴，而是自然的范畴。

二、《老子》"民"之自然性

《老子》将自然性作为民之核心属性。老子对民之自然性的阐释，则与其思想内核"道"是一致的。

《老子》民论始终关注于民之自然性。一方面，民有生之自然，即是说民能够调节好自身的生存。第三十二章云："道常无名，朴虽小，天下莫能臣也。侯王若能守之，万物将自宾。始制有名，名亦既有，夫亦将知止，知止可以不殆。天地相合，以降甘露，民莫之令而自均。譬道之在天下，犹川谷之于江海。"这说明人民不需要治者的指令，就像天地交互便能降雨一样，其自我调节生存的能力也是自然的。另一方面，民亦有死之自然。"民不畏死，奈何以死惧之？若使民常畏死，而为奇者吾得执而杀

---

[1] 陈鼓应：《老子与孔子思想比较研究》，《哲学研究》1989 年第 8 期。
[2] 陈鼓应：《老子与孔子思想比较研究》，《哲学研究》1989 年第 8 期。

之，孰敢？常有司杀者杀，夫代司杀者杀，是谓代大匠斫。夫代大匠斫者，希有不伤其手矣。"（第七十四章）治者不应该以严刑峻法来恐吓人民、屠戮人民，原因在于人民的生死有其自然性，故不可代天杀之。

民之自然性，与天地万物之自然性一样，是源于道之自然性。"天地不仁，以万物为刍狗；圣人不仁，以百姓为刍狗。"（第五章）"元地无所偏爱。即意指天地只是个物理的、自然的存在，并不具有人类般的感情；万物在天地间仅依循着自然的法则运行着。"① 这种人性的自然性源于道之自然性。道"生而不有，为而不恃，长而不宰"（第十章），道本具有生化万物却不占有不主宰，而是顺其自然，因此伟大光明。"道德之所以令人尊贵，就在于它任各物自生自长；当'道'生成万物之后，它便内在于万物而成为万物各自的本性。""莫之令而常自然"，对万物不加干涉而任其自然。② 老子认为，"道的创造万物并不含有意识性，也不带有目的性，所以说：'生而不有，为而不恃，长而不宰。''生''为''长'（生育、兴作，长养）都是说明道的创造功能，'不有''不恃''不宰'都是说明道的不具占有意欲。在整个道的创造过程中，完全是自然的，各物成长活动亦完全是自由的。"③

既然孕育生化万物的道都具有自然性，从道而生的民自然秉承了这一特性，存在于天地之间，依照其自然性生存和灭亡。因此，在老子"民"论中，他的"人法地，地法天，天法道，道法自然"创造性地提出了自然人性的概念，并将民纳入自然范畴。非伦理性与自然性是老子"民"论的主要特征。

三、统治者应该遵循民的自然性

既然自然性为民的核心属性，老子劝诫治者治国理民要顺应民之自然

---

① 陈鼓应：《老子今注今译》，北京：商务印书馆，2006 年，第 94、95 页。
② 陈鼓应：《老子与孔子思想比较研究》，《哲学研究》1989 年第 8 期。
③ 陈鼓应：《老子今注今译》，北京：商务印书馆，第 263 页。

性。老子把这一政治理想和原则的实践和推行，寄托于治者主观的德行修养上，要求治者修养身心，一方面做到无欲无为，即不贪不争，另一方面做到去智巧、顺自然。

（一）治者应该无欲无为

所谓无欲即不贪。"上有所好，下必趋之"，治者的贪欲往往会引起民乱。"不尚贤，使民不争；不贵难得之货，使民不为盗；不见可欲，使民心不乱①。是以圣人之治，虚其心，实其腹；弱其志，强其骨。常使民无知无欲，使夫智者不敢为也。为无为，则无不治。"（第三章）治者个人行为会对人民生活产生深刻影响，如果任其彰显张狂，民将难治困苦。"民之饥，以其上食税之多，是以饥。民之难治，以其上之有为，是以难治。民之轻死，以其求生之厚，是以轻死。夫唯无以生为者，是贤贵生。"（第七十五章）② 可见，人民生活困苦的主要根源在于治者为满足一己私欲而不顾民之生死，因此要限制治者欲望，约束治者不能执念于一己私利，而应当时刻关注到民之所欲。治者无欲，而民自朴，民性得以舒张，民心才能顺服。

统治者清守不贪，还应该做到虚静。"致虚极，守静笃。万物并作，吾以观复。"（第十六章）"'虚'者无欲，'静'者无为。"③ 老子反对治者为了一己私欲，任意妄为，对人民实行严刑峻法。"夫代司杀者杀，是谓代木匠斫。"（七十四章）蒋锡昌云："人君不能清净，专赖刑罚，是代

---

① 北大简云"使心不乱"，无"民"字，与河本同。

② 帛书本："人之饥也，以其取食税之多也，是以饥。百姓之不治，以其上之有为，是以不治。民之轻死也，以其求生之厚也，是以轻死。夫唯无以生为者，是贤于贵生。"北大简本："人之饥也，以其取食术之多也，是以饥。百姓之不治也，以上之有以为，是以不治。民之轻死也，以其求生之厚也，是以轻死。夫唯无以生为，是贤贵生也。"高明先生释云："'民'字，唐时避太宗讳多作'人'，唐后重刻该书，又将讳字改回，此'人'字即误唐时避讳所改，故改'人'字为'民'，因此而误。当从帛书作'人之饥也'为是。"参看高明：《帛书老子校注》，北京：中华书局，1996年，第193页。

③ 高明：《帛书老子校注》，北京：中华书局，1996年，第299页。

天杀。"奚侗云："人君不能以道治天下，而以刑戮代天下之威，犹拙工代大匠斫也。"高明补充道："'代大匠斫'，则方圆不得其理，以喻刑戮不依法律，严刑峻法，使民生不若死。民既死而无畏，人君必祸及己身，故老子曰：'则希不伤其手矣。'"① 而要效法圣人体察百姓之欲。"圣人无常心，以百姓心为心。"（第四十九章）这是劝告统治者不可以私心自用，要客观体察百姓之需求和心意，因势利导，顺应民心。② 圣人无欲，乃无私欲，一心为民，而己将有所得。"圣人不积，既以为人，己愈有；既以与人，己愈多。"（第八十一章）高明释曰："无积无藏则心虚静，心虚静则无所系，故无所不为人也；心静不系，则无私无虑，故无所不予人也。"③ 徐复观解释老子无欲思想，谓："不是否定人生理自然的欲望（本能），而是反对把心知作用加到自然欲望里面去，因而发生营谋、竞逐的情形。并反对以伎巧来满足欲望。伎巧也有心知作用而来。未把心知作用渗入到自然欲望（本能）里面去，这即是老子的所谓无欲。"④ 这是值得采纳的论断。

所谓无为即不争。之所以要求治者无为，一方面，治者的政治举措会深刻影响人民，一旦妄为则会破坏民生，另一方面，治者妄为则会失败，执意操持则会丧失民心。就前者而言，老子认为："其政闷闷，其民淳淳；其政察察，其民缺缺。"（第五十八章）所谓"闷闷""淳淳"皆糊涂状，此谓君政无事无为，则民朴实淳厚；君政严苛诈伪，民必狡猾？诡。老子还说："天下多忌讳，而民弥贫。民多利器，国家滋昏。人多伎巧，奇物滋起。法令滋彰，盗贼多有。"（第五十七章）意思是：天下的禁令越多、法令愈加彰显，人民就越容易犯纪，国家的政事也就越昏乱。故治者应无为虚静，使人们各得其所。对于后者，老子说："为者败之，执者失之。

---

①　高明：《帛书老子校注》，北京：中华书局，1996 年，第 192 页

②　高明：《帛书老子校注》，北京：中华书局，1996 年，第 59 页。

③　高明：《帛书老子校注》，北京：中华书局，1996 年，第 157 页。

④　徐复观：《中国人性论史先秦篇》，上海：三联书店，2001 年，第 302 页。

是以圣人无为，故无败；无执，故无失。民之从事，常于几成而败之。慎终如始，则无败事。"（第六十四章）这就要求统治者顺其自然的同时要始终谨慎行事。当治者无为，民将自为，这样治者则无所不为，而民能自化、自正、自富，民心归顺，社稷安定。①

不与民相争，要求治者同善水和圣人一样，对待人民放低姿态，谦恭不争。"上善若水，水利万物而不争，处众人之所恶，故几于道。居善地，心善渊，言善信，正善治，事善能，动善时，夫唯不争，故无尤。"（第八章）蒋锡昌云："其实老子所谓'动善时'者，非圣人自己有何积极之动作而能随时应变，乃圣人无为无事，自己渊末不动，而一任人民之自作自息也。"②"江海所以能为百谷王者，以其善下之，故能为百谷王。是以欲上民③，必以言下之；欲先民，必以身后之。是以圣人处上而民不重，处前而民不害，是以天下乐推而不厌，以其不争，故天下莫能与之争。"（第六十六章）治者在治理人民时，要像圣人一样，诚心地谦逊而退让，使得人民不觉得受到压迫。这样天下百姓乐于归服他而不厌恶。只有不显示他高过人民，天下就没有谁能超越了他的成就。治者治民，必不可与之争，因为"善为士者不武，善战者不怒，善胜敌者不与，善用人者为之下。"（第六十八章）此"谓人君能谦恭自下，则天下归心。如第六十六章所云：'欲上民，必以言下之'"。④ 只有不与民争，则天下莫能与之争。如果治者任性妄为，"离其清净，行其躁欲，弃其谦后，任其威权，则物扰而民僻，威不能复制民"，⑤ 则人民将不再敬重之，"民不畏威，则大威至"（七十二章），届时"上下大溃"，灾祸将至。老子的无为思想，在约束治者的同时，维护人民的自然性。只有治者无欲无为，民性才能得以舒张和发扬，天下才能大治。

---

① 陈鼓应：《老子今注今译》，北京：商务印书馆，2006 年，第 212 页。
② 蒋锡昌：《老子校诂》，上海：商务印书馆，1937 年，第 49 页。
③ 其他版本均曰"圣人之欲上民"，唯北大简本曰"高民"，义同。
④ 高明：《帛书老子校注》，北京：中华书局，1996 年，第 166 页。
⑤ 王弼注，楼宇烈校释：《老子道德经注校释》，北京：中华书局，2008 年，第 179 页。

（二）统治者应该去智巧、顺自然

老子认为，治者宣扬的智巧礼法，钳制蒙蔽了民之本性，民变得诈伪狡黠，多智巧则生乱，因此统治者应该去智巧、顺自然。

老子说："民多利器，国家滋昏；人多伎巧，奇物滋起；法令滋彰，盗贼多有。"（第五十七章）又说："以智治国，国之贼；不以智治国，国之福。知此两者，亦稽式。常知稽式，是谓玄德。玄德深矣，远矣，与物反矣，然后乃至大顺。"① （第六十五章）他认为知识是一切纷争的源泉，要想使得国家安定，必须除智巧、复自然。具体而言，应当"绝圣弃智""绝仁弃义""绝巧弃利"，②，这样方能"民利百倍""民复孝慈""盗贼无有"。倡导治者要弃绝智巧和治术，抛弃求利的心态，禁绝诈伪欺骗，这样人民才能更加安定地生活，才能复返于孝慈的本性。

弃智巧本于道之自然性，在政治领域，统治者应该抛弃礼教、顺应民的自然性，所谓："我无为而民自化，我好静而民自正，我无事而民自富，我无欲而民自朴。"（第五十七章）又："非其鬼不神，其神不伤人。非其神不伤人，圣人亦不伤人。"（第六十章）高明解释说："所谓'神不害自然'，而无天下自然之灾难，民生得以安定，即神不伤人也。圣人以无为、无事、无欲，而无扰于民，民得自化、自正、自富、自朴，得安居乐业，免受积劳，此之谓圣人不伤人也。"③ 此论极为合适。老子还认为统治者应该法道之自然，法圣人之行，修身养性。他说："载营魄抱一，能无离乎？

---

① 帛书本："故曰：为道者非以明民也，将以愚之也。民之难治，以其智也。故以智治邦，邦之贼也；以不智治邦，邦之德也。恒知此两者，亦稽式也。恒知稽式，是谓玄德。玄德深矣，远矣，与物反矣，乃至大顺。"（甲/乙本）帛书本与北大简本文义更为相近，均曰"民之难治，以其智也"和"以不智治"。

② 该章通行本、帛书本和北大简本与郭店简本文本差异较大。前三者均言"绝圣弃智""绝仁弃义"，郭店简本则言"绝智弃辩""绝伪弃诈"。《老子》全文均赞扬圣人行为，提倡治者要效仿圣人德行，故不可绝"圣"。第八章"与善仁"句可见老子并无弃绝仁义之说，而《庄子·胠箧》有"攘弃仁义"之说，因此通行本等或许是受到庄子后学激烈派思想所致。参看陈鼓应：《老子今注今译》，北京：商务印书馆，2006 年，第 147 页。

③ 高明：《帛书老子校注》，北京：中华书局，1996 年，第 120 页。

专气致柔，能婴儿乎？涤除玄览，能无疵乎？爱民治国，能无知乎？天门开阖，能无雌乎？明白四达，能无为乎？生之畜之，生而不有，为而不恃，长而不宰，是谓玄德。"（第十章）统治者修身至此，便能够同天地一样，生长养育而不占有，导引而不主宰，这便是其最大的德。①

总之，统治者需遵从道之自然性，遵从民之自然性，同圣人一样"以百姓为刍狗"。"天地无施，则万物自长；圣人无施，则百姓自养。万物生死势所必然，无生死之迭续，即无万物之亘延。"② 治者无欲无为，顺民自然，则能达到治国的理想状态。

四、《老子》"民"论的历史价值

以上，老子"民"论的主要内容是对民之非伦理性和自然性的阐释，以及从自然性角度劝诫统治者要无欲无为，顺应民的自然性。此一观点在商周政治伦理思想嬗变的进程中彰显了独特的历史价值。

在商周政治伦理思想的发展中，"民"始终都是被高度重视的对象。西周及以前的时代，中国历史处于血缘贵族时代，此时的社会以氏族联盟的方式存在，民则是氏族内部的成员，也是整个社会最重要的生产力。统治者为了维护正常的统治便要团结各个氏族，其中也包括作为氏族成员的民，因此，西周时期常见"以德配天""敬德保民"之说。春秋以后，血缘氏族社会遭到了瓦解，民从氏族解放，成为了担负国家赋役的编户齐民。此时的民仍旧是社会最重要的生产力，统治者及思想家对民有着复杂的态度，他们既需要维护民以促进社会之发展，又要控制民以防叛乱，由此出现了儒、法二家对民不同的态度。总之，在商周时期民虽然有着重要的政治地位，却始终被统治者和思想家们视为被统御的对象，至秦汉之后此一现象便更为凸显了。

然而，在这样的思想潮流之下，老子"民"论显示出了独特的历史价

---

① 陈鼓应：《老子今注今译》，北京：商务印书馆，2006 年，第 112 页。

② 高明：《帛书老子校注》，北京：中华书局，1996 年，第 244 页。

值。一方面限制君权，要求治者无欲无为，不贪不争，顺民自然，另一方面维护民之本性，倡导民对人格独立和意识自主的自我发掘与培养。

老子从万物之本源道出发，阐述了"道生一、一生二，二生三、三生万物"的宇宙生成论，否定了君主政治权利的神学与伦理基础，从根本上瓦解了商周时期君民政治关系中的拟血缘。宇宙本源不是众人崇拜的神，而是无形无名之道。道无须代理人，因此治者不再特殊高贵，不再是发号施令的在上位者，而是各种意见的协调者。通过强调天地间万物自然生长的状况，要求治者从道的顺其自然、不恃不宰的特性中体悟出治民的政治理念。"老子对'道'的形而上学的思考落实到社会、人生和政治，就没有设定一个全知、全能、全善的'君'，和只能受人安排、被人计划、接受指令的'民'。"① 这就从本源上否定了君高于民的自然和伦理基础。

老子对民进行了伸张，提倡人民挖掘本质的自我，实现个体生命的真正自由。"老子的'伸民'表现在对'民'的生命、财产、选择生活方式等权利的维护上"，"还表现在对'民'的主体性的承认。'民'成为主体，因为'民'有'心'，也即有意志。民能够进行自我管理。"② 老子要求民自知自胜。"知人者智，自知者明。胜人者有力，自胜者强。知足者富，强行者有志。不失其所者久，死而不亡者寿。"（第三十三章）陈鼓应先生释道，"一个能'自知'、'自胜'、'自足'、'强行'的人，要在审视自己，坚定自己，克制自己，并且矢志力行，这样才能进一步地开展他的精神生命与思想生命。在老子看来，知人、胜人固然重要，但自知、自胜尤为重要。"③ 同时倡导人民复归本性。"天物芸芸，各复归其根。归根曰静，是谓复命。复命曰常，知常曰明。不知常，妄作，凶。知常容，容乃公，公乃王，王乃天，天乃道，道乃久，没身不殆。"（第十六章）"老子

① 陈霞：《屈君伸民：老子政治思想新解》，《哲学研究》2014 年第 5 期。
② 陈霞：《屈君伸民：老子政治思想新解》，《哲学研究》2014 年第 5 期。
③ 陈鼓应：《老子今注今译》，北京：商务印书馆，2006 年，第 202 页。

复归的思想，乃就人的内在之主体性、实践性这一方向作回省工作。"① 只有复归到本性，人民顺道常安，这是老子对人民的保护。

"由道的自然性、自在性、自发性而向下落实到人生政治的层面的这种代表了人民自主性和自由性的要求，建立了道家在中国文化中的一个极其特殊的性格。"② 这种特殊性体现在，当其他政治思想争相为君主服务时，老子以其伟大高尚的人格为人民发声，从人道主义的角度出发，主张虚君爱民。老子的思想"消灭了森严的等级差别，否定了君主的至上权威，从而使人民在理论上拥有了和君主一样的权利。"③ 这种"以百姓的意见为意见的政治主张以及'自化''自正'这种遵从人民意愿、维护人民自然性、自由性、自主性的理念，使得道家的学说在诸子中代表着古代自由民主的精神需求"，④ "可以说是中国古代哲人的一种最早、最质朴，也是最彻底的人权思想。"⑤

因此，可以说老子"民"论是对专制主义中央集权逐步汇聚的时代大潮的反动，而值得玩味的是，"反者道之动"也是老子最具哲理的思想之一。

"民"一词在《老子》中反复出现，成为表达老子其人政治思想的重要载体。老子以"道"为万物之源，对民的非伦理性进行一番阐释，彻底瓦解了商周时期由治者一手建构起来的"帝·子"的拟血缘关系，这就在根本上将民在君民从属关系中解放出来。老子基于民之自然性，对统治者提出了无欲无为、不贪不争和顺应民之自然性的劝导，并倡导人民自知自胜，挖掘本质，以实现自主自由。他从"道"的自然性出发，反对治者支配主宰人民，所流露出君民平等的思想不仅为春秋时期"忠君"思想之反思提供了一定的依据，亦为整个中国古代思想史增添了民主主义的光辉。

---

① 陈鼓应：《老子今注今译》，北京：商务印书馆，2006 年，第 140 页。
② 陈鼓应：《道家在先秦哲学史上的主干地位》（上篇），《中国文化研究》1995 年第 8 期。
③ 王保国：《两周民本思想研究》，郑州大学历史学院博士学位论文，2003 年，第 156 页。
④ 陈鼓应：《道家在先秦哲学史上的主干地位》（上篇），《中国文化研究》1995 年第 8 期。
⑤ 孙雍长：《老子注释》，广州：花城出版社，1998 年，第 9 页。

第二节　"宠辱""贵患"观念

《老子》第十三章提出了"宠辱""贵患"两大核心论题，并围绕二者展开了关于为政之道的论述。学界关于此章章句及思想多有研究，① 但多倾向于"修身"层面。② 从"为政"的角度入手、系统分析该章蕴含的政治意涵之研究尚显不足，有鉴于此，本节专以《老子》第十三章中"宠辱""贵患"的政治意涵进行分析与溯源，挖掘其与商周政治伦理思想之关系。

一、《老子》"宠辱""贵患"之政治意涵

《老子》第十三章首句"宠辱若荣，贵大患若身"抛出了该章关涉的两大核心论题，即两种看似反常但又充满辩证思想的行为——"宠辱"与"贵患"，前者《老子》以"荣"喻之，后者《老子》以"身"喻之，足见此两者在《老子》思想中的重要性。

据上编文本辨析，"宠辱"就是"宠为下"，即"推崇受辱"，《老子》此处所说之"辱"具体当指"为下之辱"。"宠辱"乃至"宠辱若荣"这一行为看似反常，但在充满辩证思维的《老子》哲学中却并不罕见。《老子》二十八章言："知其雄，守其雌，为天下溪……知其白，守其黑，为

---

① 除却整体研究《老子》的各家"注疏类专著"，目前学界关于《老子》首章的专门研究大致有三类：一是综合型研究，可参见申红义：《〈老子〉第十三章新解》，《成都师范学院学报》2015 年第 4 期；汪韶军：《〈老子〉"宠辱若惊"章新诠》，《北京社会科学》2016 年第 8 期，等。二是就此章所作之文本考据类研究，可参见裴锡圭：《"宠辱若惊"是"宠辱若荣"的误读》，《中华文史论丛》2013 年第 3 期；庞光华：《〈老子〉"宠辱若惊"新考》，《中国文字研究》2015 年第 1 期，等。三是对于此章所涉重要思想所作之研究，可参见邓联合：《"贵身"还是"无身"——〈老子〉第十三章辩议》，《哲学动态》2017 年第 3 期；汪韶军：《无身即贵身与无身以为天下——〈老子〉第十三章通诠》，《西南大学学报（社会科学版）》2019 年第 5 期等。

② 可参见罗杏芬：《"贵身"还是"无身"？——老子"贵身"与"无身"的辩证关系探论》，《周口师范学院学报》2016 年第 3 期；陆畅：《道教心性管理智慧之展开——以〈老子·十三章〉义理为考察中心》，《江南大学学报（人文社会科学版）》2016 年第 3 期等。

天下式……知其荣，守其辱，为天下谷。"此处便是把雄雌、黑白以及荣辱明确对言，所谓"守辱"即为"宠辱"，"为天下谷"则为"为下"。又《老子》四十章言："大白若辱"亦同此理。至于"为下"或"为下之辱"，则是《老子》哲学中另一重要概念，第八章曰："水善利万物而不争，处众人之所恶，故几于道"，这里《老子》以水喻道，言水处众人之所恶，所"恶"者即为"辱"也，又水往低处流，自然是"为下"的，故可见像水这般"为下""受辱"者在《老子》认为是合于道的存在，故第三十二章亦道："譬道之在天下，犹川谷之于江海"，同样是以水喻道而言及"为下"者合于道。进一步看，《老子》表述其为政之道时多有提及这种"为下"的思想，如《老子·六十六章》言："江海所以能为百谷王者，以其善下之，故能为百谷王。是以欲上民，必以言下之；欲先民，必以身后之"，此处在以水喻道的同时，提及君主应以"为下"的态度对待处理与臣民的关系方为上策；又三十九章曰："故贵以贱为本，高以下为基。是以侯王自称孤寡不谷"，此言"侯王自称孤寡不谷"是基于"贱为本、下为基"的观点，正与"宠辱"、即"宠为下"同理。六十三章说："天下难事必作于易，天下大事必作于细。是以圣人终不为大，故能成其大"，既然"难作于易、大作于细"，"为政"或"为上"者自当重视"为下"，如此才能"不为大而成其大"。故从"为政之道"的角度来看，"宠辱"的行为在本质上是与《老子》的"无为"保持一致的，"为下之举"正是《老子》在"无为"原则指导下进行政治作为的十分重要的外在呈现形式。

"宠辱"的"为下之举"在为政方面适用于不同的面向。一方面，在统治者与民的国内治理方面，《老子》倡导统治者应"为下"，四十九章曰："圣人无常心，以百姓心为心"，正是这个意义。另一方面，在大国与小国的国际关系方面，《老子》认为大国应"为下"，即六十一章所言："大国者下流。天下之交，天下之牝。牝常以静胜牡，以静为下。故大国以下小国，则取小国；小国以下大国，则取大国。故或下以取，或下而取。大国不过欲兼畜人，小国不过欲入事人，夫两者各得其所欲。大者宜为下。"

对于"宠辱""为下"的目的或说结果，《老子》是很明确的，认为只有做到了"宠辱""为下"，便可以获得统治的成功。其言："夫唯不争，故天下莫能与之争"，又曰："受国之垢，是谓社稷主；受国不祥，是为天下王。"这些表述与十三章所言"故贵以身为天下，若可寄天下"有着一致的政治思想内涵。

"贵患"有两层意义，即"贵有身之患"和"贵有天下之患"。具体来看，"贵患"这一思想在《老子》哲学中十分常见，如六十三章曰："多易必多难，是以圣人犹难之，故终无难矣"，此言"犹难"即"贵患"，《老子》认为"犹难而无难"，同理在逻辑上便是"贵患则无患"，故而"贵患"，如司马光言："有身斯有患也，然则既有此身，则当贵之、爱之，循自然之理，以应事物，不纵情欲，俾之无患可也。"① 六十四章"为之于未有，治之于未乱"亦是忧患意识的体现。

这种"忧患意识"表现在个人修身，即"有身之患"的层面，体现为"甚爱必大费，多藏必厚亡。知足不辱，知止不殆，可以长久。"（四十六章）在第九章中还有"金玉满堂，莫之能守；富贵而骄，自遗其咎。功成身退，天之道也"，也表达了不能"功成身退"的担忧。表现在现实为政，即"有天下之患"的层面，则为"天下多忌讳，而民弥贫；民多利器，国家滋昏；人多伎巧，奇物滋起；法令滋彰，盗贼多有"（五十七章）。实际上，由于《老子》所劝言的对象是统治者，因此"有身之患"和"有天下之患"在某种程度上是统一的。《老子》劝说统治者要有忧患意识，是反向宣传"无为"政治的重要性。

《老子》十五章从正面描绘了统治者的修身、为政的状态，其言："古

① 高明：《帛书老子校注》，北京：中华书局，1996年，第279页。

之善为士者，微妙玄通，深不可识。夫唯不可识，故强为之容：豫兮若冬涉川，犹兮若畏四邻；俨兮其若客，涣兮若冰之将释……保此道者不欲盈，夫唯不盈，故能蔽而不成。"真正保持"忧患意识"的人，其修身和为政都呈现出一种自然而然的慎重，一举一动无不契合于道，永远不会因志得意满以至祸患加身，而这也是真正的"贵身"。

从政治思想角度而言，《老子》所谓"宠辱"是"推崇受为下之辱"，这是《老子》以"无为"为核心的政治思想之体现。所谓"贵患"是"重视因有身或有天下而来的祸患"，亦是《老子》基于劝言统治者"无为"而形成反向认知。作为《老子》政治思想的重要内容，"宠辱""贵患"所体现的"为下之举"与"忧患意识"，共同反映着《老子》"无为"的政治思想指向。

二、"宠辱""贵患"观念的政治文化溯源

察之史籍，《老子》哲学中"宠辱贵患"观念的认识与表达与商周时期政治实践与思想意涵多有相通之处。

关于为政者之"为下"，在商周时期不乏典例，《左传·庄公十一年》载："宋其兴乎。禹、汤罪己，其兴也勃焉；桀、纣罪人，其亡也忽焉。且列国有凶称孤，礼也。言惧而名礼，其庶乎。"① 此处以禹、汤"罪己"的行为对比夏桀、商纣"罪人"的行为，并与国家兴亡挂钩，扬前抑后，可见在商周时期的政治传统中"罪己"是受到推崇的。《韩诗外传》也如是述说桀、纣"不任其过"反衬禹、汤的"罪己"就是主动"任其过"。② 这种"罪己""任过"与"为下"有着同样的思想内核，都是统治者放低自己的姿态，即"宠辱"。此外在商周时期政治传统中有一个重要概念——"予（余）一人"。面对国家出现问题和危机时，统治者往往将罪

---

① 杨伯峻：《春秋左传注》，北京：中华书局，1981年，第188页。
② 许维遹：《韩诗外传集释》，北京：中华书局，1980年，第99页。

名放在自己身上，以"予（余）一人"自称，如《盘庚》说："邦之臧，惟汝众。邦之不臧，惟余一人有佚罚。"① 又《论语·尧曰》："予小子履，敢用玄牡，敢昭告于皇皇后帝：有罪不敢赦。帝臣不蔽，简在帝心。朕躬有罪，无以万方，万方有罪，罪在朕躬……百姓有过，在予一人。"② 又《墨子·兼爱下》所引《汤说》曰："万方有罪，即当朕身；朕身有罪，无及万方。"③ 又《吕氏春秋·季秋纪·顺民》："昔者汤克夏而正天下，天大旱，五年不收。汤乃以身祷于桑林，曰：余一人有罪，无及万夫。万夫有罪，在余一人。无以一人之不敏，使上帝鬼神伤民之命。"④ 对此《老子》也有类似表述，四十二章道："人之所恶，唯孤寡不谷，而王公以为称"，并言"受国之垢，是谓社稷主；受国不祥，是为天下王。"《老子》认为真正的能够成功的统治者要"为下"，要"受国之垢""受国不祥"，这与商周传统的"予（余）一人"观念一脉相承。

关于为政者的"忧患意识"，源自商周政治实践的先例更是不胜枚举。周人克商后，"殷鉴"的概念逐渐形成，周公于《尚书·召诰》曾说："我不可不监于有夏，亦不可不监于有殷"，⑤ 重视借鉴历史的教训，便是周公忧患意识的一突出表现。对此有研究认为：这种忧患意识对周公而言，不是文化的，而是政治的，是小邦周战胜大邦殷以后，面对混乱局面的政治焦虑。⑥ 时至东周，诸子学说也继承了忧患意识的传统，除《老子》以外，孔子亦说："德之不修，学之不讲，闻义不能徙，不善不能改，是

① 孔安国、孔颖达：《尚书正义》，阮元：《十三经注疏》，北京：中华书局，1980年，第170页。
② 何晏、邢昺：《论语注疏》，阮元：《十三经注疏》，北京：中华书局，1980年，第2535页。
③ 孙诒让：《墨子间诂》，北京：中华书局，2001年，第123页。
④ 许维遹：《吕氏春秋集释》卷九，北京：中国书店，1985年。
⑤ 孔安国、孔颖达：《尚书正义》，阮元：《十三经注疏》，北京：中华书局，1980年，第213页。
⑥ 陈来：《古代宗教与伦理——儒家思想的根源》，北京：三联书店，1996年，第173页。

吾忧也。"（《论语·述而》）① 展现了对于修身要求的足够的忧患意识，而孟子更有名篇"生于忧患，死于安乐"传世，不需赘言。可见《老子》"贵患"的政治思想具有时代思想之共性。

综上，《老子》"宠辱""贵患"观念同商周政治伦理思想与实践之间的承续关系完全是有迹可循的，由此《老子》基于"无为"原则的政治思想也有着深刻的历史经验，这既是其史官身份的体现，宏观而言，中华文明延续的突出特征正是一代代先贤之思想延宕而形成的。

第三节　《老子》"无逸"思想

"无逸"一词最早出自《尚书·无逸》，是周公对周成王关于勤政、不贪图享受的政治劝诫。以《老子》"无逸"思想为研究，这在学术界是鲜有所见的。我们认为《老子》政治思想中存在"无逸"思想，其理由有二：一是《老子》反对统治者过分贪图享受，这与《尚书·无逸》所载有一致性；二是《老子》虽然倡导统治者"无为"，此与《尚书·无逸》倡导的勤政看似为云泥之别，却有着相同的政治目的，即成功的国家治理，可以说正是《老子》在看到统治者乱政妄为对国家的破坏，才提出新的"无逸"思想，即"无为"。以下便遵循这两个思路尝试对《老子》"无逸"思想进行分析，而于此之前，让我们先来看看《尚书·无逸》的基本内容。

一、《尚书·无逸》的基本内容

《尚书·无逸》是一篇反映西周初年社会政治生活的重要历史文献，为周公教导成王的告诫之辞，其中首次系统提出了"无逸"思想的概念，

---

① 何晏、邢昺：《论语注疏》，阮元：《十三经注疏》，北京：中华书局，1980年，第2481页。

对后世影响深远。① 于此，先对《尚书·无逸》文本进行结构与内容上的简析，② 以梳理出"无逸"思想的早期意涵。

关于《尚书·无逸》篇之来历，《史记·周本纪》记载道："成王既迁殷遗民，周公以王命告，作《多士》《无佚》。"③《鲁周公世家》也载："周公归，恐成王壮，治有所淫佚，乃作《多士》、作《毋逸》……以诫成王。"④ 孔颖达曾将《伊训》及《无逸》等《尚书·周书》中的八篇文诰都归为"训体"一类，对此有学者言："臣训导、告诫君，体现这种行为方式的文本即是'训'体"，⑤ 其内容则往往关乎"王世存亡"⑥ 之事，而《尚书·无逸》的文本性质亦大体如是，乃因周公对亲政之际的成王进行政治规训而成篇之政令性文章。至于《无逸》之篇名，在今古文经的不同记载中，出现了"无逸""无佚""毋逸"等说法，而"无""毋"相通，又王伯厚《困学纪闻》曰"毋者，禁止之辞，其意犹切"，⑦ 故二者同为表示否定意象之用字；又"逸""佚"二字，段玉裁《说文解字注》言"古失、佚、逸、泆字多通用"，而"逸"者，"失"也，"逸游、暇

① 目前学界关于《尚书·无逸》及"无逸"思想的研究大致有三类：一是综合型研究，可参见李民：《读〈尚书·无逸〉》，《安阳师专学报》1982 年第 4 期；吴新勇：《〈尚书·无逸〉探赜》，郑州大学历史学院博士学位论文，2012 年，等。二是就《尚书·无逸》篇所作之文本、史事类研究，可参见张志祥、李祖敏：《〈尚书·无逸〉篇修辞解》，《九江学院学报（社会科学版）》2014 年第 3 期；胡其伟：《从周祭、祊祭卜辞看〈尚书·无逸〉"祖甲"的身份》，《史学史研究》2020 年第 3 期，等。三是对于"无逸"思想的研究，可参见杜建慧：《〈尚书·无逸〉及其所体现的周初政治教育思想》，《郑州大学学报（哲学社会科学版）》2006 年第 6 期；袁加值：《〈无逸〉中的"明德慎罚"思想探赜》，《安徽文学》2018 年第 12 期；陈晓慧：《论〈诗经〉中的无逸精神》，《汕头大学学报（人文社会科学版）》2022 年第 4 期等。

② 所引《尚书·无逸》篇之文本，皆采用阮校《十三经注疏》本之所载，引文详见孔安国、孔颖达：《尚书正义》，阮元：《十三经注疏》，北京：中华书局，1980 年，第 221—223 页。下引《尚书·无逸》篇内容不再详注。

③ 司马迁：《史记》，北京：中华书局，1959 年，第 133 页。

④ 司马迁：《史记》，北京：中华书局，1959 年，第 1520—1521 页。

⑤ 郭英德：《论古代文体分类的生成方式》，《学术研究》2005 年第 1 期。

⑥ 罗柠、吴中胜：《从政事之训到家教之训——文体学视阈下的"训"体发展》，《文化与诗学》2018 年第 1 期。

⑦ 顾颉刚、刘起釪：《尚书校释译论》（第 3 册），北京：中华书局，2005 年，第 1531 页。

逸"意也，① 可引申为"放纵"之义，故此所载篇名虽有不同，然大都表示"反对放纵"的意思，并不矛盾。

关于《尚书·无逸》篇的内容与结构，如篇名所指，文章整体是以"无逸"为主题思想展开论述的文中有数个"周公曰"之字样，据此文章即可划分为七个自然段。每段既紧扣"无逸"之论题，又各取角度说其一端。故有研究认为该文"开了战国'据题抒论'散文的先河"，② 下面就据此对《尚书·无逸》篇做一逐段分析。

第一段引文如下：

> 周公曰："呜呼！君子所，其无逸。先知稼穑之艰难，乃逸，则知小人之依。相小人，厥父母勤劳稼穑，厥子乃不知稼穑之艰难乃逸。乃谚既诞。否则侮厥父母曰：'昔之人无闻知。'"

《尚书·无逸》篇之首段开篇点题，提出了"君子所其无逸"的核心观点，关于该句文义，历来学者多从郑玄注言："君子处位为政，其无自逸豫也"，③ 大意为"君子居其位，不要贪图安逸"。随后，周公提出了对于"君子无逸"的首个要求，即"知稼穑之艰难"与"知小人之依"，"稼穑之艰难"不须多解，而"小人之依"盖意指"民众的苦衷"，④ 乃上承"稼穑之艰难"而言，又以其"先知""则知"之言指出了二者间的顺承关系。本段亦点出了"无逸"提出所面对的对象——"君子"与"小

---

① 许慎：《说文解字》，北京：中华书局，2013 年，第 477 页。

② 颜建华：《散文萌发阶段的名篇——〈尚书·无逸〉简谈》，《贵州师范大学学报（社会科学版）》1996 年第 4 期。

③ 孔安国、孔颖达：《尚书正义》，阮元：《十三经注疏》，北京：中华书局，1980 年，第 221 页。

④ 孔颖达曰："小人谓无知之人，亦是贱者之称"（参见孔安国，孔颖达：《尚书正义》，阮元：《十三经注疏》，北京：中华书局，1980 年，第 221 页），又王引之《述闻》曰："依，隐也"，而"隐，即隐衷"（参见顾颉刚，刘起釪：《尚书校释译论》（第 3 册），北京：中华书局，2005 年，第 1531 页）。

人"。虽如前说"训体"文章主要面对的肯定是"为政者",如大量研究所讲那样，① 然不能忽略本段言之"小人……乃逸"之语，故至少在从事生产或修心养性层面，"无逸"也应是适用于"小人"群体的一种要求。学者指出："'无逸'思想'精神化'的过程是从政治本位变为道德本位的过程，其基本内涵变化不大，但所涉及的对象却不限于君王，而成为普世的精神",② 可见"无逸"在较早时期就是一种有着普遍适用性的道德规范。

《无逸》二、三段紧承首段"君子无逸"之题，周公开始以"商先王与后立王"及"周先王"为例，对比论述"淫逸"与"无逸"的行为。一方面，以"商先王"之"中宗""高宗""祖甲"③ 三者及"周先王"之"太王""王季""文王"三者为正面例证，赞举其"无逸"之举，具体包括"寅畏天命""不敢荒宁""怀保小民、惠鲜鳏寡""不言乃雍"④ "克自抑畏""即康功田功"⑤ 等政治品质。其中"怀保小民、惠鲜鳏寡" "即康功田功"与首段"知稼穑之艰难、小人之依"相对应，于此所述商

---

① 如李民在《读〈尚书·无逸〉》(《安阳师专学报》1982 年第 4 期) 中所言："周初统治者所说的无逸，主要是对为政者而言。"

② 陈晓慧：《论〈诗经〉中的无逸精神》,《汕头大学学报 (人文社会科学版)》2022 年第 4 期。

③ 关于此处所言"祖甲"之事，今文经家刘歆、王肃等及今之学者顾颉刚等均以"祖甲"为"太宗"之误，主将"其在祖甲……三十有三年"句，去"其在"，换"祖甲"为"太宗"，如是前移至"昔在殷王"句后重新成文 (参见顾颉刚，刘起釪：《尚书校释译论》(第 3 册)，北京：中华书局，2005 年，第 1532—1533 页)，然亦有古今学者坚持所载"祖甲"无误 (参见胡其伟：《从周祭、祊祭卜辞看〈尚书·无逸〉"祖甲"的身份》,《史学史研究》2020 年第 3 期)，而此事对于梳理《尚书·无逸》中的"无逸"思想并无甚影响，故不予详论。

④ 关于此处高宗"三年不言"及"亮阴"之事，一者取《论语》说以"居丧守制"作解，二者取《吕氏春秋》"恐言之不类，兹故不言"说作解，三以郭沫若"不言症"说作解 (参见顾颉刚、刘起釪：《尚书校释译论》(第 3 册)，北京：中华书局，2005 年，第 1534—1536 页)，因此事与主旨无关故不与详论；另"言乃雍"之"雍"字，如《史记》《论语》等皆作"讙"，通"欢"，于省吾《新证》言："谓其动静语嘿之不苟也" (参见顾颉刚、刘起釪：《尚书校释译论》(第 3 册)，北京：中华书局，2005 年，第 1537 页)，故"不言乃雍"意指"不须特意下发命令即可使众人各得其所、心中悦然"。

⑤ 孔颖达曰："安人之功与治田之功" (参见孔安国、孔颖达：《尚书正义》，阮元：《十三经注疏》，北京：中华书局，1980 年，第 222 页)。

周先王"无逸"之举或为对首段"君子无逸"提出的具体要求。另一方面，以"商后立王"为反面例证，历数其"不知稼穑之艰难""不闻小人之劳""惟耽乐之从"等"淫逸"行为。其后，周公便以"享国长短"为核心对君王"无逸"与否的结果展开介绍，如其言"商周先王"们普遍享国长达数十载之久，而"商后立王"们则"罔或克寿"且享国短极，当然如有研究所讲："《无逸》篇的作者故意把商代后期几王在位年数压低，采用缩小夸张这一修辞手法……是为了与在位年数较长的中宗、高宗、祖甲三贤王形成强烈对比，进而突出'无逸'这一主题思想，达到训诫成王的目的"，① 此论诚然，周公正是在这两段中"以古喻今"，对成王进行正面教导与反面警醒相结合的训诫。

《无逸》四、五、六段则是"由古及今"，周公开始转换角度对"周今嗣王"，即"成王"进行直接规劝。第四段中，周公提出了君王"无淫于观、于逸、于游、于田"的要求，"淫"者，《尚书》之传、疏皆训"淫"为过，曰"侵淫不止"，盖"过度沉溺"之意。② 而"淫"的对象，孔颖达言："'观'为非时而行，违礼观物……'逸'谓逸豫，'游'谓游荡，'田'谓田猎，四者皆异。"③ 故此句乃言"不可过度沉溺于诸般享乐之事"，是在"修身"层面对于"君子无逸"的具体规定。第五段中，周公强调了君王"听训"的重要性，其言"古之人，犹胥训告，胥保惠，胥教诲"，而"胥训为相"，④ "相互"之意也，此乃言古时圣君贤民之间亦是"相互训告"的关系，故"周今嗣王"若"不听训"则会导致"人乃训之，乃变乱先王之正刑"的后果。关于"人乃训之"中的"训"字，

① 张志祥、李祖敏：《〈尚书·无逸〉篇修辞解》，《九江学院学报（社会科学版）》2014年第3期。

② 孔安国、孔颖达：《尚书正义》，阮元：《十三经注疏》，北京：中华书局，1980年，第222页。

③ 孔安国、孔颖达：《尚书正义》，阮元：《十三经注疏》，北京：中华书局，1980年，第222页。

④ 顾颉刚、刘起釪：《尚书校释译论》（第3册），北京：中华书局，2005年，第1542页。

俞樾《诸子平议》中释为"顺从"意，① 此"乃训之"者，正如孔颖达所谓的"邪佞之人"。② 这句话的意思是臣民如只顾顺从君王，"先王正刑"则必遭变乱，所以周公要求"周今嗣王"要听"训"，这是"为政"层面的政治劝言。第六段中，周公以"殷王中宗、高宗、祖甲及周文王"四位"迪哲"为表率，提出要效法先贤而"自敬德"的观点。"迪哲"，孔颖达曰："蹈智明德以临下"，③ 于此劝导成王要"明德""敬德"。"自敬德"强调的是时刻保持对自我德行的警惕，如是才能避免周公所言"小人怨汝詈汝……怨有同，是丛于厥身"的情况，即明辨是非、使小人无怨，这当是周公基于"修身""为政"两方面考虑得出的"享国"经验。

最后，文章尾段中周公曰："呜呼，嗣王其监于兹！""监"者，有研究言为周人常用语，"惕励自省"意，④ 其中不难察觉出一种主观地"从善去恶"的意味，正如其上六段中周公由远及近、正反结合的论述那般，《尚书·无逸》中的诸般告诫都需要成王及往后"周之嗣王"们"监之"——去"逸"、去"淫"而行"无逸"之政。

通过对《尚书·无逸》篇的讨论可知，"无逸"思想的早期意涵大概涉及"修身"与"为政"两个层面。"修身"层面，倡导"为人不要贪图安逸享乐"。"为政"层面，可分为统治者的"知"与"行"两个维度。前者为知稼穑之艰难、小人之依，二者寅畏天命、克自抑畏等，后者为怀保小民、惠鲜鳏寡，二者不言、听训、自敬德等。其中"为政"层面的"知"与"行"统一于"敬德"。学者认为："本文诰所涉旨在告诫周文王要'敬天保民，明德勤政'，惟此才能使周王朝的统治长久稳固……'惠

① 顾颉刚、刘起釪：《尚书校释译论》（第 3 册），北京：中华书局，2005 年，第 1543 页。
② 孔安国、孔颖达：《尚书正义》，阮元：《十三经注疏》，北京：中华书局，1980 年，第 222 页。
③ 孔安国、孔颖达：《尚书正义》，阮元：《十三经注疏》，北京：中华书局，1980 年，第 223 页。
④ 顾颉刚、刘起釪：《尚书校释译论》（第 3 册），北京：中华书局，2005 年，第 1544 页。

保小民'在于力行勤政……以'明德'体现执政的权威性。"① 可见"敬德保民"正是《尚书·无逸》的重要思想内核之一，而"无逸"思想是周公对于"敬德保民"的另一种思考与表达。

下文便从"修身"与"为政"两个层面出发，对应探讨"无逸"思想在《老子》政治思想体系中作何具体呈现。

二、《老子》"修身"之"无逸"：少私寡欲

如上文言，"无逸"思想之提出面对的对象是包括"君子""小人"等不同群体的，其在较早时期就有着普遍适用的道德规范之属性，表现在"修身"层面的意涵大致就是"无逸""无淫"等，即"为人不要贪图安逸享乐"。《老子》"少私寡欲"的修身主张与《尚书·无逸》当有渊源。②

在《老子》的哲学中，"修身"有着相应步骤与不同的层次，"少私寡欲"既是方法又是目标。首先，"修身者"应做到"少之私、寡其欲"，即摒弃、节制过分的欲望。如《老子》第二十九章曰："圣人去甚，去奢，去泰"，河上公注曰："甚谓贪淫声色，奢谓服饰饮食，泰谓宫室台榭。"③可见"甚""奢""泰"不仅在字义层面有"过度"之意味，其所象征之事物亦然，皆为"淫逸者"也，故《老子》曰"去之"。又如《老子》曰：

> 甚爱必大费；多藏必厚亡。故知足不辱，知止不殆，可以长久。（《老子·第四十四章》）
>
> 祸莫大于不知足；咎莫大于欲得。故知足之足，常足矣。（《老子·第四十六章》）

---

① 杜建慧：《〈尚书·无逸〉及其所体现的周初政治教育思想》，《郑州大学学报（哲学社会科学版）》2006 年第 6 期。

② 张华：《〈洪范〉与先秦思想》，吉林大学古籍研究所博士学位论文，2011 年，第 123—124 页。

③ 王卡点校：《老子道德经河上公章句》，北京：中华书局，1993 年，第 119 页。

　　"甚爱""多藏""不知足""欲得"等皆过分之言行，是为"淫逸之道"。《老子》认为如此行事结果必是"废""亡""祸""咎"，故唯有"知足""知止"，[1] 节制过分的欲望，不为过分之事，才能长久且常足。有研究认为在《老子》伦理思想的体系中，"知止知足"是作为其行为规范的存在。[2] 在《老子》六十七章中直接点出了与此相对应的一个重要德目——"俭"，曰："我有三宝，持而保之……二曰俭……舍俭且广……死矣"。"俭"可谓是对"知足""知止"及"无逸""无淫"的道德化总结。《左传·庄公二十四年》云："俭，德之共也；侈，恶之大也"[3]，"舍俭且广"其实就是对"淫逸之道"的另一种形容，即"侈"也，故《老子》曰"死"，《左传》曰"恶"，在对待"淫逸"与"俭"的态度上，自西周至儒、道两家可谓一脉相承。

　　拒绝"淫逸"后，《老子》认为"修身者"应做到看破现象，把握本质，最终达到"少私寡欲"的境界。如《老子·第十二章》曰：

　　　　五色令人目盲；五音令人耳聋；五味令人口爽；驰骋畋猎，令人心发狂；难得之货，令人行妨。是以圣人为腹不为目，故去彼取此。

　　关于此章所述，在《庄子·天地篇》中亦有类似表达，其言："五色乱目，使目不明……五声乱耳，使耳不聪……五味浊口，使口厉爽……趣舍滑心，使性飞扬。"[4] 如此观之"五色""五音""五味"主要形容的是

---

　　① "知足"亦为"知止"（参见高明：《帛书老子校注》，北京：中华书局，1996 年，第 50 页）。

　　② 朱森溥：《〈老子〉伦理思想初探》，《四川大学学报（哲学社会科学版）》1989 年第 1 期。

　　③ 杜预、孔颖达：《春秋左传正义》，阮元：《十三经注疏》，北京：中华书局，1980 年，第 2237 页。

　　④ 王先谦：《庄子集解》，北京：中华书局，1987 年，第 111 页。

身体层面的享受，"难得之货"主要形容的是心理层面的享受，"驰骋畋猎"则涉及身、心两个层面的享受与刺激。老、庄都强调外界各种物欲给人带来享受与刺激的同时，对人之身心造成的极大危害。这种危害对人来说是动摇身心之根本的，故《老子》最后总结道要"为腹不为目"。高明注曰："'腹'代表一种无知无欲之生活……'目'为代表一种巧伪多欲之生活。"① 实际上，"目""腹"除了代表所追求的不同生活状态外，"目"还有"表面""现象"之意，而"腹"当有"内里""本质"之意。如《老子》十九章"见素抱朴"中"素、朴皆指物之本质和本性"② 那般，故"为腹不为目"者，当指不为外物所动、始终坚守根本的状态，是在强调"修身者"要看破现象，把握本质。《老子》二十章"贵食母"、三十八章"处其实，不居其华"等，均是这个意义。如此，才能真正达到"少私寡欲"的目标境界，亦即"无逸""无淫"。

《老子》"少私寡欲"的修身主张合于"道"论。《老子》第九章明言："富贵而骄，自遗其咎。功遂身退，天之道也"，直接指明了"富贵不骄""功成不居"等与"无逸"相类之道德规范是符合"天道"的。对这种合于"道"的境界，《老子》又给予了其一个超越"少私寡欲"及"无逸"状态的描述，即"致虚极，守静笃"，高明注曰："虚者无欲、静者无为，此乃道家最基本的修养，极与笃是指心灵修炼之最高状态"③，故"虚极静笃"其实才是《老子》哲学中"修身"的终极目标。相较而言，传统的"无逸"思想及《老子》主张的"少私寡欲"是建立在"有私有欲"的基础上而言，属于"有"的范畴，而"虚极静笃"是一种"去伪存真的自然主义德性"，④ 而非一般世俗性的伦理。"虚极静笃"者在"虚静"中"无欲无为"，获得安然的同时还能从中获取无限的、创生的活力，如

---

① 高明：《帛书老子校注》，北京：中华书局，1996 年，第 275 页。
② 高明：《帛书老子校注》，北京：中华书局，1996 年，第 314 页。
③ 高明：《帛书老子校注》，北京：中华书局，1996 年，第 299 页。
④ 张素芬、张立：《论老子自然主义伦理思想之旨归》，《求索》2012 年第 6 期。

有学者言："（虚）代表着无限发展的可能，含藏丰富的创造力。"① "冲虚"本身便内含有一种"动态倾向"，其所形容的是"道体"，一种蓄势待发的状态，② 故此合于"道"的"虚极静笃"能让人始终保持这种态势。这种状态之于政治，便是在"无为"中实现"无不治"。

三、《老子》"为政"之"无逸"：无为而治

如上文言，早期"无逸"思想在"为政"层面指向"保民"与"敬德"之意义，《老子》"无为而治"的政治主张与此一脉相承。③ 学界对于《老子》政治思想的研究十分丰富，④ 于此仅聚焦阐释《老子》"无逸"思想的政治内涵。《老子》政治思想的主题便是"无为而治"，此包含了路径和目的两方面内涵。

首先，"为政者"应坚持以"无为""为而不争"的原则实行统治。学界对"无为"大致有"不妄为"论、"愚民"论、"阴谋"论、"不为"论四种认识，⑤ 综合来看，当取"少为""不妄为"之解释为上。《老子》二十九章曰："天下神器，不可为也，不可执也。为者败之，执者失之"，正是基于老子观察自西周丧乱以来，尤其春秋时代诸侯相争、霸权迭兴的

① 袁承维：《商周时期信仰的政治意义——从帝－天－道的递嬗来看》，《湖南师范大学社会科学学报》2021 年第 5 期。

② 林钰、付瑞珣：《动静之间：传世本〈老子〉第四章新解》，詹石窗、宋崇道、谢清果主编：《中华老学》第 9 辑，北京：九州出版社，2023 年，第 37—49 页。

③ 慈秀秀：《老子政治哲学思想研究》，江苏师范大学哲学与公共管理学院硕士学位论文，2016 年，第 13 页。

④ 关于老子政治思想的研究，可参见黄钊：《〈老子〉的政治思想浅论》，《江西社会科学》1990 年第 1 期；李文琴：《老子政治思想浅论》，《西安交通大学学报（社会科学版）》2000 年第 3 期；王雪军：《老子的社会政治思想及其历史根源》，《吉林工程技术师范学院学报（教育研究版）》2003 年第 11 期；陈霞：《屈君伸臣：老子政治思想新解》，《哲学研究》2014 年第 5 期；慈秀秀：《老子政治哲学思想研究》，江苏师范大学哲学与公共管理学院硕士学位论文，2016 年；裘锡圭：《说〈老子〉中的"无为"和"为"——兼论老子的社会、政治思想》，《中华文史论丛》2019 年第 4 期；张国骥：《老子尚简政治思想初论》，《湖南师范大学社会科学学报》2020 年第 4 期等。

⑤ 关于学界对"无为而治"的几种观点的辨析，可参见张国骥：《老子尚简政治思想初论》，《湖南师范大学社会科学学报》2020 年第 4 期。

历史现实而得出的"为者败之，执者失之"的理论，故其主张以"无为"治天下。学者指出："因为无为有益，所以《老子》把它作为策略思想，运用于政权的建设。"① 此一观点可以参考。蒋锡昌释《老子》第二章"圣人处无为之事，行不言之教"言："圣人一面养成自完；一面以自完模范感化人民"。②《老子》第三章对"无为"则有更系统之阐释：

> 不尚贤，使民不争；不贵难得之货，使民不为盗；不见可欲，使民心不乱。圣人之治，虚其心，实其腹；弱其志，强其骨。常使民无知无欲。使夫知者不敢为也。为无为，则无不治。

此章先讲政治层面的"不尚贤，使民不争"，再言经济层面的"不贵难得之货，使民不为盗"，复言文化道德层面的"不见可欲，使民心不乱"，此三者本意实乃为"民"所作之考虑，即"保民"。使民"虚心""实腹""弱志""强骨""无知无欲且不敢为"皆源于《老子》"为腹不为目""少私寡欲""虚极静笃"的主张。

《老子》之"无为"绝非毫无作为，乃是以"不争之法"而为。其言：

> 圣人无常心，以百姓心为心。善者，吾善之；不善者，吾亦善之；德善。信者，吾信之；不信者，吾亦信之；德信。圣人在天下歙歙，为天下浑其心。（《老子·第四十九章》）
>
> 是以圣人欲上民，必以言下之；欲先民，必以身后之。是以圣人处上而民不重，处前而民不害。是以天下乐推而不厌。以其不争，故天下莫能与之争。（《老子·第六十六章》）

---

① 黄钊：《〈老子〉的政治思想浅论》，《江西社会科学》1990 年第 1 期。
② 蒋锡昌：《老子校诂》，上海：商务印书馆，1937 年，第 15 页。

其曰"言下之"是为"上民","身后之"是为"先民",《老子》是以此达到了其政治目的,进而获得"处上而民不重""处前而民不害""天下乐推而不厌"的结果,此皆为"不争"之故。而"以百姓心为心""为天下浑其心",对此河上公注:"圣人重改更,贵因循,若自无心",① 可见圣人非"无心"、非"不为",只是选择了"因循"之举以顺应民心,进而再以"不争之法"成其心。"德善"学者普遍释为"得善","德信"亦然,② 意即使各种德行一同归化于善、信之下,既避免了不同立场、不同认知之间的冲突,又使其人皆归服于统治之下。故此来看,"为而不争"的核心要义就是把实现天下大治的"主动权"留给民众,让其在"为政者无为"的情况下发挥能动性,由其自行推动社会发展,进而使"无不治"成为可能,正如有的研究所说的"统治者遵循民的自然性"③ 那般,在治理中以民为主、以君为辅,"为政者"只是以"不争之法"引导之,而实际作为的是民众,故《老子》之"为政"有着"屈君伸民"的趋向,④ 如此观之不无道理,而这也正符合所谓"敬德"思想中的政治智慧,是以退为进之道。

通过上述以"无为""为而不争"为指导原则进行的统治,《老子》认为将逐渐达到"无为自化"的状态,最终实现"治"的目标。《老子》十七章曰:

> 太上,不知有之;其次,亲而誉之;其次,畏之;其次,侮之……悠兮,其贵言。功成事遂,百姓皆谓我自然。

此处《老子》根据国家治理方式及其效果的不同将"世道"划分出四种类

---

① 王卡点校:《老子道德经河上公章句》,北京:中华书局,1993 年,第 188 页。
② 高明:《帛书老子校注》,北京:中华书局,1996 年,第 60 页。
③ 付瑞珣、赵玲玲:《〈老子〉"民"论》,詹石窗、宋崇道、谢清果主编:《中华老学》第 7 辑,北京:九州出版社,2022 年,第 224—233 页。
④ 陈霞:《屈君伸民:老子政治思想新解》,《哲学研究》2014 年第 5 期

型，高明解释为"最好之世无为而治""以仁义治世""以刑罚治理""以诈伪之术统治"四者。[①] 蒋锡昌认为"无为而治"的"太上之世"是为"悠兮，其贵言。功成事遂，百姓皆谓我自然"的状态，而所谓"自然"皆指"自成"而言，即"百姓皆谓吾侪自成"，[②] 这与发挥民众的主观能动性一样，即在"民主君辅"的政治定位中实现民众的自我发展与社会的自我治理，如《老子》五十七章曰："我无为，而民自化；我好静，而民自正；我无事，而民自富；我无欲，而民自朴。""无为自化"的最终结果在《老子》看来便是达成"治"的目标。《老子》八十章对"治之极"景象进行了描绘：

> 甘其食，美其服，安其居，乐其俗，邻国相望，鸡犬之声相闻，民至老死不相往来。

人们不再贪图如上文言之"五味""五色""难得之货"等外物，达到了"少私寡欲"的境界，也不再执着于"驰骋畋猎"之事，人与人、国与国之间终于得以相安无事地和平共处，这在人的"修身"层面来看堪称一个理想状态。而在"为政"层面来看，《老子》追求的"治"的目标与《尚书·无逸》篇中提到的"享国长久"的结果亦不矛盾，"天下大治"是"君王享国"的根本所在，二者互为表里关系，在很大程度上是相契合的。由此可见，"为政"层面之《老子》的"无逸"思想便是以"无为而治"的方法及目标作为具体呈现，形成了其独特的"为政"理论体系及实践路径。

德国思想家雅斯贝尔斯在《历史的起源与目标》一书中曾提出"轴心

---

① 高明：《帛书老子校注》，北京：中华书局，1996 年，第 306—307 页。
② 蒋锡昌：《老子校诂》，上海：商务印书馆，1937 年，第 113—114 页。

时代"的学说,① 其对于"轴心时代"学者的思想贡献推崇备至,对于《老子》的评价也很高。② 不可否认的是老子及诸子百家的学说之于中华文明发展的重要意义,但基于历史发展的连续性及文明探源的需要等考虑,对此类所谓"轴心思想"的考察不应过度局限于其本身,也应关注其渊源之所在——"前轴心时代"概念应运而生。中国的"前轴心时代"即夏、商、周三代思想文化,这是《老子》及其他先秦诸子思想的源头。就像本节及相关研究中所提到的,《老子》的"无逸"思想便与商周政治思想之间一脉相承。当然,思想文化的承续与革新在此间是并存的,如《老子》提出的"虚极静笃"的终极修身目标便是对"少私寡欲""无逸"境界的超越,又如"无为而治"的为政主张是对传统"有为"立场下之治理模式的突破,都展现了《老子》哲学之于商周政治思想的革新之处。

---

① 雅斯贝尔斯著,魏楚雄等译:《历史的起源与目标》,北京:华夏出版社,1989 年,第 7—15 页。
② 雅斯贝尔斯著,李雪涛主译:《大哲学家》,北京:社会科学文献出版社,2005 年,第 815 页。

第三章　《老子》伦理思想述论

　　《老子》的伦理思想包含了人神、人际与身心三个维度。人神方面，《老子》将天帝神与人归于"非常道"的范畴，颠覆了商周以来的天帝信仰，在理论上实现了天帝、王与民的身份同质；人际方面，《老子》否定了商周时期流变发展的伦理体系，在遵从个体自然性的基础上，提倡人际关系的自然性；身心方面，《老子》主张以"致虚守静"的方式将身心归于道之规律下。《老子》以"道"为核心，在商周伦理思想嬗变的历史中展现出了别具一格的伦理思想。

　　本章先概述《老子》伦理思想的人神、人际与身心三重面向，着重讨论《老子》"善"思想与"福"思想。

第一节　《老子》伦理思想的三重面向

　　伦理思想是思想史研究的重要内容，关于何为"伦理"及其与"道德"之关系，向来为学术界所热议。一种观点认为伦理学是以道德为研究对象的科学；[1] 另一种观点认为"伦理"倾向于人际关系，道德倾向于个人品质。[2] 实际上，伦理的重要指向便是"关系"。在商周时期，人所面对

---

　　① 罗国杰主编：《伦理学》，北京：人民出版社，1989 年，第 4 页。
　　② 成中英：《中国伦理精神的历史建构·序》，樊浩：《中国伦理精神的历史建构》，南京：江苏人民出版社，1992 年，第 2—3 页。

的伦理关系更为广泛，既包括狭义"伦理"的人际关系，狭义"道德"的身心关系，还包括了人神关系。

《老子》思想中包含着丰富的伦理思想内容。《老子》思想的核心是道，以道为本体，认识论上形成了相对主义的倾向，以此涤荡既有的观念与纲常，最终实现伦理关系的构建。道既是宇宙的本体，又是万物的自然规律，还是人生的准则。老子围绕着"道"展开具体论述，从人神关系、人际关系、身心关系分别阐述了人与宗教、人与社会、人自身如何相处的探讨。《老子》伦理思想孕育于商周伦理思想的嬗变之中，在中国伦理思想史具有重要的意义。

一、《老子》的"人神关系"思想

商周时期，先民有着复杂的神灵崇拜体系，其大体可以划分为天帝神、自然神和祖先神三大部分，[①] 其中天帝神凌驾于自然神与祖先神之上，是至上神。《老子》关于"人神关系"的讨论集中于天帝神方面。下文即从商周天帝信仰的流变的大背景下探求《老子》"人神关系"思想的内涵及其历史价值。

（一）商周天帝信仰的流变

一般认为，殷商时期人们信仰上帝神，商周鼎革后，周人将商人的上帝神信仰与自身的天神信仰融合在一起，形成天帝信仰。在这样的信仰体系中，人与天帝神处于一种较为稳固的状态。

一方面，"天生烝民"，即人为天所"生"。[②] 既然人为天帝所生，人便是天帝之子。《尚书·高宗肜日》中记载商王在祭祀高宗武丁之时，发

---

① 晁福林：《论殷代神权》，《中国社会科学》1990年第1期。
② 朱熹：《诗集传》，北京：中华书局，2011年，第214页。

生了"鸣雉"的情况，商王得到了惊吓，贵族祖己趁机向商王劝谏，最后他说："王司敬民，罔非天胤，典祀无丰于昵。"① 天胤，就是天帝神的子嗣，这句话的意思是：商王应该敬民，因为民无不是天帝的子嗣，您在祭祀的时候不要只对自己亲近的祖先予以丰厚的祭品。可见，由于商周时期广泛存在着"天生烝民"的观念，因此，人与天帝神有着"拟血缘"关系。

另一方面，在天帝神与人之间还有一个特殊的存在，那便是王。作为一种特殊身份的人，王也是由天帝所"生"的，在古史传说中，无论是商王的世系还是周王的世系，都存在着"天命玄鸟，降而生商"②"姜嫄履巨人足迹感孕"的故事，这些故事在战国时期便形成了帝喾共为契、后稷父亲的古史系统。但是，商周之王又不同于普通之人，王不是普通的"天胤"，而是"元子"，即长子。为了满足商周鼎革的政治需要，周人还发明了"改厥元子"的说辞，③ 即天帝可以让有德的周族来担任"元子"，以此来统御天下，而商族则失去了"元子"的身份，回归为普通的氏族。

综之，商周时期的人与天帝的关系大致为"天帝·王（元子）·民（子）"之结构，在这个结构中，人为天帝之子嗣，而且要接受天帝的"元子"王的统治，这便是商周王权的宗教基础。

至西周晚期开始，随着时局动荡，王朝崩坏，人们的天帝信仰出现了危机，在《诗经·小雅》中甚至出现了很多"怨天"的诗句，如"不吊昊天""昊天不惠"（《诗经·节南山》）、"浩浩昊天，不骏其德""旻天疾威，弗虑弗图"（《诗经·雨无正》）、"天命不彻"（《诗经·十月之交》）

---

① 孔安国、孔颖达：《尚书正义》，阮元：《十三经注疏》，北京：中华书局，1980年，第176页。

② 朱熹：《诗集传》，北京：中华书局，2011年，第326页。

③ 孔安国、孔颖达：《尚书正义》，阮元：《十三经注疏》，北京：中华书局，1980年，第214页。

等。① 春秋战国时期，天帝信仰发生巨大的变动，主要体现在天、帝的分离与天、帝的泛化。此一时期的帝有了"人帝"的内涵，这为日后"皇帝"的称谓奠定了基础。天的观念扩大，冯友兰先生曾总结中国古代之天的五种内涵：第一个是，与地相对的物质的天；第二个是，按法度运行的自然的天；第三个是，有人格的主宰的天；第四个是，不以人的意志为转移的命运的天；第五个是，宇宙最高原理的义理的天，比如《中庸》说"天命之谓性"的"天"。② 至春秋战国时，天的五种内涵基本已经完备。

总体来讲，商周时期的天帝信仰存在一个由强到弱的趋势，在这个趋势中《老子》的"人神关系"思想是其重要的一个环节。

（二）《老子》"人神关系"的内涵与历史价值

春秋时期，天帝观念虽然发生了转型，但诸侯因争霸的需要，仍然大力宣传天帝信仰。《老子》则明确地提出了"象帝之先"的观点，这是先秦"人神关系"发展历程中极具颠覆意义的论断。

传世本《老子》第四章记载："道冲，而用之或不盈。渊兮，似万物之宗……湛兮似或存。吾不知谁之子，象帝之先。"第二十五章记载："有物混成，先天地生。寂兮寥兮，独立不改，周行而不殆，可以为天下母。"此两章是描述"道"之本体的。前文已述，至春秋时期，天、帝的观念已经有所分离，《老子》认为道在帝之先，亦在天之先，道是"万物之宗"，是凌驾于传统的天帝神的存在。胡适指出："老子的最大功劳，在于超出天地万物之外，别假设一个'道'。这个道的性质，是无声、无形；有单

---

① 按照传统的观点，《诗序》认为《诗经·小雅》中的《节南山》《正月》《十月之交》《雨无正》《小旻》《小弁》《巧言》《巷伯》《瞻卬》《召旻》为"刺幽王"诗，《大雅》中的《板》《荡》《抑》《柔桑》为"刺厉王"诗，这些诗为"变雅"。近年来，一些学者认为"变雅"诗中关于天帝的诗句不是"怨天"，而是借助天帝警示统治者，并认为这不是宗教信仰的变化。（陈筱芳：《〈诗经〉怨天诗新解》，《西南民族大学学报》2004 年第 5 期）笔者认为，新说确有一定道理，但在西周晚期大量怨天诗绝非凭空出现，在现实政局动荡的社会存在中，必定衍生社会意识的转变，因此于此仅遵从传统说法。

② 冯友兰：《中国哲学史》，北京：中华书局，1961 年，第 55 页。

独不变的存在，又周行天地万物之中；生于天地万物之先，又却是天地万物的本源。"①

《老子》认为"道"分为两种：一种道是可以理解、言说的道，这种道是会变化的，是"非常道"；另一种道是不能理解、不能言说的，是本体论和宇宙生成论，是永恒不变的，是"常道"（"恒道"）。《老子》认为"常道"是世界的本体论、宇宙生成论，是宇宙运行的规则，还具有不可知论的特性。《老子》说："道生一，一生二，而生三，三生万物。"（第四十二章）又说："反者道之动；弱者道之用。天下万物生于有，有生于无。"（第四十章）可见，《老子》认为"常道"是世界的本源，即便天帝神也是由道衍生出来的，由此，相对于"常道"而言，天帝神与人一样都是"有"的范畴，都是"非常道"。

没有了传统的天帝信仰，人又该如何做呢？《老子》又提出："人法地，地法天，天法道，道法自然。"（第二十五章）这里的"天"正是上引冯友兰先生所述第二种天，即"自然的天"，而不再是天帝的天。② 人法地、法天，却不需信奉天帝神，作为天帝之子的王便无法利用天帝的权威统御百姓了，从这个角度而言，《老子》"人神关系"思想在理论上彻底颠覆了商周神权的基础。

《老子》否定了上帝的至高无上的地位和权威，将天、人放置于道中，且道凌驾于天、人之上，扫荡天命的虔诚而吹来了自然主义的清新之风，为春秋战国天帝观念的转型提供了理论依据。可以说老子是中国历史上第一个摆脱了宗教或神话的束缚，从哲学的角度出发，来思考宇宙起源问题和存在根据问题的大思想家。

二、《老子》的"人际关系"思想

《老子》的"人际关系"思想同样是在"常道"的理论基础上展开

---

① 胡适：《中国哲学史大纲》，北京：中华书局，2013 年，第 41—42 页。
② 冯友兰：《中国哲学史》，北京：中华书局，1961 年，第 55 页。

的。《老子》说："大道废，有仁义；智慧出，有大伪；六亲不和，有孝慈；国家昏乱，有忠臣。"（第十八章）王弼释曰："甚美之名，生于大恶，所谓美恶同门。六亲、父子、兄弟、夫妇也。若六亲自和，国家自治，则孝慈、忠臣不知其所在矣。"苏辙云："六亲方和，孰非孝慈。国家方治理，孰非忠臣……此之谓仁义、大伪、忠臣、孝慈之兴，皆由道废、德衰、国乱、亲亡之所致也。"①《老子》认为如果一切遵循"道"的规律特征，便不会出现"仁义""孝慈""智慧""忠君"等现象，"道"作为天地万物存在的本源与本体，造就了天地万物，并非有意而作为，是自然而然。这便是《老子》"人际关系"思想的核心。

从历史的角度看，殷商、西周时期的社会形态是氏族社会，以血缘为纽带的氏族是社会的细胞，此时的人际关系局限在血缘氏族之中。"孝"和"友"便是带有鲜明的血缘特征的伦理德目。② 至春秋时期，血缘氏族社会逐步瓦解，传统的伦理道德也从氏族延展至家庭与个人。孝的对象从宗族更多指向个体家庭，友从血缘伦理道德变为"志同道合为友"，此外，忠、信等伦理思想也普及开来，仁、义等面向内心的道德思想也日趋成熟。而《老子》认为，殷商、西周乃至春秋时期形成的孝、友、忠、信、仁、义等伦理思想都是"非常道"，是"下德"，只有遵循"道"的伦理行为才是"上德"。

《老子》在《德经》开篇便论述了符合于"道"的伦理总则，三十八章言：

> 上德不德，是以有德；下德不失德，是以无德。上德无为而无以为，上仁为之而无以为，上义为之而有以为，上礼为之而莫之应，则

---

① 高明：《帛书老子校注》，北京：中华书局，1996 年，第 311 页。
② 付瑞珣：《商周伦理思想嬗变研究》，东北师范大学历史文化学院博士学位论文，2019年，第 34 页。

攘臂而扔之。故失道而后德，失德而后仁，失仁而后义，失义而后礼。夫礼者，忠信之薄，而乱之首。前识者，道之华，而愚之首。是以大丈夫处其厚，不居其薄；处其实，不居其华。故去彼取此。

"上德"是符合"道"的伦理准则，"不德"即"不得"，"有德"即"有得"，"不失德"即"不失得"，第一句话的意思是符合于"道"的"德"不求有得，便可以得到，仁、义、礼等"德"唯恐失去，结果还是无法得到。帛书甲、乙本均无"下德无为而有以为"一句，学界普遍认为此句为衍文。李零先生说："最好的德，彻底无为，行动无为，思想也无为；最好的仁，思想无为，行动有为；最好的义，彻底有为，思想有为，行动也有为；最好的礼，是不管人家愿意不愿意，非强迫别人做"①，生动形象地阐释了"上德"与"下德"的差异。德、仁、义、礼有着伦理内涵的降序，礼是"忠信之薄，而乱之首"。"前识"是提前的思虑谋划，是华而不实的。

实际上，《老子》虽然列举了仁、义、礼的"下德"伦理序列，但较于"上德"而言，其对"下德"是整体性否定的。上引"六亲不和，有孝慈"，而在十九章中又说："绝仁弃义，民复孝慈。""孝慈"作为结果，《老子》既反对"六亲不和"的现实原因，又倡导"绝仁弃义"的方法，前者中的"孝慈"是负面意义，后者则是正面的追求，两者或有矛盾。可以说《老子》对于"下德"的讨论并未形成体系，其更为关注"上德"伦理的实践。

《老子》认为"上德"伦理是"无为""无欲"。"无欲"为统治者"修身"而言，前章有述，后文言及"身心关系"亦会论述。"无为"前

① 李零：《人往低处走：〈老子〉天下第一》，北京：生活·读书·新知三联书店，2008 年，第 127 页。

文也有讨论，但其涉及统治者与民的政治伦理关系，于此简要征引《老子》"无为"言论如下：

(1) 是以圣人处无为之事，行不言之教；万物作焉而弗始，为而不恃，功成而弗居。夫唯弗居，是以弗去。（第二章）

(2) 不尚贤，使民不争；不贵难得之货，使民不为盗；不见可欲，使民心不乱。是以圣人之治，虚其心，实其腹；弱其志，强其骨。常使民无知无欲。使夫知者不敢为也。为无为，则无不治。（第三章）

(3) 爱民治国，能无为乎？（第十章）

(4) 道常无为而无不为。侯王若能守之，万物将自化。〔第三十七章）

(5) 天下之至柔，驰骋天下之至坚，无有入无间，吾是以知无为之有益。不言之教，无为之益，天下希及之。（第四十三章）

(6) 为学日益，为道日损。损之又损，以至于无为，无为而无不为。取天下常以无事，及其有事，不足以取天下。（第四十八章）

(7) 故圣人云："我无为，而民自化；我好静，而民自正；我无事，而民自富；我无欲，而民自朴。"（第五十七章）

《老子》主张"无为而治"的统治模式，主要围绕着统治者与百姓的关系展开，是政治层面的"人际关系"。无为而治的伦理思想是其"道法自然""道常无为"这一道性内涵在政治伦理上的体现。所谓"悠兮，其贵言。功成事遂，百姓皆谓：我自然"（第十七章）、"是以圣人欲不欲，不贵难得之货，学不学，复众人之所过，以辅万物之自然而不敢为"（第六十四章）以及引文（7）之"自化""自正""自富""自朴"。正如陈鼓应所言："'无为'主张，产生了放任的思想——充分自由的思想。这种思想是由不干涉主义而来的，老子认为统治阶层的自我膨胀，适足以威胁百姓的自由与安宁，因而提出'无为'的观念，以消解统治者的强制性与干预性。"① 《老子》认为统治者应效法道之于万物一般，不过分干预百姓、使用百姓、约束百姓、强迫百姓，而是维护百姓的自然性，进而使世间处于一种"民至老死不相往来"的"小国寡民"的状态，（第八十章）这便是《老子》主张的符合于道的"人际关系"。

《老子》"人际关系"思想亦有着深刻的时代背景。春秋时期，王纲解纽，传统的政治秩序遭到破坏，霸主制度无法实行天下的长久稳定，反而引起诸侯们的竞争。另一方面，春秋晚期亦未形成战国中晚期及秦汉以降的专制体制，社会形态在血缘与地缘之间过渡，旧制度的崩坏与新制度的未定型促使思想家们在伦理思想方面各抒己见。从《左传》《国语》《论语》等可以反映春秋时期思想文化的典籍中不难发现，即便春秋时期的伦理思想与殷商、西周时期有了很大的变化，但孝、友、仁、义、忠、信、敬等伦理德目仍旧是社会宣扬的"人际关系"准则。问题在于，这些自殷商、西周至春秋一路发展演变的伦理思想无法解决政治秩序崩坏下的人际关系的危机，作为史官的老子又深知政治秩序的不稳定性，因此，他总结出了永恒不变的存在与秩序——"常道"。在"常道"的运行规则之下，既有的"人际关系"准则是善变的、虚妄的，只有作为个体的人的属性——自然才如同道一样永恒。每个个体充分地实现了自然属性，人际之间便处于一种自然的相处状态，《老子》用"邻国相望，鸡犬之声相闻，民至老死不相往来"描述这种自然性的人际关系。

准此，统治者无须过多管理民众，人际之间也无须"忠""孝""仁""义"等德目来维系，人们只要遵从道的自然性，在"小国寡民"的状态下，实现"自化""自正""自富""自朴"，那么天下便可以在道的秩序下实现永久稳定。不同于商周主流人际伦理的诸多规范，《老子》"人际关

---

① 陈鼓应：《老庄新论》，上海：上海古籍出版社，1992年，第28—29页。

系"思想建立在道的基础上，充分地展现了个体的自然性，并在遵从个体自然性的基础上实现"人际关系"的自然性，这确乎为中国伦理思想史上的一朵奇葩。

三、《老子》的"身心关系"思想

与西方哲学的"灵肉分离"观念相对，中国原生思想文化更多地体现出"身心合一"的倾向，即令身体的感官符合于心理的德性要求。继承商周文明的儒家便主张"身心合一"，儒家认为"礼"不要仅仅体现为外在的"仪"，还要符合内心的"仁"。《老子》的"身心关系"思想亦指向"身心合一"，只是《老子》认为人的言行与感官要合乎于道，其具体表现为"致虚守静"。《老子》说："致虚极，守静笃，万物并作，吾以观其复。天物芸芸，各复归其根。归根曰静，静曰复命。"（第十六章）高明先生解释说："'虚'者无欲，'静'者无为，此乃道家最基本的修养。"① 就身心关系而言，前者指内心的虚空无欲，后者指身体言行的静谧无为，两者是二而一的关系。一个人做到了身体言行上的"静"，便遵从了内心的"虚"，身心便同处于道的规律之下。

就内心之"虚"而言，《老子》主张人要节制欲望。《老子》说："见素抱朴，少私寡欲。"（第十九章）吕吉甫云："见素则致其无所与杂而问；抱朴则知其不散而非不足。素而不杂，朴而不散，则复乎性。外物不能惑而少私寡欲矣。少私寡欲而后可以语绝学之道也。"② 就是要人们保持纯洁朴实的本性，减少心中不该有的杂念和欲望。③ 又说："五色令人目盲；五音令人耳聋；五味令人口爽；驰骋畋猎，令人心发狂；难得之货，令人行妨。是以圣人为腹不为目，故去彼取此。"（第十二章）《老子》认为人不能过分追求"五色""五音""五味"、狩猎、珍贵的物品等感官的刺激，

---

① 高明：《帛书老子校注》，北京：中华书局，1996 年，第 299 页。
② 高明：《帛书老子校注》，北京：中华书局，1996 年，第 314 页。
③ 陈鼓应：《老子今注今译》，北京：商务印书馆，2006 年，第 148 页。

摒弃外界物欲生活的诱惑，而要少私寡欲，持守内心的安静，确保固有的天真。[①] 这句话的对象虽然为统治者，但亦适用于普通人。实际上，每个个体都存在私欲泛滥的倾向，前文所述《老子》所谓人的自然性绝非要放任无所节制的感官刺激，而是说明人本身存在克制私欲的能力，即所谓的"自化""自正"。节制欲望是人之自然性符合于道之自然性的体现，是《老子》"身心关系"思想的重要内容。

就身体言行之"静"而言，《老子》主张要以"柔·弱"处世。老子对"柔·弱"的认同源自生活的经验，他发现"人之生也柔弱，其死也坚强。草木之生也柔脆，其死也枯槁。"（第七十六章）老子从人类和草木的生存现象中，说明成长的东西都是柔弱的状态，而死亡的东西都是坚硬的状态，老子从万物活动所观察到的物理之恒情，[②] 而断言"坚强者死之徒，柔弱者生之徒。是以兵强则灭，木强则折"（第七十六章）的道理，进而提出"柔弱胜刚强"（第三十六章）、"天下之至柔，驰骋天下之至坚"（第四十三章）、"强大处下，柔弱处上"（第七十六章）的观点。《老子》"柔弱胜刚强"所指向的是人之身体言行。"坚强"之言行必然带有过分的欲望，这是"三王五霸"的真实历史图景，是《老子》所反对的，因为这种行为有违于道之规律，而"柔弱"之言行是"无为"，是"静"，与心之"虚"相应，是符合道之规律的。因此，《老子》主张要以"柔弱"处世。

综之，《老子》"身心关系"思想的核心便是"致虚守静"。"虚"为内心无欲，以此能够节制欲望，保持赤子之心；"静"为身体无为，以此能够处"柔弱"，如婴儿一般，虽弱小却生机勃勃，随道而行。

《老子》五千言中包含了丰富的伦理思想，涵盖人神关系、人际关系与身心关系三个层面——此亦为中国古代哲学所关注的主要层面。人神方面，《老子》认为"道"是世界的本源，以此颠覆了商周以来的天帝信仰，

[①] 陈鼓应：《老子今注今译》，北京：商务印书馆，2006 年，第 120 页。

[②] 陈鼓应：《老子今注今译》，北京：商务印书馆，2006 年，第 334 页。

由此将天帝神与人归于"非常道"的范畴，在理论上实现了天帝、王与民的身份同质。人际方面，《老子》认为商周时期流变发展的伦理体系不符合于道之规律，人应充分发挥自然性，实现"自化""自正""自富""自朴"，在此基础上达成人际关系的自然性，《老子》用"邻国相望，鸡犬之声相闻，民至老死不相往来"描述这种自然性的人际关系。在身心方面，《老子》主张"致虚守静"，虚为内心的无欲、静为身体的无为，两者归于道的规律下实现"身心合一"。

《老子》的伦理思想有着深刻的时代背景，它既是商周思想嬗变的历史产物，又有着跨越时空的超越性。《老子》以"道"为核心，在人神、人际、身心方面构建起具有形而上性质的伦理思想。在现实层面，《老子》伦理思想难以切实地践行；而在理论层面，《老子》中的"道生万物""小国寡民""致虚守静"等思想深刻地影响了后世，成为中华文明的重要基因。

第二节　《老子》"善"论

是非善恶的判断是伦理的标尺，追求"善"也是伦理思想的目标。在中国早期思想文化中，"善"有多重意涵，《老子》之"善"亦是如此，理清《老子》文本中"善"的不同意义，揭示《老子》"善"思想，是《老子》伦理思想研究的重要内容之一。

一、《老子》文本中的"善"及其内涵

"善"是《老子》中论及频次较多的议题之一。据初步统计，《老子》中直接言"善"的章节有第二章、第八章、第十五章、第十七章、第二十章、第二十七章、第四十一章、第四十九章、第五十章、第五十四章、第六十二章、第六十五章、第六十六章、第六十八章、第七十三章、第七十九章、第八十一章。以上诸处，《老子》"善"的含义不尽相同，须分类

辨析。

其一是"善"作"擅长""善于",或者"有能力"的意思。《老子》言及"善"多从这个意义而言。在先秦文献中此种含义亦为常见,《诗·郑风·大叔于田》曰:"叔善射忌,又良御忌"。① "善"前为主语"叔",后接宾语"射",与"良"相对,意为叔(认为叔为叔段)擅长射术与御术。《老子》第十五章言:"古之善为士者,微妙玄通,深不可识",此句的"善"也为"擅长"之义。《老子》六十五章说:"古之善为道者,非以明民,将以愚之",这就是说,古时善于行道之人,不是教民精巧,而是使人民淳朴。一个合格的统治者应当是善于为道的,为道就是要无为而治。

"善为道者",即为"圣人"。《老子》六十六章以江河喻"圣人"曰:"江河之所以能为百谷王者,以其善下之,故能为百谷王",认为江河能成为诸多河流汇聚的地方,是因为其善于处于低下的位置,而放之于人。"是以圣人欲上民,必以言下之;欲先民,必以深身后之",这就是说,圣人要想领导人民,则必须要对人民谦下;要为人民做表率,则必须把自己的利益放在人民之后。《老子》六十八章亦说:"善用人者,为之下",这叫作"不争之德",老子强调体道之人抑或圣人要不争不抢,这样才合乎"德",亦合乎"道"。

其二是《老子》中出现的"善人"与"善者"。由前文可知,当"善"作为"擅长""善于"或者"有能力"来讲时,其必然有作为施发者的主语,如上面所举叔段,与此同时,他们也必然是某方面的"善者""善人"。如《韩非子·内储说上》曰:"韩昭侯曰:'吹竽者众,无以知其善者。'"由其文义可知,此处"善者"当指擅长吹竽之人。裘锡圭先生认为"善人""善者"最早指"有能力的人",先秦稍晚的文献中又生成

---

① 郑玄、孔颖达:《毛诗正义》,阮元:《十三经注疏》,北京:中华书局,1980年,第338页。

了"好人"的意思。① 故而，《老子》中之"善者"究竟为何意值得探究。

《老子》第六十二章曰："道者万物之奥。善人之宝，不善人之所保"，此句帛书本作"道者万物之注（主），善人之葆，不善人之所保也"，郑玄注："'奥'犹'主'也"，高明说今本之"奥"当训为"主"，再加之"宝""葆"二字可通用，② 其引蒋锡昌云："善人化于圣人之道，益进于善，故道为善人之宝。不善人化于圣人之道，可以改善，古道为不善人之所保……"，③ 由此可见，此句当解为：道是万物的庇荫，善人珍贵它，不善的人也可以保住它（以改善）。从上文可知，老子通篇呼吁世人要"善为道"，此章又言"道者万物之奥（主），善人之宝……"，则可知，此处之"善人"当按"有能力的人"解，"善人"是"善为道"的体道之士，他们通过修道"益进于善"，趋近于"圣人"。

在第七十九章，老子又说："天道无亲，常与善人"，这说的是：天道（自然的规律）是没有偏爱的，经常与善人在一起。此处的"善人"与第六十二章"善人"含义同，为"善为道"的体道之士。因为他们善于顺应道、遵从道，所以能利用好自然规律，"道"就会与他们常在。

《老子》第八十一章言："善者不辩，辩者不善"，帛书乙本（帛书本为第六十八章）作"善者不多，多者不善"，有学者主张当依帛书本，"多"当指"多事"，若用于统治者，当以"政令繁苛"之解为宜，强调"不多"，这是符合老子的"无为而治"之思想精神的。④ 所以此处之"善者"当指有德行的统治者，善于顺应道法自然的体道之士。

其三是"善"作形容词，为"好的""有益的"意思。"善"可以用来称人，亦可称事物，如"善的事""善的道""善的境地"等，此时的

① 裘锡圭：《从古汉语中"善"的用法谈到〈老子〉中的"善"》，北京大学历史系、北京大学中国古代史研究中心编：《吴荣曾先生九十华诞颂寿论文集》，北京：中华书局，2022 年，第 68—168 页。
② 高明：《帛书老子校注》，北京：中华书局，1996 年，第 127 页。
③ 蒋锡昌：《老子校诂》，北京：商务印书馆，1937 年，第 379 页。
④ 高明：《帛书老子校注》，北京：中华书局，1996 年，第 156 页。

"善"蕴含着正确的、有益的含义，形容美好的事物。与此同时，"善"亦可以作动词用，如"对……有益""对……好"等等。李学勤《字源》引李守奎话说："'善'的吉祥美好这一基本意义古今一直延续不变。"①

《老子》第二章说："天下皆知美之为美，斯恶已；皆知善之为善，斯不善已"，将"美"与"恶"对言，"善"与"不善"对言。第二十章王弼本记载："善之与恶，相去若何，人之所畏，不可不畏。"而北大汉简本与帛书本均作"美之与恶"②，将"美"与"恶"相对，与上文所述第二章"美"与"恶"的对言契合，此当从出土文献。老子认为美与恶、善与不善的对立是可以相互转换的，善的可以堕落成不善的，不善的也可以自我修复变成善的，正如上引第六十二章所说："道者万物之奥（主）。善人之宝，不善人之所保。""道"是保持善的珍宝，亦是不善进于善过程中可以保持的法宝。

"善"也是分程度的，《老子》第八章言："上善若水。水善利万物而不争，处众人之所恶，故几于道。"河上公注曰："上善之人，如水之性。"③ 即老子认为至善之人，应当与水一样。那么水的性质是什么样的呢？陈鼓应引陈荣捷的话说："水、牝与婴儿，是老子用以象征道之最著名者，此种象征基本上是伦理的，而非形上学的。颇堪玩味的是，初期的印度人将水和创造联结在一起；希腊人则视之为自然的现象；古代中国的哲学家，不管老子或孔子，则宁可从中寻得道德的训示。笼统说来，这些不同的进路，分别形成了印度、西方与东亚不同的文化特色。"④ 老子从水润泽万物道的特点得到启示，他于此以水喻道，他以为水善于滋润万物而不与万物争抢，停留在世人所厌恶的地方，所以最接近于道。前文又说"上善若水"，即上善之人如水，接近于道。此处的"善"的含义是"好

---

① 李学勤主编：《字源》，天津：天津古籍出版社，2013 年，第 196 页。
② 北京大学出土文献研究所编：《北京大学藏西汉竹书》（贰），上海：上海古籍出版社，2012 年，第 153 页；高明：《帛书老子校注》，北京：中华书局，1996 年，第 316 页。
③ 王卡点校：《老子道德经河上公章句》，北京：中华书局，1993 年第 28 页。
④ 陈鼓应：《老子今注今译》，北京：商务印书馆，2006 年，第 102 页。

的"、"有益的"，既可以指代善人亦可以指代善的事物。

与此同时，老子也主张要以"善"的态度对待世人。《老子》第四十九章言："善者，吾善之；不善者，吾亦善之；德善"，无论是善人还是不善的人，老子都主张要"善"之，此处"善"作"善待"讲，这样就可以致"善"（"德"假借为"得"），因此《老子》才主张"报怨以德"。然而其他春秋战国时代的哲学家却有不同观点，如《墨子·兼爱中》中提到："夫爱人者，人亦从而爱之；利人者，人亦从而利之；恶人者，人亦从而恶之；害人者，人亦从而害之。"① 孟子也说："爱人者，人恒爱之，敬人者，人恒敬之。"② 墨子和孟子讲究所谓敬爱别人也会得到别人的敬重，对别人施于恩惠也会得到别人的帮助。孔子更是针对"报怨以德"而说："何以报德？以直报怨，以德报德。"③《老子》不放弃"不善"的人，他认为想要达到"道德善良"的境界，就必须学会"以善待不善"的原则。与人相处不易，与不善人相处更不易。《老子》主张"不善者吾亦善之"，这一原则是达到"道德善良"的关键，体现了道家自然无为、清醒超脱的宽阔胸怀。这就是《老子》的"善之道"。

二、商周政治伦理思想视域下《老子》之"善"

"善"字始见于西周金文，其一般写法为𩑛。早期西周青铜器对"善"就有所记录，如谏簋铭文：

> 王呼内史先册命谏曰："先王既命汝王宥，汝谋不有闻，毋敢不善。今余唯或命汝。赐汝攸勒。"④

---

① 孙诒让：《墨子间诂》，北京：中华书局，2001 年，第 104 页。
② 焦循：《孟子正义》，北京：中华书局，1987 年，第 595 页。
③ 何晏、邢昺：《论语注疏》，阮元：《十三经注疏》，北京：中华书局，1980 年，第 1513 页。
④ 中国大百科全书（第三版）网站：《谏簋铭文》，https://www.zgbk.com/ecph/words?SiteID=1&ID=363051，2021 年 6 月 16 日。

铭文内容主要为周王任命一个名为谏的官员管理王的宴乐之事，并对其进行告诫，强调其要"毋敢不善"，此处之"善"其义当为"妥善处理"，所谓"尽善尽美"，即要求谏其人需要把宴乐之事管理好。《说文》对"善"的解释是："从誩从羊，吉也。"① 可见"善"自古就代表着美好的寓意。在先秦时期诸多的文献的语境中，"善"的含义及其用法不尽相同，从上文《老子》之"善"便可见一斑。有学者通过对"善"的语法词性研究，找到了"善"与"道""德""圣人"等概念之间的联系，并揭示出"善"基本内涵就是自然无为的不争之德。② "善"自商周时期诞生起，其基本含义代表着美好的寓意，古人不单强调要"善于"，即指个人需要有一技之长，成为一个有才能之人。古人也强调要致"善"和持"善"，《左传》有曰："惩恶而劝善"③，又曰："善不可失，恶不可长"④，"善"是君子待人接物的一种美好品格；《孟子》也说："故君子莫大乎与人为善"⑤，以"善"的态度待人接物，能达到人人为善的境地；《管子》曰："善人者，人亦善之"。⑥《老子》继承了"善"自商周以来其代表美好的正面取向，也主张世人要向"善"，并且以"善"的态度对待世间万物，可以说，《老子》之"善"其内涵与商周以来"善"之文意是一脉相承的。但是《老子》"善"论是在继承基础上有所突破，实现了商周以来"善"基本意涵的超越。

（一）"善"与"不善"的相对主义哲学

在《老子》的思想体系中，道创造世间万物，一切现象均是在相对状

---

① 段玉裁：《说文解字注》，上海：上海古籍出版社，1981 年，第 201 页。
② 李源：《试论〈老子〉的"善"》，《商丘师范学院学报》2020 年第 4 期。
③ 杨伯峻：《春秋左传注》，北京：中华书局，1981 年，第 870 页。
④ 杨伯峻：《春秋左传注》，北京：中华书局，1981 年，第 50 页。
⑤ 焦循：《孟子正义》，北京：中华书局，1987 年，第 241 页。
⑥ 黎翔凤：《管子校注》，北京：中华书局，2004 年，第 459 页。

态下造就的，世间万物都有其对立面，并且相生相成。前文对《老子》第二章"有无相生，难易相成，长短相形，高下相盈，音声相和，前后相随"揭示的相对主义思想已有论述。与"祸兮，福之所倚；福兮，祸之所伏"相似，《老子》"善"论也包含了"善"与"不善"的相对转化。

前引"天下皆知美之为美，斯恶已；皆知善之为善，斯不善已"句，蒋锡昌云："无名时期以前，本无一切名，故无所谓美与善，亦无所谓恶与不善。迨有人类而后有名，有名则有对待。既有美与善之名，更有恶与不善之名。"[1]《老子》认为美和善的存在，必然伴随着丑和恶的存在，二者相互依存、相互转化，没有绝对的美和善，也没有绝对的丑和恶。《老子》于此体现的审美、价值与伦理观念均与"道"的规律特性相关。从"常道"的角度看，世间的一切道理属于"非常道"的范畴，是会随着时间、地点、族群而改变的，在这样的认识论中，"善"与"不善"也不是永恒的。

（二）善与道的关系

对于"善"，《老子》第八章有一个总的观点："上善若水。水善利万物而不争，处众人之恶，故几于道。"帛书甲本"如"作"治"，"众"下无"人"字；"争"作"静"（"争"通"静"），"亚"作"恶"（"亚"为"恶"之古字）。[2] 帛书甲、乙本用字有异，但句脉文义大致相同。帛书本与王弼本的主要差异在于，帛书本认为水的品质除了滋润万物之外，是"有静"，传世王本则说"不争"，二者的含义相去不远，"静"的水实则就是不争不抢的。故而这句话的意思可以解释为，上善之人就像水一样，水滋润万物使万物受益而不争夺，它默默地处于低下的位置，因此它很接近"道"的境界。"道"是世间万物的创造者，它默默地维持着万物的运行，却从不索取。所以老子强调，世人应该像水一样，甘居人下，不争不

---

① 蒋锡昌：《老子校诂》，北京：商务印书馆，1937年，第12页。
② 高明：《帛书老子校注》，北京：中华书局，1996年，第253—254页。

抢，默默奉献，这才是最优良的品质。从水及道，道本是形而上的，但当其落实到人生层面，成为了我们生活的准则，这一层次的"道"便称为"德"。

《老子》认为，"上善之人"的行为接近于道，即为"上德"，由此其倡导的"七善"都是符合于"上德"的。（1）居善地：处身喜好像地那样谦下不矜，这里引申为卑下之地，比喻低下的位置。尽管常言道人往高处走，水往低处流，老子却持不同看法，他认为人应当谦虚、低调，与水一样处于低处。《老子》第六十六章提到："江河之所以能为百谷王者，以其善下之也。"江海所以能为百川所归往，是由于它甘于就低处而处在下方，所以能做百川之王。正是因为圣人"不争"，才能够成就其"天下莫能与之争"。（2）心善渊："渊"指"挫其锐，解其纷，和其光，同其尘"的深远运作，也就是心里有要有万物宗主般的包容性。河上公注：水深空虚，渊深清明。① 这里指圣人的境界如同深渊一样深邃难识、平静沉稳。（3）与善仁：与别人交往时非常仁爱。像水一样，付出而不困于回报，做到真正的"不争"，时刻保持着一颗仁爱之心。（4）言善信：言语诚实无欺。《老子》第八十一章曰："信言不美，美言不信；善者不辩，辩者不善。"真话不好听，好听的不是真话；好人不巧辩，巧辩的不是好人。告诫我们为人做事要诚实守信，善于区分别人的言语，并非好话信之，坏话弃之。（5）正善治：从政时善于治理。当政者为政要合乎道的规律，道的规律也就是水的规律，也即是无为的原则。（6）事善能：做事情要找到恰当的人，把不同才能的人安排到不同的位置上去，使之做事善于发挥所长。（7）动善时：以动为奇而有常则依循。

《庄子·天下篇》述老聃之学曰："其动若水，其静若镜，其应若响。"② 《老子》用水性喻上德者的人格，以此为介阐释了"七善"内涵，并在理论体系中将"善"归于"上德"的层面，是先秦时期对"善"思

---

① 王卡点校：《老子道德经河上公章句》，北京：中华书局，1993年，第29页。
② 郭庆藩：《庄子集释》，北京：中华书局，1961年，第1094页。

想的系统论述。

第三节　《老子》"福"论

对于什么是幸福，如何追求幸福，是伦理学中的重要问题。《老子》"福"论亦是其伦理思想中较为有意义的话题。"福"的观念至晚在商代就已诞生，代表着华夏先民对美好生活的精神追求。其内涵在后世不断得到扩充，形成了华夏民族独有的"福文化"——如《尚书·洪范》发展出了"五福"的概念："寿""富""康宁""攸好德""考终命"。这使得"福文化"也成为中华文明中诞生最早、延绵最长的精神文化之一。对"福"的论解自商周到春秋战国络绎不绝，尽管各经典、各学派之间的论述略有差异，但都对"福"有着共性的认识，即其囊括了个人生命历程与生活构成的一切美好愿景。

《老子》"福"思想内涵是丰富的。《韩非子》解读为"全""寿""富""贵"几个维度，与《尚书·洪范》发展出"五福"的概念有所异同，这些共性与差异可成为解读《老子》中"福"思想的重要依据。在目前的学界，虽有部分研究涉及《老子》之"福"，但他们大多从老子所谓"朴素的辩证法"出发，重点论述老子的"福"思想中蕴含的福祸相依的哲学思辨，缺乏对《老子》的文本分析，并没有看到《老子》中所提及的"福"与商周时期的"福"其文意是一脉相承的，因而看不到《老子》在论述"寿""富"等主题时，实则也在表达其幸福观——导致对《老子》中"福"思想的研究走向狭隘。基于对《老子》文本的解读以及与诸先秦文献相比证，《老子》之"福"继承自商周时期政治伦理思想精神，其肯定有"福"的生活应当包含"寿""全""富"等现实条件，却又围绕"道"这一原则，从相对主义哲学的立场出发，主张"福祸相依""无为而治"，其终极目的是实现精神世界的致"福"，这实现了对传统思维之"福"学说立场上的突破与超越。

一、《老子》文献中的"福"及其内涵

"福"这一概念至晚在商代就已诞生，在甲骨文体系中，"福"通常写作，会意字，从示从畐，像双手高举酒器向牌位状，以求神祖赐福。《说文》："福，祐也"。① 祐，旧义为天、神的祐助。这反映出早期中国先民一种真实的生活图景与伦理政治思想：殷先人好事鬼，他们认为只有获得神祖的庇佑，生产、生活才能有条不紊地进行，这便是"福"的最初意义——尽管这带有一定的原始宗教色彩，但实质上却反映出远古华夏先民对于美好生活的精神追求。考察《老子》文本中的"福"思想，可发现其与商周伦理政治思想之间存在着密切关联。

作为《老子》的重要议题之一，"福"在传世本中共有两处被明确提到，先见王弼本《老子》第五十八章：

> 祸兮福之所倚；福兮祸之所伏，孰知其极？

此句马王堆帛书本甲、乙本以及北大西汉竹书本与王本均略有出入，兹引文如下：

> 祸，福之所倚；福，祸之所伏，［孰知其极？］（帛书甲本）
>
> ［祸，福之所倚；福，祸之］所伏，孰知其极？（帛书乙本）
>
> 福，祸之所倚；祸，福之所伏。夫孰知其极？（北大西汉竹书本）

帛书甲乙本都有不同程度的残损，但两版本可互勘，可见其正确文本当为"祸，福之所倚；福，祸之所伏，孰知其极？"故而高明主张世传今本均当据帛书订正。② 而王弼本与帛书本的差距在于前两句均多出一个"兮"字，

---

① 刘兴隆：《新编甲骨文字典》，北京：国际文化出版公司，2005 年，第 14 页。
② 高明：《帛书老子校注》，北京：中华书局，1996 年，第 143 页。

导致断句略有出入，北大西汉竹书本较王弼本后句则多一"夫"字。然此文本的核心要义是"福祸相依"，"兮""夫"作为语气助词并无实意，可见王弼本与帛书本、北大西汉竹书本虽有差异，然其义未变。"祸"，《说文》的解释是"害也，神不福也"。① 意思是得不到神仙佑助，便是为祸。综合上文对"福"的原意解读来看，此处"祸"与"福"含义相对。其后又引申为"使受灾""祸害"之意，如成语"祸国殃民"等。

提及"福"的《老子》传世文本又见其第六十五章：

> 故以智治国，国之贼；不以智治国，国之福。

马王堆帛书本、北大西汉竹书本与其亦有不同：

> 故以知（智）知（治）邦，邦之贼也；以不知（智）知（治）邦，[邦之]德也。（帛书甲本）
> 故以知（智）知（治）国，国之贼也；以不知（智）知（治）国，国之德也。（帛书乙本）
> 故以智智（知）国，国之贼也；以不智智（知）国，国之德也。（北大西汉竹书本）

可见王弼本与帛书本、北大西汉竹书本最大的差别在于末句"国之福"与"国（邦）之德"二者。高明认为"福"字当为后人篡"德"字所改，但"德"与"福"义可通，因"福""贼"二字可并举为韵，其引荀子言："天子即位上卿进，如之何尤之长也。能除患者则为福，不能除患者则为贼"。② 此句核心思想是老子主张统治者须清净少言，无为而治，如此方能治理好国家。可见，无论是"德"或"福"，其均指国家治理达到的一种

---

① 段玉裁：《说文解字注》，上海：上海古籍出版社，1981年，第8页。
② 高明：《帛书老子校注》，北京：中华书局，1996年，第111页。

美好状态。"贼"，《说文》解为"败也"。① 又《左传·僖公九年》曰："不僭不贼"，杨伯峻注："贼，伤害也"。② "国之贼"，陈鼓应今译为"国家的灾祸"。③ 所以，"贼"的原意与"祸"一致，二者在以上两处均与"福"相对。

综上所述，尽管在《老子》文本中直接言"福"的语句屈指可数，但毋庸置疑的是，其中"福"之内涵实际上与商周时期所指的"福"其文意一脉相承。"福"作为"祸患"的对立面，它总体上代表着早期中国华夏先民对于美好生活的精神追求——这便是《老子》文献中"福"之意涵。"福"思想其实质就是对于获取美好生活的一种理性思考。

二、《老子》中蕴含的"福"思想

《尚书·洪范》将"福"的内容进行了完整的概括与总结，运用"五行说"建构了"五福"这一概念，并固定了下来，影响于后世。《尚书·洪范》云：

> "……次九曰向用五福，威用六极……五福：一曰寿，二曰富，三曰康宁，四曰攸好德，五曰考终命。六极：一曰凶短折，二曰疾，三曰忧，四曰贫，五曰恶，六曰弱。"④

《洪范》一篇一般被认为是箕子对周武王治国理政的进谏之言："箕子乃言曰：'我闻在昔，鲧堙洪水，汨陈其五行。帝乃震怒，不畀洪范九畴，彝伦攸斁。鲧则殛死，禹乃嗣兴，天乃锡禹洪范九畴，彝伦攸叙。'⑤ 这段序

---

① 段玉裁：《说文解字注》，上海：上海古籍出版社，1981 年，第 630 页。
② 杨伯峻：《春秋左传注》，北京：中华书局，1981 年，第 331 页。
③ 陈鼓应：《老子今注今译》，北京：商务印书馆，2006 年，第 306 页。
④ 孔安国、孔颖达：《尚书正义》，阮元：《十三经注疏》，上海：上海古籍出版社，2008 年，第 478 页。
⑤ 孔安国、孔颖达：《尚书正义》，阮元：《十三经注疏》，上海：上海古籍出版社，2008 年，第 447—448 页。

言表明，"五福"作为"九畴"之中的内容，是统治者所施行的治国安邦之策。在提到如何劝人向善并惩戒恶人作恶时，便可"向用五福""威用六极"。所谓五福，包含着长寿、富裕、生活安定、爱好德行、善终等五个维度的美好向往，与之相对应的则是象征厄运的"六极"。虽然"五福"与"六极"在数量上并未完全对称，但从天地阴阳的角度而言，"五福六极"二者的内容、性质等属性呈对称状，其以系统客观、辩证统一的生命存在观为世人展现了古人对生命历程与生活构成的双重逻辑构造。① 可以发现，《洪范》对"福"做出的完整概括，几乎囊括了个人生命历程与生活构成的一切美好愿景。这表明，"福"在后世不断地发展与诠释中，逐渐摆脱了原有的原始宗教色彩，开始具备更多的现实意义，形成了一个庞大的系统。

老子也曾描绘过自己心目中幸福生活的场景，见第八十章：

> 小国寡民。使有什伯之器而不用；使民重死而不远徙；虽有舟舆，无所乘之，虽有甲兵，无所陈之；使民复结绳而用之。甘其食，美其服，安其居，乐其俗。邻国相望，鸡犬之声相闻，民至老死，不相往来。

此章可以说是老子之"福"思想的直观体现，童书业对此说："这实际上是一种理想化的小农村，保持着古代公社的形式。有人说老子企图恢复到原始社会，这种说法并不妥。因为老子还主张有'国'，有统治；这种社会里还有'甲兵'，而且能够'甘其食，美其服'，这些都不像是原始社会的现象。老子只是企图稳定小农经济，要统治者不干涉人民，让小农经济自由发展，这就达到了他的目的。"② 童书业之理解，可谓卓识。

---

① 张方圆：《简论〈尚书〉"五福"的生命智慧》，《华夏文化》2023 年第 4 期。
② 童书业：《先秦七子思想研究》，济南：齐鲁书社，1982 年，第 135 页。

而韩非子是对《老子》中的福祸思想做出了直接诠释，见《韩非子·解老》：

> 人有祸则心畏恐，心畏恐则行端直，行端直则思虑熟，思虑熟则得事理，行端直则无祸害，无祸害则尽天年，得事理则必成功，尽天年则全而寿，必成功则富与贵。全寿富贵之谓福，而福本于有祸。故曰："祸兮福之所倚。"以成其功也。人有福，则富贵至；富贵至，则衣食美；衣食美，则骄心生；骄心生，则行邪僻而动弃理。行邪僻，则身死天；动弃理，则无成功。夫内有死天之难而外无成功之名者，大祸也。而祸本生于有福。故曰："福兮祸之所伏。"①

通过韩非子的解读，可以窥见《老子》中的"福"之内涵包含着富、贵、寿、全等一系列象征美好的内容。结合童书业之解读，不难发现老子并非不重视物质文明，他构建的理想社会中，"什伯之器""舟舆""甲兵"一应俱全，老百姓"甘其食，美其服，安其居，乐其俗"，可见百姓之生活是相对富足的，而"民至老死，不相往来"想表达是邻国之间和平相处，互不打扰，人民都能自然"老死"，其中又包含着"全""寿"两种元素。而《尚书·洪范》中"五福"实则也包含着"富""寿""全"（康宁、考终命）等元素，可见，在先秦时期，人们对"福"的内容都存在某些共性的认识，下文以"富""寿""全"几个方面来考察《老子》之"福"当是契合老子思想的。

（一）寿

长寿是古人恒久追求的主题。寿最早出现在西周金文中，② 《说文》：

---

① 王先慎：《韩非子集解》，北京：中华书局，1998 年，第 136 页。
② 李学勤主编：《字源》，天津：天津古籍出版社，2013 年，第 741 页。

"寿，久也"，① 指生命长久之意。《尚书正义》为之注曰："百二十"，② 这虽然有夸大、臆想的成分，但后世的《尚书·洪范》将"寿"列为"五福"之首，足以见中国古代先民对"寿"的重视。古人对"寿"的推崇可从两方面窥见：

其一是经典典籍对"寿"这一概念的多次提及，如《诗经》中直接言"寿"字的诗歌就多达十六篇，《秦风·终南》诗曰："佩玉将将，寿考不忘。"③ "忘"通"亡"，"不亡"即是"不已"之意，"寿考不忘"则为"万寿无疆"之意。"寿考不忘"一语在《小雅·蓼萧》中亦有出现，除此之外，"万寿无疆"一语在《豳风·七月》《小雅·天保》《小雅·南山有台》《小雅·楚茨》《小雅·信南山》《小雅·甫田》等诗篇中重复出现，足可见先秦时期的先民对长寿的向往，他们甚至希望能万寿长年、没有止境。

其二是经典典籍对长寿人物形象的塑造——对于上古圣王的描写尤为如此。据传黄帝的寿命就超过百年，"在位百年而崩，年百一十岁矣"。④ 又《尚书·舜典》言："舜生三十征，庸三十，在位五十载，陟方乃死。"⑤ 按此推算，舜年三十被征召，以臣子身份服事三十载，又在位五十载，舜帝与黄帝一样亦当享年百一十岁。黄帝与舜帝的寿命虽很符合《尚书正义》对"寿"的定义，但黄帝与舜帝的时代距今数千年，彼时人可如此长寿实难令人信服，更勿论彭祖寿八百年的神话了。本节研究认为，之所以出现这种荒唐的记载，一方面是出于古人对圣王、神人的崇敬，如孔

---

① 段玉裁：《说文解字注》，上海：上海古籍出版社，1981年，第398页。

② 孔安国、孔颖达：《尚书正义》，阮元：《十三经注疏》，上海：上海古籍出版社，2008年，第478页。

③ 郑玄、孔颖达：《毛诗正义》，阮元：《十三经注疏》，北京：中华书局，1980年，第372页。

④ 皇甫谧：《帝王世纪》，刘晓东等：《二十五别史》，济南：齐鲁书社，2010年，第6页。

⑤ 孔安国、孔颖达：《尚书正义》，《十三经注疏》，上海：上海古籍出版社，2008年，第111页。

子就提出"仁者寿"① 的观点，《中庸》也言："故大德必得其位，必得其禄。必得其命，必得其寿……"② 其中暗含儒家对于"寿"的一种观点：黄帝、舜帝作为有仁德的圣王，他们理应是能获得长寿的。而另一方面，也是出于古人对于长寿的美好向往之情，亦只有黄帝、舜帝之流有大德之人，方能长寿。

而道家对于"寿"是什么样的态度呢？《老子》中直接阐述"寿"的语段见于第三十三章，兹引文如下：

> 知人者智，自知者明。胜人者有力，自胜者强。知足者富。强行者有志。不失其所者久。死而不亡者寿。

据陈鼓应解读，此篇所讲个人修养与自我建立。"不失其所者久"与"死而不亡者寿"二句形成对仗，其义为：不离失根基的就能长久，身死而不朽的才是长寿。③ 老子于此显然将"寿"的内涵从现实层面上升到了精神层面。"死而不亡"，王弼注曰："身没而道犹存。"④ 身没，代表着人的归宿仍然是走向死亡。既如此，何为寿？如何达到"久"与"寿"？老子显然更强调追求精神世界的长久——引文前四句与后二句并非割裂的，而是呈一种因果关系，一个人若能做到"自知""自胜""自足""强行"，即审视自己、坚定自己、约束自己，并且勤勉力行，如此便能"不失其所"以致"长久"，"死而不亡"以致"寿"。这样便能延长其精神生命与思想生命——这实则是一种修行的理念，《老子》始终围绕"道"这一主题，"寿"在其思想中便也超脱了世俗的定义，生命长久是为寿，但人确有

---

① 何晏、邢昺：《论语注疏》，阮元：《十三经注疏》，北京：中华书局，1980 年，第 2479 页。

② 郑玄、孔颖达：《礼记正义》，阮元：《十三经注疏》，北京：中华书局，1980 年，第 1628 页。

③ 陈鼓应：《老子今注今译》，北京：商务印书馆，2006 年，第 202 页。

④ 王弼注，楼宇烈校释：《老子道德经注校释》，北京：中华书局，2008 年，第 84 页。

"身没"的终局，如若一个人即便肉体朽化而道犹存，这才是更高层级的
"寿"。

值得注意的是，儒家对于"寿"的看法与老子存在某些相通之处，据
《大戴礼记·五帝德第六十二》载：

> 宰我问于孔子曰："昔者予闻诸荣伊，言黄帝三百年。请问黄帝
> 者何人邪？亦非人邪？何至于三百年？"①

尽管长寿是人的本能追求，但是心怀理性之人仍然能意识到人终是会去世
的，并产生疑问，譬如说宰我——黄帝虽作为上古圣王，但其寿命达三百
年仍然是一件匪夷所思之事。孔子基于黄帝是人王的立场对宰我作出解
释："……生而民得其利百年，死而民畏其神百年，亡而民用其教百年，
故曰三百年。"② 可见孔子对于黄帝寿命长达三百年的传闻也是持怀疑态度
的，故而他只能将这个荒唐的传闻解释为：作为圣王的黄帝以其功德造福
了子民百年，（黄帝去世后）人民诚心服从他功业百年，又遵循其教化百
年，谓之三百年。孔子于此做出的解释，实际上亦将"寿"这一命题提升
到了精神层面。在其看来，黄帝被传三百年寿命实际上不是指其生理寿命
如此之长，而是他的伟大功德被人民铭记数百年，这才是真正的"长
寿"——这实则与其提出的"仁者寿"思想暗合，亦与老子对"寿"的
态度有相通之处，在二者看来，人是会走向死亡的，不会真的达到"万寿
无疆"的境地，但是人可以通过自我造化，以达到精神世界的长久与长
寿。儒家讲求修仁德，做道德高尚之人，以造福于人。而道家讲修"道"，
《老子》第七章言：

> 天长地久，天地所以能长且久者，以其不自生，故能长生。是以

---

① 王聘珍：《大戴礼记解诂》，北京：中华书局，1983 年，第 119 页。
② 王聘珍：《大戴礼记解诂》，北京：中华书局，1983 年，第 119 页。

　　圣人后其身而身先；外其身而身存。非以其无私邪？故能成其私。

　　长生是寿的另一种表达方式。老子认为，天与地是恒久不灭的，其原因是"以其不自生"，即天地的运转不是为了自己。引申于人，即一个人须不以自己的利害优先，先人而后己，方能受到大家爱戴，如此，一个人便能得道，便能成就自己的理想生活，这何尝不是另一种形式的寿？如大禹，其一心治水，为天下百姓的利害而奔走，自己三过家门而不入。他为了治水"身执耒臿以为民先，股无胈，胫不生毛……"① 所以大禹成为了后世铭记的圣王。即便大禹身死，其治水精神以及给人民带来的福祉却成就了大禹的功名。

　　综上所述，我们能窥见道家思想的"寿"是超脱于世俗的，人的生命长短是世俗的寿，但是得道才是至高的寿。要如圣人一样，行为没有贪私的心念、先人后己，此即为一种得道的方式。

（二）富

　　"富"，《尚书正义》注之曰："财丰备"，② 意为家境殷实、财产丰厚——这是世俗观念下的"福"。"福"发展出"富"的内容实与其时代背景有关，在春秋战国时代，随着铁器牛耕的发展，井田制逐步崩坏，荒地也得到开垦，生产力的巨大进步必然伴随着生产关系的调整——土地私有逐渐获得承认，土地买卖成为可能，这大大刺激了商业的发展。依靠经商获得财富与地位成为现实，在这一时期，涌现了诸如范蠡、子贡、吕不韦等不少巨贾——这是春秋战国时代发展的真实写照。《老子》第九章言：

　　金玉满堂，莫之能守；富贵而骄，自遗其咎。功遂身退，天

---

① 王先慎：《韩非子集解》，北京：中华书局，1998 年，第 443 页。

② 孔安国、孔颖达：《尚书正义》，阮元：《十三经注疏》，上海：上海古籍出版社，2008年，第 478 页。

之道。

此处"金玉满堂"就是形容家资丰厚之意，故下文的"富贵"就是自然指的是由"金玉满堂"带来的生活上的富足与地位上的显赫。老子认为，即便是金玉满堂，但也有可能有一天钱财散尽。因此要不露富、不夸富，若因身处富贵之中而自骄，常常会自取祸患——这反映了老子的相对主义哲学。老子意在通过"富贵"这一主题，警示世人要懂得知足。一个人在功成名就之后，要及时身退，切不可自满自骄，这才是长久之道。在第三十三章中有"知足者富"一语，亦将对"富"的内涵提升到了精神层面。金玉满堂固然是富的表现，但是要在心理上知足，这才是"富"的终极意义。因为钱财皆乃身外之物，可能有散落的一天，而内心的自足才是最恒久的财富。只有自足，不自满自骄，方才能守住金玉，方能功成身退——这是老子向世人传达的"急流勇退"的处世哲学。

范蠡是深谙这一哲学的典型代表。其助越王勾践灭吴之后，面对勾践提出的"与之分国"提议，范蠡深解"飞鸟尽良弓藏"之理，选择平稳隐退，"乃装其轻宝珠玉，自与其私徒属乘舟浮海以行，终不反"。范蠡带着钱财渡海赴齐，专心治产，"居无几何，致产数十万"。在这之后范蠡非但没有自骄自满，而是"尽散其财，以分与知友乡党……"，[1] 以至于后世纷纷将其奉为商圣、财神。范蠡能够功成身退的主要原因就在于他懂得自足、急流勇退，是契合老子"知足者富"精神的典型案例。冯友兰也曾说，范蠡之言多似老子处，恐即老学之先河也。[2] 综上所述，我们似乎能发现老子哲学中一条清晰的线索：老子肯定"福"的现实意义，却又超然于现实，更强调精神世界的自得，产生了一种人文主义精神的跃升。后文对此有详细论述，先按下不表。

---

① 司马迁：《史记》，北京：中华书局，1959年，第1752页。
② 冯友兰：《中国哲学史》（上册），上海：商务印书馆，2011年，第47页。

（三）全

《说文》："全，完也"，① 指完整、完备之意，后又衍生出"保全"之意。《老子》第二十二章言："曲则全，枉则直。"其意为委曲反能保全，反能伸展。如何保全己方，小到关乎个人身家性命，大到关乎家国命运，从《老子》的性质来看，它既是讲个人修行的处世哲学，又是讲治国安邦的政治学说，所以讨论"全"必须要从这两个方面去考察：

第一，于个人而言，须懂得功成身退。《老子》第九章言："功遂身退，天之道。"在论及"富"这一主题时，老子已经向世人传达了一个道理：一个人在功成名就之后，要及时身退，切不可自满自骄，这才是长久之道。范蠡之事即此例也，兹不再论。

第七章又言："是以圣人后其身而身先，外其身而身存。"老子以圣人的处世哲学为例，认为圣人正是因为谦卑才能居人先、受人爱戴，不计生死反而能保全性命。号召世人要像圣人一样不妄争先、知退让，这才是保全之道。

第二，于统治者而言，须少言无为。《老子》第五章言："多数言穷，不如守中。""言"意指声教法令。"多言"即是"政令繁多"之意。如果统治者制定的政令烦苛反而会加速家国败亡，不若持守虚静。所以对于统治者而言，要施无为之政，切忌政令繁琐，这是国祚长存的保证。

对此老子也给出了一些具体建议，见第七十五章：

> 民之饥，以其上食税之多，是以饥；民之难治，以其上之有为，是以难治；民之轻死，以其上求生之厚，是以轻死。

老子指出，人民食不饱腹是因为统治者"食税之多"，所以其明确反对苛

---

① 段玉裁：《说文解字注》，上海：上海古籍出版社，1981 年，第 224 页。

征。与此同时，老子也明确提出反对严峻的刑法，见七十四章：

> 民不畏死，奈何以死惧之？若使民常畏死，而为奇者吾得执而杀
> 之，孰敢？

综上所述，不论是个人的命运抑或是国家的命运，老子总是围绕"退让"这一命题：个人功成名就之后，要及时退让，这样才能保全自己已经获得的财富与名利。与此同时，要像圣人一样先人后己，这也是谦让、退让的处世哲学，如此反而能保全性命。最后，身为统治者，更要"退让"，不以政令约束民众，施无为之政，这样才能长治久安。归根结底，这里折射出的仍然是《老子》"清净无为"的思想核心。

三、《老子》"福"思想映射的哲学思维

《老子》作为一部哲学著作，与作为施政之策的《尚书·洪范》相比，尽管其强调幸福的生活应当是建立在现实条件之上的，但其往往又超脱其现实意义，如"富"，老子认为"知足者富"；又如"寿"，老子认为"死而不亡者寿"等等。这反映出老子在传统的"福"思想之上实现的人文主义精神的跃升与突破，可总结其有如下特点。

一是始终围绕"道"这一原则。"道"是贯穿《老子》全书的核心论题，是《老子》哲学的中心观念，因此真正实现致福要顺应"道"。《老子》第六十五章言：

> 古之善为道者，非以明民，将以愚之。民之难治，以其智多。故
> 以智治国，国之贼；不以智治国，国之福。知此两者亦稽式。常知稽
> 式，是谓玄德。玄德深矣，远矣，与物反矣，然后乃至大顺。

老子于此阐述了他的治国理念，认为应当不以智治国，为政真朴。陈鼓应

引范应元曰："不循自然，而以私意穿凿为明者，此世俗之所谓智也。"①所以老子认为，不以智巧治国，才是国家的福祉，人民方才能获得"福"。引申于个人，则也要"清净无为"，不争不抢，方才能获得"福"。

　　二是"福祸相依"的相对主义哲学。《老子》的核心思想在于"道"，但是"道"处于"周行而不殆"的运动之中。道创造世间万物，一切现象均是在对立的状态下造就的，"福"与"祸"这一组对立的元素亦然。见《老子》第五十八章"祸兮福之所倚，福兮祸之所伏"与第二章"故有无相生，难易相成，长短相较，高下相倾，音声相和，前后相随"在本质上是相同的。童书业为此评论道：

> 　　在老子的辩证法中，辩证法的因素是比较显著的……老子至少已经知道矛盾统一的规律，相反的东西是可以相成，例如没有"有"，也就没有"无"；没有"难"，也就没有"易"；没有"长"，也就没有"短"等等。同时他又知道相反的东西可以相互转化，例如"美"可以转化成"恶"，"善"可以转化为"不善"。因为每件事物之中，都包含有否定本身的因素，例如"祸"是"福之所倚"，"福"是"祸之所伏"；相反相成，变化无常，所以说"孰知其极"。"正"可以变成"奇"，"善"可以变成"妖"。这种观察事物的辩证法，是老子哲学上的最大成就。②

童书业之观点代表着近代以来大部分人对《老子》哲学思想的态度，认为其是一种"朴素的辩证法"思想。然此种观点是近代以来西学东渐背景下，以西方思想和话语体系生成的，值得反思。老子学说中所谓对立、量变、否定等思想的目的是解构西周以来形成的伦理观念，为其"小国寡民""无为而治"的政治主张奠基，其更与《庄子》的相对主义接近，而

　　①　陈鼓应：《老子今注今译》，北京：商务印书馆，2006年，第305页。
　　②　童书业：《先秦七子思想研究》，济南：齐鲁书社，1982年，第119页。

非辩证法。① 在《老子》看来，万物遵循道的规律特征，亦是出于不断变化的——这是老子的"福祸相依"的相对主义哲学，这与强调对立统一、否定之否定的辩证法存在一定区别。

《老子》从相对主义的认识论出发，否认"福"与"祸"的绝对性，主张"福祸相依"，以警醒统治者少智少言、无欲无为。这都源于"福"是主动追求不来的，过于渴求，只会等来祸患。不惧祸患（即不怕失去"富""寿""全"），内心自足，如此才会致福——这是精神层面上的获取方式。《老子》围绕"道"这一核心思想，首先肯定寿、富、全这些元素的实际意义，又有所超越。陈鼓应则认为："老子的'无为'，并不是什么都不做，并不是不为，而是含有不妄为的意思。"② 可谓卓识。一个幸福的社会是不能完全脱离物质生活的，商周先民在向神祖祈福以渴求美好的物质生活时，这何尝不也是一种精神寄托呢？因而，《老子》对其理想的幸福生活的设想，本质上仍然如同商周先民一样，蕴含着对美好生活的积极追求之精神，其关于"福"的思想对于先人"福"思想是延续的、同质的。

综上所述，《老子》伦理思想基于其本体论思想、认识论思想，与其政治思想多有交融贯通之处，其包含了人神、人际、身心三层维度，在先秦伦理思想史中具有特色。《老子》"善"论、"福"论均是在这样的思想体系中形成的，其既有商周伦理思想嬗变的历史因素，又体现了哲学的超越性，实现了历史与哲学的融汇。

---

① 付瑞珣、董朝胜：《〈老子〉"朴素的辩证法"的近代构建及其反思》，詹石窗、宋崇道、谢清果主编：《中华老学》（第1辑），北京：九州出版社，2019年，第310—316页。
② 陈鼓应：《老子今注今译》，北京：商务印书馆，2006年，第53页。

附论

浅析《老子》中的动物设喻

　　《老子》五千言说尽宇宙、人生大道，可谓中华上古原生文典中最富哲理的一部。正因如此，《老子》五千言，却不止"五千万言"的注疏、释读、发挥与创作。《老子》及其衍生作品是中华文明、东亚文明乃至人类文明的重要构成。面对如此卷帙浩繁的学术史，我们很难做到"面面俱到"。然目力所见，学界对《老子》中的某些动物有所涉及，却鲜有以"《老子》所载动物"为专题的研究。须知此乃《老子》以动物设喻，阐发其深刻之思想，因此，对《老子》所载动物进行总结研究对进一步探究《老子》思想尤有意义。本文以王弼本《老子》为主要依据，参考马王堆帛书、郭店楚简以及近年公布的北大汉简等出土本《老子》，分具体动物、动物泛称和"拟动物"三部分对相关文献进行归纳整理，并阐释其中深意。

一、《老子》所载"具体动物"及其喻指

　　《老子》一书中对动物有着十分丰富、多元的记载，其中具体动物包括有马、鱼、犀牛、猛虎、鸡犬等，各承《老子》之意旨，下文分叙。

　　首先，关于"马"，《老子》全篇凡言马者两处，文献如下：

　　（1）天下有道，却走马以粪。天下无道，戎马生于郊。（第四十

六章)①

（2）道者万物之奥，善人之宝，不善人之保。美言可以市，尊行可以加人，人之不美，何弃之有。故立天子，置三公，虽有拱璧以先驷马，不如坐进此道。（第六十二章)②

学界关于（1）传世本《老子·第四十六章》的争议较多，③ 结合《老子》文本、各家注疏及出土简帛所载，其意思为"天下有道，退却马匹用于农田；天下无道，战马在交锋的战场诞生"，大致不差。④ 战争与否的"马之用"，其实就是在讲百姓的状态：和平之时，百姓安心耕种；作战之时，人人都有死伤于战场的风险。《老子》此处以"马之用"设喻，比喻人的不同状态，以反对战争。该句之后，《老子》说道："祸莫大于不知足，咎莫大于欲得"，进一步指出战争乃源于"不知足""欲得"，这都是有危害于百姓的。（2）传世本《老子·第六十二章》中言先"拱璧"后"驷马"，这是商周时期"献礼"时的规制，《老子》认为这样的"立天子，置三卿"之大礼，不如"道"重要，其认为道是善人的宝物，也是不善者的保障。《老子》从功利角度论述道的重要性，只是一种宣传的方式。在《老子》的观念中，"道"既不是善人的宝物，也非不善人的保护伞，而是"不可言""无名""不能认知"的存在预设。

　　而除了（1）的"马之用"，（2）之"驷马"，《老子》四十三章记载：

① 关于本章，帛书甲本作："天下有【道，却】（【】内为马王堆帛书《老子》甲、乙本互补的内容，下同）走马以粪。天下无道，戎马生于郊。"帛书乙本作："【天下有】道，却走马【以】粪。无道，戎马生于郊。"北大简本："天下有道，却走马以粪。天下无道，戎马生于鄗。"

② 关于本章，帛书甲本作："【道】者万物之注也，善人之宝也，不善人之所保也。美言可以市，尊行可以贺人。人之不善也，何【弃之】有。故立天子，置三卿，虽有共之璧以先四马，不善坐而进此。帛书乙本作：道者万物之注也，善人之宝也，不善人之所保也。美言可以市，尊行可以贺人。人之不善，何【弃之有】。【故】立天子，置三卿，虽有【拱之】璧以先四马，不若坐而进此。北大汉简本作：道者，万物之奥也，善人之宝，不善人之保。美言可以市，奠行可以加人，人之不善，何弃之有。故立天子，置三公，唯有拱璧以先驷马，不如坐而进此。"

③ 高明：《帛书老子校注》，北京：中华书局，1996 年，第47—48 页。

④ 陈鼓应：《老子注译及评介》，北京：中华书局，2009 年，第238—239 页。

"天下之至柔，驰骋天下之至坚。无有人入无间。吾是以知无为之有益。不言之教，无为之益，天下希及之"，其中，"驰骋"是描述马奔跑状态的，亦与马相关，都是在以"马的不同作用"比喻人生存处世的不同状态与处境，进而表达其反"欲得""欲有"的思想，与之相似，《老子》认为"拱璧驷马"这些献礼都不如"道"珍贵，都是《老子》宣传"无欲""无为"思想的一种通俗表达。

其次，关于"鱼"，《老子》中对"鱼"的记载仅见于传世本第三十六章："柔弱胜刚强。鱼不可脱于渊，国之利器不可以示人。"[①]《老子》说"鱼不可脱于渊"是因为鱼离开深渊，游到浅水之地就容易被捕获，以此比喻"国之利器不可以示人"。"国之利器"是强大的，当国人或外敌了解了"强"，时间久了反而会失去畏惧，因此统治者应"守虚"、要"柔弱"，这反而可以胜过"刚强"。此乃《老子》主张统治者应该"守虚"、要"柔弱"，是《老子》尚"虚""弱"的一个表现。

再者"兕虎"，兕，即犀牛；虎，为猛虎，对此传世本《老子》第五十章有载："出生入死，生之徒十有三；死之徒十有三；人之生动之死地之十有三。夫何故？以其生生之厚。盖闻善摄生者，陵行不遇兕虎，入军不被甲兵。兕无所投其角，虎无所措其爪，兵无所容其刃。夫何故？以其无死地。"[②] 本章中，《老子》认为极少数的人，不会被犀牛的角伤害，不

---

① 关于本章，帛书甲本作："弱胜强。鱼不【可】脱于沭，邦利器不可以视人。"帛书乙本作："柔弱朕强。鱼不可说于渊，国利器不可以示人。"北大简本作："奭弱胜强。鱼不可说于渊，国之利器不可以视之。"

② 关于本章，帛书甲本作："【出】生【入死。生之徒十】有【三，死之】徒十有三；而民生生，动之于死地，亦十有三。夫何故？以其生生也。盖【闻善】执生者，陵行不【避】矢虎，入军不被甲兵。矢无所椯其角，虎无所昔其蚤，兵无所容【其刃，夫】何故也？其无死地焉。"（甲本）帛书乙本作："【出】生入死，生之【徒十有三，死】之徒十又三；而民生生，僮皆之于死地之十有三。【夫】何故也？以其生生。盖闻善执生者，陵行不辟？虎，人军不被兵革。无【所投其角，虎无所措】其蚤，兵【无所容其刃，夫何故】也？以其无【死地焉】。"（乙本）北大简本作："出生入死。生之徒十有三；死之徒十有三；而民生生焉，动皆之于死地十有三。夫何故也？以其生生也。盖闻善摄生者，陵行不遇兕虎，入军不被兵革。虎无所错其蚤，兕无所投其角，兵无所容其刃。夫何故？以其无死地焉。"

会被猛虎的利爪伤害，因为他们没有进入死的范畴。《老子》将人分成十份：十分之六的人生死随命，十分之三的人妄想长寿却失败了，只有十分之一的人循着道的规律得以安然长寿。①《老子》以"兕""虎"等对人有害的猛兽设喻，意在表述人只有遵循"道"，方可避免这些灾祸，与上述以"驷马"之谕强调遵守道的重要性大体一致。

此外，关于"鸡""犬"，仅见于传世本《老子》八十一章："甘其食，美其服，安其居，乐其俗，邻国相望，鸡犬之声相闻，民至老死不相往来。"② 此处《老子》以"鸡犬相闻"比喻"民老死不相往来"的"小国寡民"社会，这是《老子》的政治理想，也是其政治思想的重要内容。

二、《老子》所载"动物泛称"及其喻指

除了上述《老子》关于"具体动物"的记载，其书中也大量提及了如"毒虫""猛兽""凶鸟"以及"牝""牡"之类的动物泛称，亦均含深意，下文详述。

首先，关于"猛兽""攫鸟"，仅见传世本《老子》第五十五章记载："含德之厚，比于赤子。蜂虿虺蛇不螫，猛兽不据，攫鸟不搏。"③ 其中"攫鸟"与猛兽相似，泛指凶残的鸟类。蜂，指毒蜂；虿，是毒蝎；虺蛇，是毒蛇，这些动物均为有毒的蛇虫，与猛兽、攫鸟对应。《老子》所列举的毒虫、猛兽、凶鸟都是侵害人类生命之动物，但其认为"含德之厚者"可以避免这些凶害。此与上述"兕""虎"之喻相似，强调的是只要人遵

---

① 陈鼓应：《老子注译及评介》，北京：中华书局，2009 年，第 253 页。

② 关于本章，帛书甲本作："甘其食，美其服，乐其俗，安其居，邦相，鸡狗之声相闻，民至【老死不相往来】。"帛书乙本作："甘其食，美其服，乐其俗，安其居，国相闻，鸡犬之【声相】闻，民至老死不相往来。"北大简本作："甘其食，美其服，乐其俗，安其居，邻国相望，鸡狗之声相闻，民至老而死不相往来。"

③ 关于本章，帛书甲本作："【含德】之厚【者】，比于赤子。逢地弗螫，攫鸟猛兽弗搏。"帛书乙本作："含德之厚者，比于赤子。蜂疠虫蛇弗赫，据鸟孟兽弗捕。"北大简本作："含德之厚，比于赤子。蜂虿蚖蛇不赫，猛兽攫鸟不薄。"郭店甲组作："畲（含）惪（德）之厚者，比于赤子，（蜴）蠚（蛇）弗，攫鸟酞（猛）兽弗扣。"

循"道"，便可避凶趋吉，故人要法地、法天、法道、法自然。

其次，关于"牝""牡"，牝为雌性动物，牡为雄性动物，《老子》关于牝、牡的记载凡三处：

（1）谷神不死，是谓玄牝，玄牝之门，是为天地根。（第六章）

（2）骨弱筋柔而握固，未知牝牡之合而全作，精之至也。（第五十五章）

（3）大国者下流，天下之交，天下之牝。牝常以静胜牡，以静为下。（第六十一章）①

《老子》关于牝、牡的讨论，涉及《老子》哲学中核心的"本体"思想，前文已有详述，以下简言之。《老子》或谓早期道家的"道"具有双重属性。其一为"常道"，也谓"恒道"，具有形而上的属性；其二为"非常道"，是世间万物的道理，此处讨论的"道"为前者。而作为本体论、宇宙生成论的道是神秘莫测的。《老子》第四章说："道冲而用之或不盈，渊兮似万物之宗"，说的是孕育万物的"道"如深渊一样，神秘莫测。又《老子》第二十五章载："有物混成，先天地生。寂兮寥兮，独立而不改，周行而不殆，可以为天地母。吾不知其名，字之曰道，强为之名曰大。"《老子》也无法准确认知"道"之体，便以"无名"命名之。那么，面对

---

① （1）见于传世《老子》第六章，马王堆帛书、北大简本《老子》对其都有相应记载。帛书甲本作："浴神【不】死，是胃玄牝，玄牝之门，是胃【天】地之根。"帛书乙本作："浴神不死，是胃玄牝，玄牝之门，是胃天地之根。"北大简本作："谷神不死，是谓玄牝，玄牝之门，是为天地之根。"（2）见于传世《老子》第五十五章，马王堆帛书、郭店楚简《老子》、北大简本《老子》对其都有相应记载。帛书甲本作："骨弱筋柔而握固，未知牝牡【之会而朘怒】，精【之】至也。"帛书乙本作："骨筋弱柔而握固，未知牝牡之会而朘怒，精之至也。郭店简甲组作：骨溺菫而捉固。未智牝戊之合然，精之至也。北大简本作：骨弱筋抠（握）固。未智（知）牝牡之合而狡（朘）怒，精之至也。"（3）见于传世《老子》第六十一章。帛书甲本作："大邦者，下流也，天下之牝。天下之郊，牝恒以靓胜牡。为其靓【也故】宜为下。"帛书乙本作："大国【者，下流也，天下之】牝。天下之交也，牝恒以静朕牡。为其静也，故宜为下也。北大简本作：大国者下游也，天下之牝也。天下之交也，牝恒以静胜牡。"

这样难以认知的"道"体，《老子》要将之论述便需要诸多比喻，玄牝正是其中最具特质的一个设喻。《老子》第六章记载："谷神不死，是谓玄牝，玄牝之门，是为天地根。""谷神"，帛书写作"浴神"，学界争议颇多，据陈鼓应先生解读，"谷神"就是虚空、变化不测的意思，[①]《老子》的"道"体正具有虚无、变化不测的性质。"谷神"是谓玄牝，那么玄牝就是"道"体的比喻。在《老子》思想里，"玄"是道的性质之一，《老子》第一章谓："此两者同出而异名，同谓之玄，玄之又玄，众妙之门"，两者分别指代"一"与"万物"，都是"有"的范畴，两者"同出"于无，即道，在此语境里，《老子》以玄——道的性质之一，来比喻"道"体。[②] 牝，指雌性动物，段玉裁《说文解字》载："牝，畜母也。易曰畜牝牛吉"，[③] 高明注"'牝'为母性之生殖器官，'玄牝'是用以形容道生天地万物而无形无迹，谓其微妙幽深也。"[④] 这里需要说明的是，牝虽然在一些语境中有"阴""雌"等含义，如《老子》五十五章载"牝牡之合"就是"阴阳之合"的意思，但是，当《老子》以牝比喻"道"体时，牝更具有本义的意象，即雌性动物。"玄牝之门"所指的雌性动物的生殖器官，正与《老子》第一章曰"众妙之门"对应。《老子》之"道"也正如"玄牝"生育幼崽一样生育万物，这就是《老子》"道生一，一生二，二生三，三生万物"的宇宙生成论。牝的另一特质便是甘于居下、守静、不居功，《老子》六十一章说："大国者下流，天下之交，天下之牝。牝常以静胜牡，以静为下"，正是其道理。故此，《老子》以"玄牝"设喻，将难以名言的"道"形象地展现出来，这些文献形象地比喻了"不可言""不知其名"的"道"之属性及其特征，同时也彰显了《老子》动物设喻的巧

---

① 陈鼓应：《老子注译及评介》，北京：中华书局，2009 年，第 80 页。

② 付瑞珣、王思齐：《传世本〈老子〉首章"此两者"指正》，詹石窗、宋崇道、谢清果主编：《中华老学》（第 3 辑），北京：九州出版社，2020 年，第 79—88 页。

③ 段玉裁：《说文解字注》，上海：上海古籍出版社，1981 年，第 50—51 页。

④ 高明：《帛书老子校注》，北京：中华书局，1996 年，第 249 页。

妙与通俗。

三、《老子》所载"刍狗"及其喻指

在《老子》所载动物中，有一种"拟动物"十分特殊——刍狗，见于传世本《老子》第五章曰："天地不仁，以万物为刍狗；圣人不仁，以百姓为刍狗。"① 关于"刍狗"的解释，学界大致有两种说法，一为王弼注曰"草和犬"，一为"束刍为狗，以谢过求福"。② 后一种说法似更具历史依据，因为《庄子·天运》中也有"夫刍狗之未陈也""亦取先王已陈刍狗"③ 的记载，因此"刍狗"更像一个专有名词，而非草与狗的并列组合。若此，"刍狗"就是草编织的狗，为祭祀之用。

而"狗"，是人类最早驯化的动物之一，在早期的社会生活中十分重要。因此，狗也是殉葬与祭祀时重要牺牲之一。史前时期以狗殉葬便十分普遍。殷商时期，以狗为殉葬品以及用狗作为牺牲祭祀神祇更为普遍了，且数量远远超过牛、羊等其他牲畜。这一礼俗至两周时期仍有沿用。各类传世文献中提到的犬牲并不少，如《逸周书·世俘解》"用小牲羊犬豕于百神水土、于誓社"④、《国语·楚语上》"士有豚犬之奠"⑤、《墨子·法仪》"此以莫不犓羊、豢犬猪，洁为酒醴粢盛，以敬事天"⑥ 等。先民从未放弃用狗作为殉葬与牺牲。作为殉葬，是彼岸世界的陪伴；作为牺牲，是彼岸世界的美食。狗在人类的生活中也正是扮演着这样的角色。不仅如

---

① 关于本章，帛书甲本作："天地不仁，以万物为刍狗；声人不仁，以百省【为刍】狗。"帛书乙本作："天地不仁，以万物为刍狗；口不仁，【以】百姓为刍狗。北大简本作：天地不仁，以万物为刍狗；圣人不仁，以百姓为刍狗。"

② 朱谦之：《老子校释》，北京：中华书局，1984 年，第 22 页。

③ 王先谦：《庄子集解》，北京：中华书局，1987 年，第 125—126 页。

④ 黄怀信、张懋镕、田旭东：《逸周书汇校集注》，上海：上海古籍出版社，2007 年，第 442 页。

⑤ 徐元诰：《国语集解》，北京：中华书局，2002 年，第 488 页。

⑥ 孙诒让：《墨子间诂》，北京：中华书局，2001 年，第 22 页。

此，先民还制造很多不同材质的"狗"用来把玩、殉葬或祭祀。

陶狗　　　　　　　玉狗　　　　　　　青铜狗

　　上图分别是新石器时代河姆渡遗址中的陶狗、殷商妇好墓中的玉狗以及西周晚期的青铜狗。老庄所谓的"刍狗"也是它们的同类，只是材质是草。而《老子》以"刍狗"为喻，大概便是在说明"天地""圣人"对待万物百姓都是一样的，借此展现天地、圣人对万物百姓的"放任"式治理，而"放任"即"无为"，可见这与《老子》"无为"的政治主张也是一致的。

　　以上，通过梳理《老子》所载马、鱼、兕、虎、鸡、犬等具体动物，猛兽、攫鸟、牝、牡等动物的泛称，以及特殊的"拟动物"——刍狗，可知《老子》常以动物设喻以表达其思想。而《老子》所引动物，均是时人经验中的动物，有一定"通俗性"特征，故《老子》以这些动物为设喻，阐发其深刻之思想，便是以其通俗易懂的特性而助力于思想的传播。从这个角度言，《老子》也是试图以简易的方式宣传其深奥的"道"之思想，而借此窥见其人之形象，当与后世所言消极避世、不问凡尘的"隐士"不尽相同。

老子其人与出关考

在轴心时代①的中国，老子是诸子百家中最神秘莫测的哲人之一。以至于到二千多年后的今日，对于老子姓甚名谁都难以确定，莫衷一是。今人所称之"老子"，与"孔子""墨子""孟子"等称呼类同，称对方为"子"或"夫子"，乃是显示尊崇之意。"子"作为一个特殊的称呼，它指代的群体乃是"文明秩序上的大立法者""明道者",② 足见老子在中国历史上的特殊地位。老子留下《道德经》一书，便出关而去，从此便再无踪迹。有人说他归隐山林，亦有人说他得道成仙，亦可见其人之奇处。

一、老子其人其书

历史上对老子记载较为详细的史料首推司马迁《史记·老子韩非列传》，这也是关于老子的事迹最为直接可靠的来源之一，为方便讨论，兹摘录原文如下：

> 老子者，楚苦县厉乡曲仁里人也，姓李氏，名耳，字聃，周守藏室之史也。孔子适周，将问礼于老子。老子曰："子所言者，其人与骨皆已朽矣，独其言在耳。且君子得其时则驾，不得其时则蓬累而行。吾闻之，良贾深藏若虚，君子盛德容貌若愚。去子之骄气与多

---

① "轴心时代"的说法由德国哲学家雅思贝尔斯提出，见雅斯贝尔斯著，魏楚雄等译：《历史的起源与目标》，北京：华夏出版社，1989 年，第 7—15 页。
② 刘思禾：《释"子"》，《光明日报》2023 年 11 月 18 日。

欲，态色与淫志，是皆无益于子之身。吾所以告子，若是而已。"孔子去，谓弟子曰："鸟，吾知其能飞；鱼，吾知其能游；兽，吾知其能走。走者可以为罔，游者可以为纶，飞者可以为矰。至于龙，吾不能知其乘风云而上天。吾今日见老子，其犹龙邪！"老子修道德，其学以自隐无名为务。居周久之，见周之衰，乃遂去。至关，关令尹喜曰："子将隐矣，强为我著书。"于是老子乃著书上下篇，言道德之意五千余言而去，莫知其所终。或曰：老莱子亦楚人也，著书十五篇，言道家之用，与孔子同时云。盖老子百有六十余岁，或言二百余岁，以其修道而养寿也。自孔子死之后百二十九年，而史记周太史儋见秦献公曰："始秦与周合，合五百岁而离，离七十岁而霸王者出焉。"或曰儋即老子，或曰非也，世莫知其然否。老子，隐君子也。老子之子名宗，宗为魏将，封于段干。宗子注，注子宫，宫玄孙假，假仕于汉孝文帝。而假之子解为胶西王昂太傅，因家于齐焉。世之学老子者则绌儒学，儒学亦绌老子。"道不同不相为谋"，岂谓是邪？李耳无为自化，清静自正。[①]

全文短短五百余字，却给世人留下无限迷思，在司马迁笔下，老子其人竟然有三个不同身份：其一，老子名李耳，楚国苦县人，字聃，为周国都守藏史官；其二，老子或为楚人老莱子；其三，老子或为周太史儋。如按前两种说法，老子与孔子当同时，为春秋晚期之人，而按后一种说法，则老子恐为战国初期之人。

司马迁是良史，博采众说、勤于考察是其特色。在司马迁《史记》尚未问世之前，诸先秦典籍中，如《左传》《庄子》《列子》《吕氏春秋》等亦有关于老子的零星记载，但几乎只是只言片语。司马迁上距老子数百年，恐难以辨明，其作之《老子韩非列传》显然是采取了多种故事版本的

---

① 司马迁：《史记》，北京：中华书局，1959 年，第 2139—2143 页。

结果。但总体而言，老子三种不同身份的说法在西汉时业已形成是毋庸置疑的事实。

正是司马迁治史严谨的态度（即保留老子不同身份的各种说法版本），给老子的身世增添了许多神秘色彩，引得后世人争论不休。从两汉至唐，历史上的学者对老子之姓"李"业已达成共识，东汉时人明确老子姓李，名耳，字伯阳，又字或号"聃"。唐代以后，则或指或尊"聃"为谥号。五代以后，基本情况上是继承了东汉人之说。①

受到"五四运动"以来新思想的冲击，以及彼时轰轰烈烈开展的疑古运动的影响。近人对老子身份的讨论尤为激烈。1922 年 3 月 4 日，梁启超到北大礼堂作了一次关于《老子》成书年代问题的学术讲演，礼堂座无虚席，连窗台上都挤满了听众。梁启超在演说中认为，《老子》一书有战国时期作品之嫌……"② ——这是"《老子》作于战国之末"说之始。梁启超之所以这样断言，证据有六：

其一，老子的第八代孙与孔子第十三代孙同时，于理不合；

其二，孔子、孟子、墨子三者都未提及老子；

其三，《礼记·曾子问》所传达的精神与《老子》相悖；

其四，司马迁为老子作传，参酌于《庄子》，但《庄子》为"寓言"，不足以作为历史看待；

其五，《老子》中多有过于自由、激烈的言辞，不似春秋人所说之话；

其六，《老子》其文多处用字、语气不似出自春秋人之口。③

梁启超治学严谨，必是仔细研习过《老子》文本，方能自信罗列这六大证据。梁之观点赢得了彼时的疑古学者如钱玄同与顾颉刚的支持，顾颉刚后来还撰文《从〈吕氏春秋〉推测〈老子〉之成书年代》重申自己对

① 陈成吒：《老子身份信息辨正》，《广西社会科学》2016 年第 7 期。
② 崔鹤同：《"审判"老子》，《人民政协报》2014 年 5 月 8 日。
③ 以上内容参见梁启超：《评胡适之〈中国哲学史大纲〉》，《梁启超全集》（第 7 册），北京：北京大学出版社，1999 年，第 3988—3989 页。

梁"《老子》作于战国之末"说的拥护。①

尽管梁提出此说之后，胡适与张荫麟针对所谓六项证据逐条批驳，但声音终究淹没在对《老子》的怀疑浪潮中——而在此钱穆是不得不提到的人物。早在 1923 年夏，钱穆即受梁启超的启发，撰写了《老子辨伪》一文。该文"自哲学思想之系统立论"，对《老子》中的中心思想——"道"和"名"进行了讨论，然后得出一个结论，即"《老子》书出《庄子·内篇》七篇之后"。1933 年 5 月，钱穆在《哲学论丛》发表《再论〈老子〉成书年代》。该文从"政治社会之背景""学术思想之系统""文字文句""著书之大体"等四个维度对这一问题进行了再考察，再次强调《老子》书至早不在庄周之前……②这场过去近百年的学术大论争尽管蓬勃、激烈，但其中当年略占上风的疑古思潮依然是今人古史研究中挥之不去的幽灵。

可喜的是，随着近年出土文献的不断问世，对于我们厘清老子其人及其年代提供了巨大帮助。到目前为止，《老子》出土文献版本大概有如下三种：

一、1973 年出土于湖南长沙马王堆的帛书本，分为甲、乙两种；

二、1993 年出土于湖北省荆门市郭店村 M1 号墓的楚简本，存《老子》16 篇；

三、2009 年北京大学接受社会捐赠，海外回归的西汉竹书本《老子》。

若按年代排序，郭店本当为最早，湖北省荆门市博物馆在《荆门郭店一号楚墓》报告中指出郭店 M1 具有战国中期偏晚的特点，其下葬年代当在公元前 4 世纪中期至前 3 世纪初。③ 同时，报告也指出，"最引人注意的是部分简文的内容与今本《老子》相似。自从马王堆帛书《老子》甲、乙

---

① 顾颉刚：《从〈吕氏春秋〉推测〈老子〉之成书年代》，《顾颉刚论文集》（第 11 卷），北京：中华书局，2011 年，第 754 页。

② 李长根：《梁启超"〈老子〉作于战国之末"说的建立及其意义》，《安徽史学》2021 年第 5 期。

③ 王传富、汤学峰：《荆门郭店一号楚墓》，《文物》1997 年第 7 期。

本问世后，学术界对《老子》的成书年代及作者等问题的看法渐趋接近，普遍认为《老子》是东周时期的作品，老子也应是此时之人。但是，对于《老子》成书之前的流传情况，人们一直知之甚少。由于简文是不同于已知《老子》各种传本的另一种尚未见过的传本，因此，它可以帮助我们深入了解战国时期道家学说的概貌，对研究《老子》的流传及成书过程有更直接的作用，其学术价值是不言而喻的。"①

郭店楚简的问世，使我们看见，《老子》文本至早在战国中期就已流传于世。丁四新通过对郭店楚简的形制、文辞进行研究，有如下观点值得参考：其一是老子其人早于孔子，而寿命特长；其二是《老子》一书当遵从《史记》看法，为老子著作，是老子思想的集中反映（尽管后世可能对《老子》内容有所添补或篡改）。②

综上所述，本文研究认为，从目前已有的材料来看，《史记》所言老子是处于春秋末时期之人的说法基本可信，一味地质疑《老子》作伪本身就是伪命题，任何先秦典籍的编写并非一蹴而就的，《老子》其主体思想仍然是伟大的哲人——老子其思想之精华。

二、老子出关

（一）老子出关前的身份

《史记·老子韩非列传》载："老子者，周室守藏室之史也。"③ 索引按："藏室史，周藏书室之史也。"④ 藏室即是典藏书籍的藏府。掌管书籍是太史的职责，故老子为太史之职属。《左传·昭公二年》载："观书于大史氏。"⑤ 朱熹曾说："盖老聃周之史官，掌国之典籍、三皇五帝书，故能

---

① 王传富、汤学峰：《荆门郭店一号楚墓》，《文物》1997 年第 7 期
② 丁四新：《郭店楚墓竹思想研究》，北京：东方出版社，2000 年，第 39—40 页。
③ 司马迁：《史记》，北京：中华书局，1959 年，第 2139 页。
④ 司马迁：《史记》，北京：中华书局，1959 年，第 2140 页。
⑤ 杨伯峻：《春秋左传注》，北京：中华书局，1981 年，第 1226 页。

述古事而信好之。"① 傅斯年也曾指出："史官之职，可成就些多识前言往行，深明世故精微之人。一因当时高文典册多在官府，业史官者可以看到；二因他们为朝廷作记录，很可能了彻世事。所以把世故人情看得最深刻的老聃出于史官，本是一件自然的事。"② 《周礼》只笼统地提及"史"职人员"掌官书以赞治"，即负责在官府部门里书写各类文书以佐行政。③ 孙立涛认为先秦史官特征可以总结概括为以下三点：一、由"巫文化"到"巫史不分"，再到从中分化出"史"。二、史官系统逐渐完备，分工巨细，各有执掌。三、史官严守职业道德，且注重家传。④ 诚如下编中"循道"此章之论，老子认为循"道纪"的方法为效法"自然"与"圣人"。其所形成此思想的原本就是因为老子的史官身份，史官上观天文地理，下掌群书之博，所以其才能体悟循道的方法。

（二）孔子问礼于老子

孔子与老子同为春秋时人，作为同时代的伟大思想家，其思想的交锋和碰撞是春秋时期迸发的光芒。孔子问礼于老子是思想史上的重要事件，古籍中多有记载：

> 《史记·老子韩非列传》：孔子适周将问礼于老子。老子曰："子所言者其人与骨皆已朽矣，独其言在耳。且君子得其时则驾，不得其时则蓬累而行。吾闻之，良贾深藏若虚，君子盛德，容貌若愚。去子之骄气与多欲，态色与淫志，是皆无益于子之身。吾所以告子，若是而已。"⑤

---

① 王萍：《老子与中国早期史官》，《文史哲》2000 年第 2 期。
② 傅斯年：《史料论略及其他》，沈阳：辽宁教育出版社，1997 年，第 105 页。
③ 何晋：《从〈周礼〉史官设置看先秦史学的产生与发展》，《中国文化研究》2020 年第 4 期。
④ 孙立涛：《先秦史官概况及其特点》，《华夏文化》2014 年第 4 期。
⑤ 司马迁：《史记》，北京：中华书局，1959 年，第 2140 页。

《史记·孔子世家》：鲁南宫敬叔言鲁君曰："请与孔子适周。"鲁君与之一乘车两马一竖子俱。适周问礼，盖见老子云。辞去而老子送之曰："吾闻富贵者，送人以财。仁者，送人以言。吾不能富贵窃仁人之号。送子以言曰：'聪明深察而近于死者，好议人者也。博辩广大危其身者，发人之恶者也。为人子者毋以有己。为人臣者毋以有己。'"孔子自周返于鲁，弟子稍益进焉。①

《庄子·天运》：孔子行年五十有一而不闻道，乃南之沛见老聃。老聃曰："子来乎？吾闻子，北方之贤者也！子亦得道乎？"孔子曰："未得也。"老子曰："子恶乎求之哉？"曰："吾求之于度数，五年而未得也。"老子曰："子又恶乎求之哉？"曰："吾求之于阴阳，十有二年而未得也。"②

从《史记》和《庄子》的记载中，我们可以拼凑出孔子问礼于老子的基本经过，孔子听说周地有一位学识渊博的老先生，故准备问礼于老子，老子见到孔子之后，先让孔子阐述了自己的想法，然后老子对孔子说：你所讲的这些，其人和骨都已经腐朽，但是唯有他们的话语还在耳边。后老子劝诫孔子要戒掉骄气与多欲、态色与淫志，因为这些都无益于身心。孔子请教完老子，返回之后，追随的弟子更多了。在庄子的记述中，孔子问礼于老子是因为孔子五十一而未闻道，故来向老子请教。关于孔子问老子的具体内容虽《史记》与《庄子》中记述得不完整，但在《礼记·曾子问》中，孔子在晚年解答弟子疑惑时还时常以"吾问诸老聃"的话语来叙述当年从老子那里得到的教诲和感悟，由此可见孔子对于老子的敬仰之情以及老子本人的博学广达。

孔子也曾不止一次地赞叹老子的智慧，《史记·老子韩非列传》中孔子向弟子如此描述老子："鸟，吾知其能飞；鱼，吾知其能游……至于龙

① 司马迁：《史记》，北京：中华书局，1959 年，第 1909 页。
② 郭庆藩：《庄子集释》，北京：中华书局，1961 年，第 516—517 页。

吾不能知，其乘风云而上天。吾今日见老子，其犹龙邪!"① 孔子认为这世间的事物，都能想到其本身的特质，但是老子就像存在于神话之中的龙，玄妙奥秘，深不可识，其今日见老子就如同见到了龙，以此来表达出对老子的钦佩，也再一次地坐实了老子的博学及其影响力。

（三）老子出关的缘由

学术界对于老子出关的原因未有明确的结果，司马迁在《史记》中载老子"见周之衰"而去。但老子奉行"小国寡民"的思想主张，其间周王室发生了"王子朝之乱"。"召伯盈逐王子朝。王子朝及召氏之族、毛伯得、尹氏固、南宫嚣奉周之典籍以奔楚。"② 经此之乱之后，"周之典籍尽散于楚也"。如前文所言，老子的身份是史官，逐渐衰落的周王室与其出关的联系不深，其应本其史官身份，其所看护的典籍都已不在周王室，故已没有理由继续留在周地，故而出关。

三、老子出"关"考

司马迁在《史记·老子韩非子列传》中提到："老子修道德，其学以自隐无名为务。居周久之，见周之衰，乃遂去。至关，关令尹喜曰：'子将隐矣，疆为我著书。'于是老子乃著书上下篇，言道德之意五千余言而去，莫知所终。"③ 司马迁在文中并没有明确指出老子所至"关"是何关，在何地于何年。历来有大散关、函谷关等说法。散关指的是大散关，在今地陕西省宝鸡市，是由陕入川的重要关隘之一。《水经注》记载了相关典故："渭水东入散关。《抱朴子·神仙传》曰：'老子西出关，关令尹喜候气，知真人将有西游者，遇老子，强令之著书，身不得已，为著《道德二经》，谓之《老子书》也。'有老子庙。皇甫士安《高士传》云：'老子为

---

① 司马迁：《史记》，北京：中华书局，1959年，第2140页。
② 杨伯峻：《春秋左传注》，北京：中华书局，1981年，第1236页。
③ 司马迁：《史记》，北京：中华书局，1959年，第2141页。

周柱下史，及周衰，乃以宦隐，为周守藏室史，积八十余年，好无名接，而世莫知其真人也。孔子年十七，遂适周见老聃，然幽王失道，平王东迁，关以捍移，人以职徙，尹喜候气，非此明矣。往通所由，兹焉或可。'"① 郦道元认为尹喜候气而待老子的说法并不可信，但是其确实认为老子曾路过大散关并在此停留。

函谷关是几种说法中最被认可的一种。括地志云："函谷关在陕州桃林县西南十二里。"② 后在地方志和学术界观点中老子至"关"为函谷关的说法甚嚣尘上，但是对于函谷关的具体位置仍存在颇多争议。马松认为单从"老子入关"就断定此关为函谷关的确缺乏说服力③，刘雁翔、马毅明等认为老子西行之时尚未有函谷关的称呼。④ 函谷关究竟是建立于春秋还是战国期待新的考古发现作为更有力的证据。在未有确切考古遗迹直接证明老子出关是指具体的那个关之前，本文拟采用函谷关的说法。历史上和学术界对于函谷关的位置基本可以主要分为"秦函谷关""汉函谷关""曹魏函谷关"三种说法，下面对此三种说法进行简单介绍：

（一）秦函谷关说

函谷关故址在河南省灵宝市函谷关镇王垛村，后世称之为"秦函谷关"。秦函谷关之名最早见于《史记》卷四十《楚世家》：怀王"十一年，苏秦约从山东六国共攻秦，楚怀王为从长。至函谷关，秦出兵击六国。"⑤ 楚怀王十一年即秦惠文王后七年，公元前318年。这是学术界一般认为的秦函谷关置关年代下限。唐李吉甫《元和郡县图志》卷六《河南道二》引《西征记》曰："东自崤山，西至潼津，通名函谷，号曰天险。"⑥《函谷关

① 郦道元：《水经·谷水注》，王先谦：《合校水经注》卷十七，上海：中华书局，1923年民国排印《四部备要》，第12a页。
② 司马迁：《史记》，北京：中华书局，1959年，第2141页。
③ 马松：《老子〈道德经〉在函谷关诞生的背景、缘由探析》，《职大学报》2020年第2期。
④ 刘雁翔、马毅明：《老子归隐地寻踪》，《中国地方志》2007年第2期。
⑤ 司马迁：《史记》，北京：中华书局，1959年，第1722页。
⑥ 李吉甫：《元和郡县图志》，北京：中华书局，1983年，第158页。

铭序》所云："天作崤函，俾屏京宝，崇山回合，长河曲盘，岸奔巅蹙，谷抱溪斗，崖起重险，为秦东门，设险守关，作藩于京。"① 函谷关一带地势险峻、群山环绕，但也由此形成天然屏障，其间函谷道横贯东西，在此设关具有重要的军事意义，由此可见秦时函谷关在军事上的重要地位。

（二）汉函谷关说

西汉武帝元鼎三年"徙函谷关于新安，以故关为弘农县。"② 汉武帝在元鼎三年把之前位于灵宝的函谷关迁徙到新安县，把旧函谷关设为弘农县。东汉应劭注曰："时楼船将军杨仆数有大功，耻为关外民，上书乞徙关东，以家财给其用度。武帝意亦好广阔，于是徙关于新安，去弘农三百里。"③ 其认为汉武帝迁关是因为楼船将军杨仆数次建有大功，其家住在宜阳县，宜阳县正处在旧函谷关河南灵宝市地理位置之外，其以关外民的身份为耻，故上书汉武帝乞求迁徙到关东，汉武帝就将函谷关迁徙到新安县，离旧函谷关三百里远。应劭的说法一直为后世诸人在考察历史地理时所用，郦道元在水经注中完全采用了应劭的说法并补充："（杨仆）请以家僮七百人筑塞徙关于新安。"④

至于汉武帝迁关的原因，辛德勇曾详细分析汉武帝徙函谷关的原因，其引清代学者王荣商的说法，跳脱到肯定和否定应劭的观点之外，认为函谷关的东移是带有"广关"性质的举措，是对汉朝地域政策与大关中布防方略的大调整，其本质用意是增益拓广关中的范围，通过扩大关中区域的范围，特别是函谷关的东移和太行山以东地区划入关中，极大增强了朝廷

---

① 纪昀：《四库全书·玉海》卷二十四引《独孤及古函谷关铭序》，上海：上海古籍出版社，1987年。
② 班固：《汉书》，北京：中华书局，1962年，第183页。
③ 班固：《汉书》，北京：中华书局，1962年，第183页。
④ 郦道元：《水经·谷水注》，王先谦：《合校水经注》卷十六，上海：中华书局，1923年民国排印《四部备要》，第2b—3a页。

依托关中以控制关东这一基本治国方略的效力。① 从现有的考古材料可知，汉函谷关的迁徙也并非杨仆一人一时之力所能推动和建造，其应符合整体国家战略，到此，仍能看出汉朝函谷关对于历史和政治的重要战略意义。

（三）曹魏函谷关

自汉武帝迁徙函谷关之后，曹魏时期，统治者对函谷关又进行了再次迁徙。曹魏正始元年，弘农太守孟康，移函谷关于弘农郡，即曹魏函谷关，关址位于河南灵宝县王垛村东北，南距秦函谷关 6 公里。但到曹魏之后，随着政治中心的东移，函谷关逐渐失去了其本身所谓关隘的"一夫当关，万夫莫开"的军事和政治作用。

通过对函谷关在历史地理位置演变的分析，可以得知函谷关在军事和政治上的重要作用，其作用随着政治中心的逐渐东移而递减。通过上述考证可知，函谷关的位置从历史沿革来看，其大致都在河南境内的三门峡至洛阳西一带，位于春秋时期周王室的王城所辖范围之内。周平王时，"平王立。东迁于雒邑，辟戎寇。"② 根据洛阳地区的考古发现，平王东迁所居洛邑的位置，既非瀍河两岸，也非韩旗周城，而是在瀍河以西的涧河汇入洛河处的东周王城遗址内。目前东周王城遗址发现的遗存年代以战国时期为主，城墙也是战国时期修筑的，春秋时期的遗存比较少。③ 老子为春秋时人，其身份为"周室守藏室之史"，④ 其当时所居位置应在周室王城之内，即大致在今洛阳地区。

根据《史记》载："平王立。东迁于雒邑，辟戎寇。"⑤ 太史公将平王东迁雒邑归咎于避犬戎之祸，学术界对于周平王东迁的原因多有论述。但

---

① 辛德勇：《汉武帝"广关"与西汉前期地域控制的变迁》，《中国历史地理论丛》2008 年第 2 辑。

② 司马迁：《史记》，北京：中华书局，1959 年，第 149 页。

③ 徐昭峰：《成周与王城考略》，《考古》2007 年第 11 期。

④ 司马迁：《史记》，北京：中华书局，1959 年，第 2606 页。

⑤ 司马迁：《史记》，北京：中华书局，1959 年，第 149 页。

是不可否认的是，雒邑在地理上具有重要的战略意义。三监之乱之后，周公就在雒邑建立了周人的军事统治区，以此来达到监视商遗民的目的，《逸周书·作雒》载："周公……及将致政，乃作大邑成周于土中。立城方千七百二十丈，郭方七十里，南系于雒水，北因于郏山，以为天下之大凑。"① 司马迁在《史记》中也有 "此天下之中，四方入贡道里均"② 之语，也证明了雒邑作为 "天下之中" 的重要地理位置。函谷关作为重要关隘，在秦时是重要的秦之东门，"天作崤函，俾屏京宝，崇山回合，长河曲盘，岸奔巅蹙，谷抱溪斗，崖起重险，为秦东门，设险守关，作藩于京。" 由此可见，函谷关具有重要的军事战略位置，"汉函谷关关城位于崤山的峡谷之中，位于洛阳盆地和豫西山区的交界，由洛阳盆地沿宽大的涧河河谷西行，在关城处道路陡然变窄，难于通行，'马不并辔，车不方轨'，方能做到 '一夫当关，万夫莫开'。"③ 故因此可倒推，春秋时期，平王东迁之后函谷关对于当时的王城所具有的军事保护意义，相比于遭犬戎围攻几经衰败的镐京，雒邑更适合作为政治中心。那么老子出关其最相近的地点便是王城附近的汉函谷关的位置。

且 1993 年在湖北省荆门市郭店村出土的郭店楚简中有三种是道家的著作，考古研究测定，郭店 1 号楚墓年代为公元前 4 世纪中期至 3 世纪早期，所出土的郭店简《老子》简的抄写时间，不会晚于公元前 300 年左右，是今人所见《老子》中最早的一本。但在今所出土的秦简之中，尚未发现老子思想的相关出土材料，证明了老子思想在楚地传播的影响力，由此来看，老子过函谷关之后，有可能会随着残存的典籍一起去往楚国。

---

① 黄怀信、张懋镕、田旭东：《逸周书汇校集注》，上海：上海古籍出版社，2007 年，第558 页。

② 司马迁：《史记》，北京：中华书局，1959 年，第 133 页。

③ 王咸秋：《汉函谷关遗址的考古发现和相关问题研究》，郑州大学历史学院硕士学位论文，2016 年，第 29 页。

参 考 文 献

一、专著、论文集

[1] ［魏］王弼注，楼宇烈校释. 老子道德经注校释 ［M］. 北京：中华书局，2008.

[2] 高明. 帛书老子校注 ［M］. 北京：中华书局，1996.

[3] 陈鼓应. 老子注释及评价 ［M］. 北京：中华书局，2009.

[4] ［东汉］许慎. 说文解字 ［M］. 北京：中华书局，2013.

[5] ［清］段玉裁. 说文解字注 ［M］. 上海：上海古籍出版社，1981.

[6] ［西汉］司马迁. 史记 ［M］. 北京：中华书局，1959.

[7] 睡虎地秦简整理小组编. 睡虎地秦简 ［M］. 北京：文物出版社，1978.

[8] ［东汉］班固. 汉书 ［M］. 北京：中华书局，1962.

[9] 北京大学出土文献研究所编. 北京大学藏西汉竹简（贰）［M］. 上海：上海古籍出版社，2012.

[10] 许抗生. 帛书老子注释与研究 ［M］. 杭州：浙江人民出版社，1985.

[11] 熊铁基，刘韶军等. 二十世纪中国老学 ［M］. 福州：福建人民出版社，2002.

[12] 丁四新. 郭店楚竹书《老子》校注 ［M］. 武汉：武汉大学出版社，2010.

[13] ［东汉］郑玄注，［唐］孔颖达疏：礼记正义 ［A］. ［清］阮元

校刻．十三经注疏［M］．北京：中华书局，1980．

［14］于省吾．甲骨文字释林［M］．台北：大通书局，1981．

［15］蒋锡昌．老子校诂［M］．上海：商务印书馆，1937．

［16］安继民．老庄思想合论［M］．开封：河南大学出版社，2004．

［17］付瑞珣，赵玲玲.《老子》"民"论［A］．詹石窗，宋崇道，谢清果主编．中华老学（第7辑）［M］．北京：九州出版社，2022．

［18］［清］严复．老子道德经评点［M］．新北：广文书局，2001．

［19］陈荣捷．中国哲学文献选编（上册）［M］．台北：巨流图书公司，1993．

［20］王卡点校．老子道德经河上公章句［M］．北京：中华书局，1993．

［21］饶宗颐．老子想尔注校证［M］．上海：上海古籍出版社，1991．

［22］［清］俞樾．诸子平议［M］．北京：中华书局，1954．

［23］高亨．老子正诂［M］．上海：开明书店，1943年．

［24］陈鼓应．老子今注今译［M］．北京：商务印书馆，2006．

［25］朱谦之．老子校释［M］．北京：中华书局，1984．

［26］马叙伦．老子校诂［M］．北京：中华书局，1974．

［27］［清］王先谦．庄子集解［M］．北京：中华书局，1987．

［28］钱穆．庄老通辩［M］．北京：生活·读书·新知三联书店，2005．

［29］陆建华．建立新道家之尝试——从老子出发［M］．合肥：安徽大学出版社，2011．

［30］［北宋］苏辙．道德真经注［M］．上海：华东师范大学出版社，2010．

［31］容庚．金文编［M］．北京：中华书局，1985．

［32］卢育三．老子释义［M］．天津：天津古籍出版社，1987．

［33］［唐］陆希声．道德真经传［A］．道藏（第12册）［M］．上海：上海书店出版社，1988．

［34］黄士毅. 朱子语类汇校［M］. 上海：上海古籍出版社，2014.

［35］魏启鹏. 楚简《老子》柬释［M］. 台北：万卷楼图书股份有限公司，1999.

［36］白于蓝. 读郭店简琐记（三篇）［A］. 古文字研究（第二十六辑）［M］. 北京：中华书局，2006.

［37］周振甫. 诗经译注［M］. 北京：中华书局，2002.

［38］顾欢纂；董建国点校. 道德真经注释［M］. 南京：凤凰出版社，2016.

［39］熊十力. 十力语要［M］. 上海：上海书店出版社，2007.

［40］王利器. 文子疏义［M］. 北京：中华书局，2000.

［41］国家文物局古文献研究室. 马王堆汉墓帛书（壹）［M］. 北京：文物出版社，1980.

［42］季磊. 黄老对老庄“道”之意涵的转变——从“道纪”“道枢”到“道之要”［A］. 詹石窗，宋崇道，谢清果主编. 中华老学（第6辑）［M］. 北京：九州出版社，2021.

［43］邓锜. 道德真经三解（卷一）［A］. 道藏（第12册）［M］. 上海：上海书店出版社，1988.

［44］宁镇疆. 汉简本“积正督”与《老子》十六章古义臆诂［A］. 出土文献2017年（第1辑）［M］. 上海：中西书局，2017.

［45］李零. 郭店楚简校读记［M］. 北京：中国人民大学出版社，2007.

［46］［东汉］郑玄注，［唐］孔颖达疏. 礼记正义［A］. ［清］阮元校刻. 十三经注疏［M］. 北京：中华书局，1980.

［47］何宁. 淮南子集释［M］. 北京：中华书局，1998.

［48］［北宋］程颐撰，王孝鱼点校. 周易程氏传［M］. 北京：中华书局，2011.

［49］冯友兰. 中国哲学简史［M］. 北京：北京大学出版社，1996.

［50］徐元诰. 国语集解［M］. 北京：中华书局，2002.

［51］黄怀信，张懋镕，田旭东. 逸周书汇校集注（修订本）［M］. 上海：上海古籍出版社，2007.

［52］［清］孙诒让. 墨子间诂［M］. 北京：中华书局，2001.

［53］［东汉］何晏，［宋］邢昺. 论语注疏［A］. ［清］阮元校刻. 十三经注疏［M］. 北京：中华书局，1980.

［54］许维遹. 韩诗外传集释［M］. 北京：中华书局，1980.

［55］许维遹. 吕氏春秋集释［M］. 北京：中国书店，1985.

［56］［英］维特根斯坦著，贺绍甲译. 逻辑哲学论［M］. 北京：商务印书馆，2010.

［57］付瑞珣，王思齐. 传世本《老子》首章"此两者"指正［A］. 詹石窗，宋崇道，谢清果主编. 中华老学（第3辑）［M］. 北京：九州出版社，2020.

［58］王弘治. "玄"之取象——关于《老子》中"玄"的解释［A］. 诸子学刊（第25辑）［M］. 上海：上海古籍出版社，2022.

［59］王蕴智. 殷周古文同源分化现象探索［M］. 长春：吉林人民出版社，1996.

［60］熊铁基，陈红星. 老子集成：第一卷［M］. 北京：宗教文化出版社，2011.

［61］温海明. 道德经明意［M］. 北京：中国社会科学出版社，2019.

［62］李零. 人往低处走———《老子》天下第一［M］. 北京：生活·读书·新知三联书店，2008.

［63］黑格尔. 美学·第三卷（上册）［M］. 上海：商务印书馆，1979.

［64］赵卫民. 无和有：跨亚洲之眼——老子的女性主义［A］. 诸子学刊（第1辑）［M］. 上海：上海古籍出版社，2019.

［65］周振甫. 周易译注［M］. 北京：中华书局，1991.

［66］胡壮麟. 认知隐喻学［M］. 北京：北京大学出版社，2004.

［67］谢之君. 隐喻认知功能探索［M］. 上海：复旦大学出版社，2007.

［68］冯友兰. 三松堂全集［M］. 郑州：河南人民出版社，2000.

［69］［唐］成玄英. 道德经义疏［A］. 蒙文通. 蒙文通全集（第五卷）［M］. 成都：巴蜀书社，2015.

［70］［清］王先慎撰；钟哲点校. 韩非子集解［M］. 北京：中华书局，1998.

［71］冯友兰. 中国哲学史新编试稿［A］. 三松堂全集（第7卷）［M］. 郑州：河南人民出版社，2000.

［72］吕振羽. 中国政治思想史［M］. 北京：人民出版社，1963.

［73］李博. 汉语中的马克思主义术语的起源与作用［M］. 北京：中国社会科学出版社，2013.

［74］张婉婷.《老子》"自然"的概念探析——基于"道法自然"章［A］. 詹石窗，宋崇道，谢清果主编. 中华老学（第6辑）［M］. 北京：九州出版社，2021.

［75］罗安宪. 虚静与逍遥：道家心性论研究［M］. 北京：人民出版社，2005.

［76］王国维. 观堂集林［M］. 石家庄：河北教育出版社，2003.

［77］张岂之. 侯外庐著作与思想研究第9卷［M］. 长春：长春出版社，2015.

［78］詹剑峰. 老子其人其书及其道论［M］. 武汉：华中师范大学出版社，2006.

［79］张岱年. 中国哲学大纲［M］. 北京：中国社会科学出版社，1982.

［80］张松如. 老子说解［M］. 济南：齐鲁书社，1998.

［81］郭沫若. 两周金文辞大系图录考释［M］. 北京，科学出版社，1957.

［82］［日］白川静. 字统［M］. 东京：平凡社，2004.

［83］成云雷. 先秦儒家圣人与社会秩序建构［M］. 上海：上海古籍出版社，2007.

［84］杨伯峻. 春秋左传注［M］. 上海：上海古籍出版社，1980.

［85］荆门市博物馆. 郭店楚墓竹简［M］. 北京：文物出版社，1998.

［86］任继愈. 老子新译［M］. 上海：上海古籍出版社，1985.

［87］高亨. 老子正诂［M］. 北京：中国书店，1998.

［88］宗福邦等. 故训汇纂［M］. 北京：商务印书馆，2003.

［89］［东汉］班固撰；［唐］颜师古注. 汉书［M］. 北京：中华书局，1962.

［90］谷衍奎编. 汉字源流字典［M］. 北京：语文出版社，2008.

［91］陈来. 古代思想文化的世界［M］. 北京：生活·读书·新知三联书店，2009.

［92］冯友兰. 中国哲学史［M］. 北京：中华书局，1961.

［93］李学勤主编. 清华大学藏战国竹简（壹）［M］. 上海：中西书局，2010.

［94］余英时. 论天人之际［M］. 北京：天来印务有限公司，2014.

［95］李泽厚. 由巫到礼·释礼归仁［M］. 北京：生活·读书·新知三联书店，2015.

［96］李山. 西周礼乐文明的精神构建［M］. 石家庄：河北出版传媒集团，2014.

［97］徐复观. 中国人性史论（先秦篇）［M］. 北京：九州出版社，2014.

［98］孙雍长. 老子注释［M］. 广州：花城出版社，1998.

［99］陈来. 古代宗教与伦理［M］. 北京：生活·读书·新知三联书店，1996.

［100］［西汉］孔安国传，［唐］孔颖达疏. 尚书正义［A］. ［清］

阮元校刻. 十三经注疏［M］. 北京：中华书局，1980.

［101］顾颉刚，刘起釪. 尚书校释译论（第 3 册）［M］. 北京：中华书局，2005.

［102］付瑞珣，梁腾飞.《老子》伦理思想析论［A］. 詹石窗，宋崇道，谢清果主编. 中华老学（第 8 辑）［M］. 北京：九州出版社，2023.

［103］［西晋］杜预注，［唐］孔颖达疏. 春秋左传正义［A］. ［清］阮元校刻. 十三经注疏［M］. 北京：中华书局，1980.

［104］［东汉］郑玄注，［唐］孔颖达. 毛诗正义［A］. ［清］阮元校刻. 十三经注疏［M］. 北京：中华书局，1980.

［105］林钰，付瑞珣. 动静之间：传世本《老子》第四章新解［A］. 詹石窗，宋崇道，谢清果主编. 中华老学（第 9 辑）［M］. 北京：九州出版社，2023.

［106］［德］雅斯贝尔斯著；魏楚雄，俞新天译. 历史的起源与目标［M］. 北京：华夏出版社，1989.

［107］［德］雅斯贝尔斯著；李雪涛等译. 大哲学家［M］. 北京：社会科学文献出版社，2005.

［108］罗国杰主编. 伦理学［M］. 北京：人民出版社，1989.

［109］［南宋］朱熹. 诗集传［M］. 北京：中华书局，2011.

［110］胡适. 中国哲学史大纲［M］. 北京：中华书局，2013.

［111］陈鼓应. 老庄新论［M］. 上海：上海古籍出版社，1992.

［112］裘锡圭. 从古汉语中"善"的用法谈到《老子》中的"善"［A］. 北京大学历史系、北京大学中国古代史研究中心编. 吴荣曾先生九十华诞颂寿论文集［M］. 北京：中华书局，2022.

［113］李学勤主编. 字源［M］. 天津：天津古籍出版社，2013.

［114］刘兴隆. 新编甲骨文字典［M］. 北京：国际文化出版公司，2005.

［115］［西汉］孔安国传，［唐］孔颖达正义，黄怀信整理. 尚书正

义［A］．十三经注疏［M］．上海：上海古籍出版社，2008．

［116］焦循．孟子正义［M］．北京：中华书局，1987．

［117］黎翔凤．管子校注［M］．北京：中华书局，2004．

［118］童书业．先秦七子思想研究［M］．济南：齐鲁书社，1982．

［119］［西晋］皇甫谧．帝王世纪［A］．刘晓东等点校．二十五别史［M］．济南：齐鲁书社，2010．

［120］［清］王聘珍．大戴礼记解诂［M］．北京：新华书局，1983．

［121］付瑞珣，董朝胜．《老子》"朴素的辩证法"的近代构建及其反思［A］．詹石窗，宋崇道，谢清果主编．中华老学（第1辑）［M］．北京：九州出版社，2019．

［122］［唐］李吉甫．元和郡县图志（卷六）［M］．北京：中华书局，1983．

［123］［清］郭庆藩．庄子集释［M］．北京：中华书局，1961．

［124］傅斯年．史料论略及其他［M］．沈阳：辽宁教育出版社，1997．

［125］詹石窗．以真为道"的人格理想——基于《道德经》圣人说的省思［A］．老子学刊（第1辑）［M］．成都：巴蜀书社，2010．

［126］邱里森．再论谷神文段［A］．老子学刊（第17辑）［M］．成都：巴蜀书社，2021．

［127］付瑞珣，汪明章．浅析《老子》中的动物设喻［A］．詹石窗，宋崇道，谢清果主编．中华老学（第6辑）　［M］．北京：九州出版社，2021．

［128］吴文文．"玄"字造字理据的考察与《老子》中"玄"的内涵［A］．中国文字学报（第10辑）［M］．北京：商务印书馆，2019．

［129］王弘治．"玄"之取象——关于〈老子〉中"玄"的解释［A］．诸子学刊（第25辑）［M］．上海：上海古籍出版社，2022．

［130］成中英．中国伦理精神的历史建构·序［A］．樊浩．中国伦

理精神的历史建构［M］．南京：江苏人民出版社，1992.

［131］梁启超．评胡适之《中国哲学史大纲》［A］．梁启超全集（第7册）［M］．北京：北京大学出版社，1999.

［132］顾颉刚．从《吕氏春秋》推测《老子》之成书年代［A］．顾颉刚论文集（第11卷）［M］．北京：中华书局，2011.

［133］郦道元．水经注［A］．王先谦．合校水经注（卷16）［M］．上海：中华书局，1923.

［134］丁四新．郭店楚墓竹思想研究［M］．北京：东方出版社，2000.

［135］［南朝·宋］范晔．后汉书［M］．北京：中华书局，1973.

二、学位论文

［1］张晓征．古今之诤——论《老子》"执古之道"［D］．海口：海南大学，2010.

［2］刘黛．郭店楚简、马王堆帛书、王弼本老子版本比较与分析［D］．北京：北京大学，2008.

［3］毛春力．先秦儒道圣人观的比较研究［D］．成都：西南交通大学，2021.

［4］付瑞珣．商周伦理思想嬗变研究［D］．长春：东北师范大学，2019.

［5］王保国．两周民本思想研究［D］．郑州：郑州大学，2003.

［6］吴新勇．《尚书·无逸》探赜［D］．郑州：郑州大学，2012.

［7］何琪琦．老子伦理思想研究［D］．上海：上海社会科学院，2017.

［8］慈秀秀．老子政治哲学思想研究［D］．徐州：江苏师范大学，2016.

［9］王强．老子与先秦思想博士学位论文［D］．西安：西北大

学，2009.

[10] 王咸秋. 汉函谷关遗址的考古发现和相关问题研究 [D]. 郑州：郑州大学，2016.

[11] 周剑林. 老子政治思想研究 [D]. 湘潭：湘潭大学，2006.

[12] 王晓峰. 老子政治思想研究 [D]. 大连：大连理工大学，2010.

[13] 任海涛. 中国古代政治法思想萌芽研究 [D]. 上海：华东政法大学，2011.

[14] 张华.《洪范》与先秦思想 [D]. 长春：吉林大学，2011.

三、期刊论文、报纸文章

[1] 康中乾.《老子》第一章新解 [J]. 吉林大学社会科学学报，2010（4）.

[2] 李庆. "有欲"、"无欲"还是"有"、"无"——关于《老子》第一章的句读 [J]. 古籍研究，1997（1）.

[3] 郑开.《老子》第一章札记：两个语文学疏证及哲学阐释 [J]. 清华大学学报（哲学社会科学版），2008 年（1）.

[4] 克剑. "有"、"无"之辨——《老子》第一章再读解 [J]. 哲学研究，2012 年（7）.

[5] 萧无陂. "道"不可道吗？——从"名""实"之辨重新考察《老子》第一章 [J]. 中国文化研究，2014（4）.

[6] 林光华. 非对象化之道：再读《老子》第一章 [J]. 哲学研究，2015（6）.

[7] 曹峰：《老子》首章与"名"相关问题的重新审视 [J]. 哲学研究，2011 年（4）.

[8] 斯洪桥. 自然无为：《老子》第二章的核心主旨 [J]. 南昌大学学报（人文社会科学版），2014（3）.

[9] 徐山.《老子》第二章"是以圣人处无为之事"文脉梳理 [J].

兰州学刊, 2020（12）.

[10] 张治中. 逻辑、思维、路径：论《老子》的"辩证统一"[J].文化学刊, 2023（6）.

[11] 韩国良. 论老子具有辩证法思想是伪命题 [J]. 商丘师范学院学报, 2017（4）.

[12] 黄钊.《老子》的政治思想浅论 [J]. 江西社会科学, 1990（1）.

[13] 陈霞. 屈君伸民：老子政治思想新解 [J]. 哲学研究, 2014（5）.

[14] 许江梅. 试论《老子》思想中"道"的动与静 [J]. 思茅师范高等专科学校学报, 2001（2）.

[15] 陈鼓应. 老子的有无、动静及体用观 [J]. 华中师范大学学报（人文社会科学版）, 2005（6）.

[16] 崔颖敏. 浅析老子《道德经》第四章的道之"用"[J]. 延边党校学报, 2010（2）.

[17] 方尔加. 如何理解老子的"道"[N]. 光明日报, 2010 - 7 - 15.

[18] 刘思禾. 释"子"[N]. 光明日报, 2023 - 11 - 18.

[19] 袁承维. 商周时期信仰的政治意义——从帝 - 天 - 道的递嬗来看 [J]. 湖南师范大学社会科学学报, 2021（5）.

[20] 吴斌.《老子》第六章"谷神不死"释义 [J]. 古籍研究, 2002（4）.

[21] 陈成吒."浴神不死"释义 [J]. 枣庄学院学报, 2010（6）.

[22] 罗红昌. 论中国文化的"生命—黑色"意象 [J]. 中华文化论坛, 2011（1）.

[23] 张念. 切诺/玄牝：哲学的母体意象 [J]. 复旦政治哲学评论, 2015（1）.

[24] 周洪宇, 王文虎. 论老子"托之于神农"[J]. 湖北社会科学, 2018（10）.

[25] 尚永亮、朱春洁.《老子》"玄"与"玄德"新释 [J]. 复旦大学学报（社会科学版），2020（1）.

[26] 谢清果. 媒介哲学视角下的老子之"门"新论 [J]. 山西大学学报（哲学社会科学版），2020（2）.

[27] 聂磊. 由"水"观"道"：老子"水"喻探赜——兼论与孔子之水的分殊及其内在理路 [J]. 吉林大学学报（社会科学版），2022（6）.

[28] 申红义.《老子》第十三章新解 [J]. 成都师范学院学报，2015（4）.

[29] 汪韶军.《老子》"宠辱若惊"章新诠 [J]. 北京社会科学，2016（8）.

[30] 裘锡圭. "宠辱若惊"是"宠辱若荣"的误读 [J]. 中华文史论丛，2013（3）.

[31] 庞光华.《老子》"宠辱若惊"新考 [J]. 中国文字研究，2015（1）.

[32] 邓联合. "贵身"还是"无身"——《老子》第十三章辩议 [J]. 哲学动态，2017（3）.

[33] 汪韶军. 无身即贵身与无身以为天下——《老子》第十三章通诠 [J]. 西南大学学报（社会科学版），2019（5）.

[34] 王闯. 无身、贵身、爱身：论古代学者对《老子》第十三章的解释 [J]. 老庄学研究，2022（1）.

[35] 刘志荣. 论《老子》中的"执古之道"与"执今之道" [J]. 杭州师范大学学报（社会科学版），2018（3）.

[36] 孙征. 老子"道纪之人"的思想内涵及其当代启示——基于对《道德经》的解读 [J]. 许昌学院学报，2014（1）.

[37] 詹石窗，张磊. 老子"保道不盈"说发密——《道德经》第十五章思想解读 [J]. 宁夏社会科学，2019（1）.

[38] 杨柳.《老子》第十五章"蔽不新成"句辨析 [J]. 中国道教，

2009（2）．

[39] 廖名春．从郭店楚简和马王堆帛书论"晚书"的真伪［J］．北方论丛，2001（1）．

[40] 林光华．非对象化之道：再读《老子》第一章［J］．哲学研究，2015（6）．

[41] 王中江．出土文献与先秦自然宇宙观重审［J］．中国社会科学，2013（5）．

[42] 朱晓鹏．论老子哲学的本体论［J］．广东社会科学，1997（5）．

[43] 吴效群．"玄"字本意的现代民俗学解读［J］．河南大学学报（社会科学版），1994（6）．

[44] 邓锐．"玄""妙"字义与《老子》生成哲学［J］．文史哲，2023（4）．

[45] 赵国华．生殖崇拜文化略论［J］．中国社会科学，1988（1）．

[46] 李振刚．《老子》首章演绎：道言、有无、道物之辨［J］．河北大学学报（哲学社会科学版），2022（6）．

[47]［美］Benjamin Schwartz：The World of Thought in Ancient China，张瀚墨．本体与喻体的融合：早期宗教礼制改革背景下《老子》之"道"的考察［J］．思想与文化，2022（2）．

[48] 汪堂家．隐喻诠释学：修辞学与哲学的联姻——从利科的隐喻理论谈起［J］．哲学研究，2004（9）．

[49] 吴文文．《老子》之道的四重内涵［J］．闽南师范大学学报（哲学社会科学版），2020（4）．

[50] 王玉彬．论《老子》自然观念的两种诠释进路［J］．人文杂志，2021（9）．

[51] 王中江．道与事物的自然：老子"道法自然"实义考论［J］．哲学研究，2010（8）．

[52] 张佩蓉．"道法自然"之刍议——重释《老子》第二十五章

[J]．吉林师范大学学报（人文社会科学版），2021（2）．

[53] 顾颉刚．"圣"、"贤"观念和字义的演变［J］．中国哲学，1979（1）．

[54] 王卫东．"圣"之原型考——兼论中国古代的圣人观［J］．楚雄师范学院学报，2006（11）．

[55] 刘泽华．王、圣相对二分与合而为一——中国传统社会与思想特点的考察之一［J］．天津社会科学，1998（5）．

[56] 李学勤．试说郭店简《成之闻之》两章［J］．烟台大学学报（哲学社会科学版），2000（4）．

[57] 梁涛．郭店简《成之闻之》新探［J］．孔子研究，2021（4）．

[58] 周琍．论《老子》中的圣人［J］．中国道教，2004（2）．

[59] 刘笑敢．老子之自然与无为概念新诠［J］．中国社会科学，1996（6）．

[60] 王萍．老子与中国早期史官［J］．文史哲，2000（2）．

[61] 庄大钧．简论《老子》与史官文化之关系［J］．山东师大学报（社会科学版），1994（5）．

[62] 习近平．在中国文联十大、中国作协九大开幕式上的讲话［J］．党建，2016（12）．

[63] 谢乃和．周秦之际天命观的多重内涵及其演变［J］．华东师范大学（哲学社会科学版），2024（2）．

[64] 罗新慧．周代天命观念的发展与嬗变［J］．历史研究，2012（5）．

[65] 晁福林．论殷代神权［J］．中国社会科学，1990（1）．

[66] 李泽厚．孔子再评价［J］．中国社会科学，1980（2）．

[67] 陈霞．屈君伸民：老子政治思想新解［J］．哲学研究，2014（5）．

[68] 陈鼓应．老子与孔子思想比较研究［J］．哲学研究，1989（8）．

［69］陈鼓应. 道家在先秦哲学史上的主干地位（上篇）［J］. 中国文化研究，1995（8）.

［70］罗杏芬. "贵身"还是"无身"？——老子"贵身"与"无身"的辩证关系探论［J］. 周口师范学院学报，2016（3）.

［71］陆畅. 道教心性管理智慧之展开——以《老子·十三章》义理为考察中心［J］. 江南大学学报》（人文社会科学版），2016（3）.

［72］李民. 读《尚书·无逸》［J］. 安阳师专学报 1982（4）.

［73］张志祥，李祖敏.《尚书·无逸》篇修辞解［J］. 九江学院学报（社会科学版），2014（3）.

［74］胡其伟. 从周祭、祊祭卜辞看《尚书·无逸》"祖甲"的身份［J］. 史学史研究，2020（3）.

［75］杜建慧.《尚书·无逸》及其所体现的周初政治教育思想［J］. 郑州大学学报（哲学社会科学版），2006（6）.

［76］袁加值.《无逸》中的"明德慎罚"思想探赜［J］. 安徽文学，2018（12）.

［77］陈晓慧. 论《诗经》中的无逸精神［J］. 汕头大学学报（人文社会科学版），2022（4）.

［78］郭英德. 论古代文体分类的生成方式［J］. 学术研究，2005（1）.

［79］罗柠，吴中胜. 从政事之训到家教之训——文体学视阈下的"训"体发展［J］. 文化与诗学，2018（1）.

［80］颜建华. 散文萌发阶段的名篇——《尚书·无逸》简谈［J］. 贵州师范大学学报（社会科学版），1996（4）.

［81］李祚唐. "君子所，其无逸"——《无逸》首句解探［J］. 天津师大学报，1984（4）.

［82］张宇杰. "上善若水"——老子伦理思想浅析［J］. 品牌，2014（4）.

[83] 石丽娟. 道性伦理：道家伦理思想新释——以老子伦理思想为中心的考察 [J]. 江淮论坛，2016（2）.

[84] 朱森溥.《老子》伦理思想初探 [J]. 四川大学学报（哲学社会科学版），1989（1）.

[85] 郭永军. 论孔子与老子伦理思想的相同互通 [J]. 山东师大学报（社会科学版），1997（4）.

[86] 张素芬，张立. 论老子自然主义伦理思想之旨归 [J]. 求索，2012（6）.

[87] 黄钊.《老子》的政治思想浅论 [J]. 江西社会科学，1990（1）.

[88] 李文琴. 老子政治思想浅论 [J]. 西安交通大学学报（社会科学版），2000（3）.

[89] 王雪军. 老子的社会政治思想及其历史根源 [J]. 吉林工程技术师范学院学报（教育研究版），2003（11）.

[90] 张国骥. 老子尚简政治思想初论 [J]. 湖南师范大学社会科学学报，2020（4）.

[91] 陈筱芳.《诗经》怨天诗新解 [J]. 西南民族大学学报，2004（5）.

[92] 吴灿新. 老子与孔子的政治伦理智慧之比较 [J]. 伦理学研究，2021（3）.

[93] 臧宏. 说《老子》的"柔"[J]. 安徽师范大学学报（人文科社版），2009（5）.

[94] 李源. 试论《老子》的"善"[J]. 商丘师范学院学报，2020（4）.

[95] 张茂泽.《老子》朴素辩证法问题 [J]. 西北大学学报（哲学社会科学版），1999（2）.

[96] 张方圆. 简论《尚书》"五福"的生命智慧 [J]. 华夏文化，2023（4）.

［97］马松. 老子《道德经》在函谷关诞生的背景、缘由探析［J］. 职大学报，2020（2）.

［98］关治中. 函谷关考证——关中要塞研究之二［J］. 渭南师专学报，1998（6）.

［99］刘雁翔，马毅明. 老子归隐地寻踪［J］. 中国地方志，2007（2）.

［100］李久昌. 桃林之野·桃林塞·秦函谷关：秦函谷关创建年代与背景考［J］. 中国历史地理论丛，2019（1）.

［101］辛德勇. 汉武帝"广关"与西汉前期地域控制的变迁［J］. 中国历史地理论丛 2008（2）.

［102］徐昭峰. 成周与王城考略［J］. 考古，2007（11）.

［103］何晋. 从《周礼》史官设置看先秦史学的产生与发展［J］. 中国文化研究，2020（4）.

［104］孙立涛. 先秦史官概况及其特点［J］. 华夏文化，2014（4）.

［105］陈成吒. 老子身份信息辨正［J］. 广西社会科学，2016（6）.

［106］李长根. 梁启超"《老子》作于战国之末"说的建立及其意义［J］. 安徽史学，2021（5）.

［107］崔鹤同. "审判"老子［N］. 人民政协报，2014 – 5 – 8.

［108］王传富，汤学峰. 荆门郭店一号楚墓［J］. 文物，1997（7）.

［109］罗凤华. 不齐之齐与无物之物论《庄子》齐物思想的三个层次［J］. 齐鲁学刊，2012（2）.

［110］李凯. 略述《庄子》"齐物"的四种思路［J］. 哲学研究，2017（8）.